CREVER POUR VIVRE

Désordre et génie : la tentation est forte d'emprunter ce titre à Alexandre Dumas père pour présenter Klaus Kinski. La formule de Dumas concernait le comédien Edmund Kean, célèbre interprète de Shakespeare. L'acteur allemand Kinski a joué aussi Shakespeare à ses débuts, mais 139 ans séparent sa naissance de celle de Kean : entre-temps le 7e art a été inventé et Kinski a délaissé le théâtre pour le cinéma.

Il a déjà un nombre impressionnant de films à son actif : des policiers aux « westerns spaghetti » en passant par les films de Werner Herzog *Aguirre, ou la Colère de Dieu* (1972) où son jeu hallucinant incite le metteur en scène à parler de génie, suivi de *Woyzeck* et *Nosferatu* dans lesquels il révèle un talent tout aussi fantastique.

D'où vient ce magnétisme qui le catapulte au premier rang des vedettes mondiales ? Peut-être de son désordre, justement. Du désordre que décrit sa provocante autobiographie parue en 1975 et traduite en 1976 sous le titre : *Crever pour vivre.*

Né en 1926 à Nappot en Pologne, Kinski (Niklaus Nakszynski) s'est forgé sur l'enclume de la misère et de la seconde guerre mondiale. Enrôlé à seize ans dans l'armée allemande, capturé par les Alliés en 1944, il se découvre un talent pour le théâtre où il entame une carrière. Il débute au cinéma en 1948, quitte l'Allemagne pour vagabonder en France, refait du théâtre en 1951, puis du cinéma à partir de 1955. Il tourne dans plusieurs pays, notamment l'Italie, joue un rôle épisodique dans *Docteur Jivago* de David Lean (1966), puis sort de l'ombre avec les films de Werner Herzog.

Le Grand Silence (1968) est le premier film qui a attiré sur lui l'attention en France. Entre autres suivront : *Justine de Sade* (1968); *L'Important c'est d'aimer* (1974); *Mort d'un pourri* (1979).

Sa fille — Natassja Kinski — s'est révélée aussi une remarquable actrice dans *Cosi come sei* (*La Fille*, de Lattuada, 1978) et *Tess* (de Roman Polanski, 1979).

KLAUS KINSKI

Crever pour vivre

TRADUIT DE L'ALLEMAND PAR MICHEL LEBLOND
AVEC LA COLLABORATION DE RUTH VALENTINI

PIERRE BELFOND

Ce livre a été publié sous le titre original :

ICH BIN SO WILD NACH DEINEM ERDBEERMUND

par Rogner & Bernhard GmbH, Munich.

A Minhoï

« On recherche : Jésus-Christ, accusé de vol, de détournement de mineurs, de blasphème, de profanation d'églises, d'outrage aux autorités, de mépris des lois, de résistance à la force publique, de fréquentation de putains et de criminels... »

Quelqu'un se met à gueuler dans la salle. Aveuglé par les violents projecteurs qui sont braqués sur moi, je ne peux pas voir le type. L'immense salle de la Deutschlandhalle de Berlin est un mur de ténèbres opaques. Je lance dans le noir :

« Viens ici, si tu as quelque chose à dire ! Sinon, boucle-la ! »

Que veut-il ? Se donner de l'importance ? Ici, rien n'est important, que mon récit. Je suis là pour raconter la plus grande aventure de l'humanité : la vie de Jésus-Christ. Ce bohémien, cet aventurier qui préféra se laisser massacrer que pourrir vivant avec les autres. Cet homme sans peur, le plus moderne de tous, celui que nous voudrions être. Toi comme moi.

Alors pourquoi ce con m'interrompt-il ? Le voilà auprès de moi sur les planches. Je lui abandonne le micro, car je ne sais pas ce qu'il veut. Tout ce qu'il trouve à sortir, c'est :

« Le Christ était un saint... Il n'a jamais eu affaire à des putains et à des criminels... Il n'était pas aussi violent que Kinski... »

Qu'est-ce que c'est un violent, espèce de bavard ? Qu'est-ce que tu sais, toi, de moi ? De Jésus-Christ ? D'une putain ? D'un criminel ?

Alors ! n'importe qui peut arriver et répéter comme un perroquet ce qu'une religion hypocrite et émasculante a ressassé pendant deux mille ans pour avoir le droit de me couper la parole ? Je suis ici chez moi. Mes imprésarios ont loué la Deutschlandhalle pour moi ! Et celui qui n'a rien de plus important à dire que moi ferait mieux de se taire et de ne pas voler leur soirée à cinq mille spectateurs !

Je flanque un coup de poing à cet abruti, car il ne veut ni me rendre le micro ni débarrasser le plancher.

La suite, ce sont mes gars qui s'en occupent. Ils sont là pour jeter dehors les perturbateurs. Comme celui-là leur résiste, ils le balancent tout simplement en bas de l'escalier.

D'autres chahuteurs de sa bande, qui ne sont venus que pour faire du grabuge, s'en mêlent. En résulte une bagarre qui tourne rapidement à l'émeute. Les flics, visière de protection baissée, matraque à la main, se déversent en nombre dans la salle et derrière la scène pour prévenir un carnage.

Eh bien, c'est exactement comme il y a deux mille ans. Dans la Deutschlandhalle l'atmosphère est survoltée. Dans cette chaudière, je hurle :

« Décidez-vous ! Si vous laissez de tels salopards vous gâcher le spectacle, alors je vous emmerde ! »

Je jette le micro et son support, reliés à un long câble descendant du plafond. Puis je me replie dans les coulisses, où j'attends la suite des événements, tandis que dans le faisceau lumineux des projecteurs le micro se balance en sifflant au-dessus des spectateurs, comme un trapèze de cirque.

Derrière la scène, on m'assaille de tous côtés. Des gens qui m'enlacent, qui m'embrassent. Des gens à qui, au cours de milliers de représentations, j'ai livré mon cœur.

Minhoï se pend à mon cou et pleure. Elle a peur pour moi. Elle n'avait encore jamais assisté à mes spectacles.

Partout les flashes des photographes. Les caméras ronronnantes des Actualités et de la Télévision. Des journalistes qui, comme toujours, posent des questions idiotes. Je les repousse. Que leur dire ? Ils ont des yeux pour voir. Tout ce cirque commence à me porter sur les nerfs. J'insulte ces vautours agglutinés autour de moi. Impossible de m'en débarrasser. Ils me suivent à la trace, même quand je vais pisser.

On m'adjure de rentrer en scène, de continuer. Oui, je veux continuer ! Mais seulement quand ces abrutis cesseront de se casser la gueule, et surtout quand ils la boucleront. Cette racaille est encore plus pourrie que les pharisiens. Eux au moins avaient laissé parler Jésus avant de le crucifier !

Le temps passe. Tous les spectateurs sont encore là. Personne ne veut partir, ils attendent que je revienne. Non, la représentation ne doit pas être annulée. En aucun cas! Je ne ferai pas cela au public. J'ai toujours joué franc-jeu. Je lui ai toujours donné ce que je lui devais et, cette fois-ci encore, je le ferai.

Minuit. Lentement, le calme s'installe. Maintenant c'est le silence total. Pas une toux. Pas un raclement de gorge. On entendrait tomber une épingle.

Je me sens hypertendu, complètement épuisé. Je suis debout depuis quarante heures. Seize interviews pour la Télévision, sans compter celles pour la Radio et les journaux. De plus, pendant l'attente, j'ai vidé une bouteille de cognac, et depuis le matin j'ai fumé au moins quatre-vingts cigarettes. Ces dernières semaines m'ont presque achevé. Mes maux de tête me rendent fou.

Je gravis lentement les marches vers ces planches maudites, comme si je montais à l'échafaud. Monter à l'échafaud, puis réagir, lutter et vaincre, voilà l'image de toute ma vie.

Entre-temps, beaucoup de spectateurs ont quitté leur place au fond de la salle, se sont entassés dans l'espace libre devant la scène et se sont couchés par terre. D'autres sont debout. Woodstock. Une gigantesque communauté. Je descends de la scène et prends place au milieu d'eux. Puis je parle.

Mes migraines s'envolent. Je ne sens plus mon corps. Je les vois distinctement devant moi. Les visages. La plus subtile réaction de chaque visage. Les milliers d'yeux fixés sur moi. Des yeux ardents.

Je vais de l'un à l'autre. M'arrête longuement devant chacun. M'assieds à côté de l'un. En enlace un autre. Ce sont les moments les plus intenses qu'il m'ait été donné de vivre avec des humains. Ce ne sont pas des bigots à qui je m'adresse, oh! non. Indomptés, passionnés, ces filles et ces garçons, ces femmes et ces hommes, ces gens de tous âges, de l'adolescent au vieillard. Mais, et c'est cela le miracle, tous sont jeunes!

Vers deux heures du matin, c'est terminé. Minhoï et moi nous ne rentrons pas directement à l'hôtel Kempinski, nous sommes trop bouleversés. Il nous reste beaucoup de temps avant le départ de l'avion et nous n'avons pas de bagages à faire. Nous allons dans la forêt de Grünewald marcher dans le matin glacial, sans dire un mot. Minhoï m'a compris, bien que je n'aie parlé qu'allemand pendant le spectacle.

Je déchire mon contrat pour les autres représentations que je devais donner dans les cinq continents. Il valait un million de marks. Cela ne m'intéresse pas. Pas parce que je suis riche. Nous ne possédons rien. Pas par peur. Il y a longtemps que j'ai détrôné les idoles. Je me fous que les églises aient menacé de me boycotter. Ce qui m'ennuie, c'est que les directeurs des plus grandes salles allemandes refusent de me laisser entrer en scène parce qu'ils craignent pour leurs fauteuils. Et que M. le curé, auteur du livre *Jésus en mauvaise compagnie,* n'ose pas se montrer avec moi!

Comment tout cela a-t-il commencé? J'ai pensé: baiser à droite et à gauche, de la merde. Ferrari et Rolls-Royce, de la merde. Les villas, les apparte-

ments de luxe, de la merde. J'en ai marre ! Marre !
Marre d'être acteur !

Une gitane, avec qui j'avais couché, me répondit, quand je lui demandai pourquoi elle n'allait jamais au théâtre ou au cinéma :

« Dans notre tribu, deux hommes se sont battus au couteau. L'un a tué l'autre. J'ai vu le mort. Je l'ai touché. Il était vraiment mort. L'autre était vraiment vivant. »

C'est toute la différence entre le spectacle et la vie réelle.

La mienne, la voici.

PREMIÈRE PARTIE

« Ne bouge pas d'ici », dit mon père, et il me fait une courbette.

En général je ne lui obéis pas. Mais il parle d'un ton si pressant, si suppliant, que je reste immobile par curiosité.

Qu'a-t-il l'intention de faire? Pourquoi ne puis-je pas entrer avec lui? Aurait-il donc de l'argent, pour pénétrer dans un magasin pareil? Je n'ai plus le temps d'exprimer mes pensées. Mon père a disparu dans l'épicerie fine bondée de clients.

Je ne bouge pas. Je me contente de sauter d'un pied sur l'autre parce que mes chaussures trop étroites me brûlent...

Je me suis souvent demandé pourquoi mon père s'incline toujours devant les petits enfants.

A présent, j'ai une explication. Mon père, chanteur d'opéra, au cours d'une tournée à Tokyo, avait adopté cette coutume des Japonais consistant à s'incliner l'un devant l'autre.

Une fois, j'ai vu mon père, qui ne se savait pas observé, faire des grimaces devant un miroir. Des grimaces à vous couper le souffle. Aussi fascinantes que celles des masques de théâtre kabuki. Il exécutait des mimiques et ouvrait la bouche comme s'il chantait. Sa poitrine s'abaissait, se soulevait violemment, sa carotide même enflait; mais, bizarrement, aucun son ne sortait de sa gorge.

« Tu vois bien qu'il ne sait pas chanter! » disaient mes frères d'un ton narquois.

Pour eux, cette histoire de bel canto est un bobard. Aucun de nous ne l'a jamais entendu chanter. Pour autant qu'ils sachent, il serait pharmacien et non chanteur d'opéra.

Qui était mon père, ce qu'il a fait, d'où il sort, personne ne le sait. On sait seulement qu'il n'avait pas de parents. C'est peut-être pour cette raison qu'il s'incline devant les petits enfants? On ne sait rien. Il ne se confie à personne.

Nous, les gosses des rues, appelons mon père « Boule de billard », « Bouboule », ou plus simplement « Mazda ». En effet, dans la lumière, son crâne brille comme une ampoule électrique.

On l'appelle aussi « salsifis », car lorsqu'il se rase la tête, on croirait qu'il gratte un salsifis. Il ne peut même plus utiliser son coupe-choux, ébréché comme une vieille binette.

« L'affûtage coûte cher », crie ma mère, et elle lui prend le rasoir des mains. Mais elle aussi, bien qu'elle soit plus adroite, lui arrache parfois de grands lambeaux de peau.

Quand c'est son anniversaire, ce jour-là seulement, il va chez un vrai barbier. Un type particulier, ce barbier. Ancien danseur. Puis masseur dans un bordel pour hommes à Istanbul. Bref, ce pédé manie sa lame dangereusement affûtée avec la délicatesse d'un boucher juif, et n'a jamais blessé mon père. Un jour, ma mère l'a espionné. Elle a écrasé son visage contre la vitrine du salon de coiffure, et, tout excitée, elle a regardé ce saigneur faire des pirouettes autour du crâne de mon père. Quand tout a été terminé, mon père aurait délibérément et avec vantardise jeté 70 pfennigs sur le comptoir bien que le rasage ne coûte que 50 pfennigs.

« Evidemment, ces escapades sont un véritable luxe », conclut ma mère.

Mon père se donne des airs chics pour camoufler sa misère.

Tout le monde s'arrête immédiatement au monocle. A proprement parler, ce n'est pas du tout un monocle, mais un simple verre de lunette. Pourtant mon père a le toupet d'ajuster à son œil gauche ce morceau de verre qui, tombé mille fois, a subi mille chocs. S'il en est privé, il ne peut rien voir de cet œil-là. De toute façon, l'œil droit est aveugle. Il n'a donc besoin que d'une moitié des lunettes. En tout cas, grâce à ce monocle, personne ne se moque de ses vêtements miteux.

... Il y a déjà une éternité qu'il est entré dans cette épicerie. Furieux, je regarde de tous côtés où je pourrais uriner. Je perds lentement patience...

On l'appelle Bouboule par allusion à la grosseur de ses parties génitales. Mais Bouboule est aussi l'abréviation de bouledogue. Il n'en a pas seulement la calvitie — ces chiens anglais eux aussi ont l'air d'avoir un crâne chauve — mais son visage entier leur ressemble. Il a les mêmes yeux tristes et pochés, aux paupières inférieures tombantes et aux vaisseaux apparents. Tout dans sa figure s'affaisse, comme s'il avait trop de peau. Les plis sur son front et sa nuque, profonds comme des balafres, se terminent sans transition sur son crâne chauve.

« Les mâchoires des bouledogues et des requins, l'ai-je entendu dire dans une de ses histoires improvisées, sont impossibles à ouvrir dès que leur double rangée de dents s'est refermée. C'est ce qui rend ces animaux si dangereux. »

Même si je le crois incapable d'attraper quelqu'un avec ses dents, les premiers temps du moins j'ai espéré que les gens auraient peur de lui. Pas seulement à cause de sa tête de bouledogue. Il possède des muscles d'une force exceptionnelle et il a la carrure d'un athlète.

Or, je me suis trompé. Un étranger ne s'attache simplement qu'à son aspect Boule de billard. Habillé, mon père n'a pas l'air très costaud.

En fait de terreur, sa tête de bouledogue ne suscite souvent que des sourires. J'ai appris qu'en général, les bouledogues passent pour des avortons. Ils ont la réputation d'être plutôt inoffensifs, et, comme ils sont rares, peu de gens les connaissent.

J'ai entendu un petit garçon dire à sa mère en voyant passer un bouledogue :

« Regarde, maman, un cochon. »

Je sais donc que, dans le meilleur des cas, mon père est considéré comme un cochon inoffensif. Cela me fait de la peine. Car j'aime beaucoup mon père et j'ai tant souhaité qu'il fasse peur aux gens.

Quand on est pauvre, on n'a pas d'autre arme que la crainte qu'on inspire.

... Toutes ces idées s'ajoutant à la faim me donnent le vertige au point que je me trouve dans un état proche de l'ivresse... quand mon père surgit de la boutique, passe en courant devant moi et disparaît comme un fantôme. Tout cela comme dans un film muet. Comme dans un rêve. Je ne redescends de mon nuage qu'en entendant crier :

« Au voleur !

— Cognez-lui sur le crâne ! Faites n'importe quoi, mais arrêtez-le ! »

L'écho résonne dans mes oreilles et me pousse à fuir.

Je cours à toutes jambes sans trop savoir où aller. Et de cavaler, et de gémir. Je lutte contre le poids de mon tablier en maudissant tout à la fois notre misère, le chapardage, l'épicier, et mon père qui a déclenché toute cette connerie.

Je revois toute la scène au ralenti : mon père jaillissant du magasin comme un obus. L'épicier qui me bouscule, tombe à la renverse, et reste étalé sur le dos tel un énorme cancrelat. Les pommes qui volent de tous les côtés, les visages convulsés — un long moment s'écoule avant que tout le monde ait saisi la situation. Puis, c'est un rugissement général, une poursuite déchaînée. C'est tout un quartier qui se lance à ses trousses.

Je me flanque un coup de poing dans l'estomac. De l'autre main, je retiens mon tablier rempli de pommes, qui ballotte contre mes jambes et me gêne pour courir. Je m'étais empressé de ramasser et de fourrer dans la grande poche de mon tablier toutes les pommes qui avaient roulé sur la chaussée, quand cet imbécile d'épicier m'avait renversé et que j'avais heurté les éventaires garnis de fruits.

Le claquement de mes semelles sur l'asphalte résonne dans mon crâne comme un battoir à linge. Le souffle court et rauque, j'ai l'impression qu'on me cisaille les poumons... Je ralentis. Ma vue se brouille. Je me rends compte que je pisse dans mon pantalon.

Trop tard pour ouvrir ma braguette. Je sens un liquide chaud le long de mes cuisses. J'avais déjà la vessie pleine quand j'attendais mon père. Je ne voulais pas lui faire honte en pissant dans la rue.

« Où est-il passé ? »

Je serre les poings dans les poches de mon pantalon. Pestant et jurant, je flanque des coups de pied rageurs dans toutes les pierres qui se trouvent sur mon chemin. Ma mère me l'a pourtant interdit, car je n'ai qu'une seule paire de chaussures.

Tout à coup, une grosse main me prend au collet et m'attire sous un porche. Je pirouette et je reconnais mon père. De grosses gouttes de sueur perlent sur son front.

« Qu'est-ce que tu as, papa ? »

En guise de réponse, il se met à sangloter, m'attire contre lui et m'étreint avec une telle violence que j'en ai le souffle coupé. En même temps, sa main écrase une tablette de chocolat.

En découvrant que mon père est un voleur, je suis à la fois fier de lui et déçu. Déclencher un pareil tohu-bohu pour du chocolat seulement ? Et c'est pour cette malheureuse tablette de chocolat qu'il m'a fait attendre plus d'une heure sur le trottoir dans des chaussures trop étroites et avec une furieuse envie de pisser ? Je commence à le palper, dans la mesure où ses grosses pattes me laissent un peu de liberté. Rien ! Il n'a vraiment rien d'autre.

Pourquoi pleure-t-il ? Je ne quitte pas la tablette de chocolat des yeux, inquiet du sort qu'il lui fait subir.

« Pourquoi pleures-tu, papa ?

— Ne raconte à personne ce que tu as vu. »

J'essaie de m'arracher à son étreinte étouffante. Dans son émotion, il ne se rend pas compte qu'il va finir par m'étrangler.

« Parole d'honneur, papa ! »

Il veut dire quelque chose... mais un violent spasme l'en empêche. Il recommence à transpirer.

Est-ce l'échec de son larcin minable qui le fait pleurer de dépit ? Est-il encore sous le coup de la terreur ? Les deux réactions sont humaines. Je le comprends. Mais si ce n'était pas la véritable explication ? Si, en réalité, il avait honte d'avoir volé et risquait de se trahir à la première occasion ? Merde ! S'il n'est pas capable de se dominer, il nous met tous en danger.

Mon père n'a jamais d'argent parce qu'il n'a pas de travail. Il a beau cavaler aux quatre coins de la ville, ça ne marche jamais. Ou personne ne veut de lui, ou il est foutu à la porte au bout de trois semaines, un mois. Pourquoi, je n'en sais rien. En tout cas, il y a toujours des histoires.

« Regarde-toi en face ! C'est pour cela que tu as

sacrifié les plus belles années de ta jeunesse à potasser le latin et le grec pendant des nuits entières ? Tout ça pour quoi ? Pour devenir un moins-que-rien, à soixante ans voler une tablette de chocolat, t'enfuir devant un clown minable et pleurer de honte ? N'est-il pas parfaitement normal que le pharmacien, ton employeur actuel, te traite comme un moins-que-rien qu'il peut virer quand il veut ? « C'est un comble », dis-tu ? « Le savoir a plus de poids que l'argent », prétends-tu ? Ne me fais pas rire ! Tu n'es qu'un moins-que-rien ! Tu ne pourras jamais, même en rêve, rivaliser avec un pharmacien nanti ! Combien d'années, de décennies, que dis-je, de siècles, devrais-tu trimer pour pouvoir t'acheter ou louer une pharmacie sans avoir à cambrioler une banque ? Non, non ! Tu resteras toujours un moins-que-rien. Un pouilleux. Cultivé, mais pouilleux. En tout cas, tu n'es pas quelqu'un d'important, sinon on te donnerait du travail. »

Il pleure sur sa vie gâchée, inutilement dilapidée. J'ai une envie folle de faire quelque chose pour lui, de l'aider, de le protéger. De toutes mes forces, j'écarte ses poings, qu'il s'enfonce dans les yeux.

« Arrête de pleurer... Papa ! Papa... Mon petit papa... »

Une chose est sûre : il ne faut plus jamais le laisser chaparder. Sous aucun prétexte. Surtout pas seul. Plus jamais cette attente devant la porte d'un magasin. Quant à la chasse à courre, je n'en veux plus !

Il s'accroche à moi avec une vigueur qui semble

vouloir dire : Laisse-moi essayer encore une fois, rien qu'une fois !

Je sais. Il n'est pas facile de renoncer à la fauche une fois qu'on a commencé. Mais je n'y peux rien. Il faut être raisonnable. Il faut qu'il se rende compte qu'il n'a pas l'étoffe d'un voleur. Il n'est pas doué, voilà tout. Avec son visage et sa calvitie, il se fait beaucoup trop remarquer.

Je n'ai que cinq ans, mais je suis un gosse des rues. J'apprends vite et bien à voler et je ne me ferai jamais pincer.

Je sais qu'il est interdit de voler et cela me suffit. Je suis prudent.

Dès que j'en ai assez et que la poche de mon tablier est pleine — ce qui m'a valu le nom de Kangourou —, je rentre à la maison, où nous dormons à six dans la même pièce et le même lit.

Aujourd'hui, l'atmosphère est particulièrement maussade. Nous n'avons rien mangé depuis soixante-douze heures.

Il y a une semaine, dans le couloir obscur, je me suis cogné contre un de ces meubles hideux qui ressemblent tous à des cercueils vernis et dont le propriétaire a barricadé toutes les pièces de la maison. Je me suis fait très mal à la cheville. Elle est encore enflée. Depuis, pas question d'aller chaparder. Or, voilà trois jours que nos maigres réserves sont épuisées.

J'en ai plein le dos de nous voir crever lentement. Mais je suis tellement affaibli par la faim et je me sens en si piteux état que j'ai besoin de rester assis un long moment sur les marches de l'entrée avant de rassembler assez de force pour me traîner jusqu'à mon épicerie. Il faut absolument que j'y aille. A quatre pattes s'il le faut.

Ma mère vient s'asseoir à côté de moi.

« Tu n'as pas trop mal ?

— Ça va.

— Quand je pense à tout ce que mon petit Kangourou a dû endurer.

— Je ne suis pas une mauviette.

— Pardon. Rentre à la maison, au moins.

— Je ne veux pas rentrer. Laisse-moi là.

— Il est encore trop tôt pour que tu ailles courir les rues avec ton pied malade. Et puis ce n'est pas un endroit pour mon petit amour. »

Aussitôt, elle s'effraie de la sottise qu'elle vient de dire.

« Mais alors où puis-je aller, maman ? »

Elle est affreusement gênée, me tire les cheveux d'un geste affectueux, ronronne comme une chatte, et fait des efforts désespérés pour trouver quelque chose à dire.

« Ton pied ne t'élance pas trop ? Veux-tu que je change ta compresse ?

— Non, merci. Ça va encore.

— ... Aujourd'hui nous aurons tous quelque chose à manger, tu peux en être sûr. »

Comme nous tous, elle s'accroche à cette idée fixe, seul espoir qui nous soutienne d'heure en heure.

« Oui, maman. »

En fait, je voudrais dire : Et toi tu peux être sûre que je ne renoncerai pas. Jamais ! Rien ni personne, excepté le Bon Dieu, ne me fera mettre à genoux. Un jour, je te rendrai ton amour. Je veillerai à ce que tu n'aies plus besoin de trimer comme une forcenée. Un jour, je gagnerai assez d'argent pour t'acheter un manteau d'hiver, des chaussures chaudes, et même des gants pour tes engelures. Assez pour que tu puisses boire autant de vrai café et manger autant de petits pains au miel que tu voudras.

Oui, voilà ce que je voudrais lui dire. Mais je préfère me taire pour qu'un jour elle ait la surprise.

« Dis-toi bien, mon petit Kangourou, que nous ne descendrons jamais plus bas...

— Non, maman. »

Elle a la gorge sèche à force de mensonges.

« Tout va s'arranger », souffle-t-elle.

J'avale difficilement la grosse boule qui m'obstrue la gorge, pour ne pas éclater en sanglots. Je n'ai pas le droit de faiblir, pas maintenant. J'ai besoin de toute mon énergie pour ce que j'ai à faire.

« Oui, maman. »

Sa bouche esquisse un pauvre sourire, découvrant ses dents gâtées.

« Elle ne te fait pas horreur, ta maman toute édentée ?

— Ne répète pas toujours ce mot !

— C'est pourtant vrai. J'ai beau être encore jeune, je n'ai presque plus de dents, ce n'est un secret pour personne. Parfois, j'ai peur que tu aies honte de moi.

— Ce n'est pas vrai ! Avec ou sans dents, je veux que tu m'embrasses toute ma vie ! »

Elle prend ma tête dans ses mains gercées et

l'appuie sur son giron de telle sorte que je respire son odeur de femme. Je presse mon visage contre son corps, effleure des lèvres son ventre brûlant, et remonte vers ses seins minuscules jusqu'à ce que ma bouche soit toute proche de la sienne. Elle se penche vers moi. Ses lèvres humides et pulpeuses se posent longuement sur ma bouche. Ses yeux immenses, ses yeux merveilleux brillent comme des billes d'agate dans son visage ravagé par la faim.

Une fois seul, je rassemble toute mon énergie et traverse la rue aussi vite que me le permet mon pied boiteux. Je prends ma place sous les éventaires de bois installés devant l'épicerie, sur lesquels les marchandises sont dressées en pyramides ou amoncelées en tas.

Je ne dois pas faire de faux mouvement, ni m'énerver, ni trembler. Pour accomplir un travail aussi délicat, il faut une main sûre, un grand doigté. Comme au jeu de mikado.

L'espace libre sous les éventaires est très réduit. Si je ne veux pas bouger et tout faire trembler, je dois m'accroupir et me contorsionner en tendant le cou au maximum. J'arrive à tourner la tête à droite et à gauche, mais mes genoux font pression sur ma gorge. Plus précisément sur ma pomme d'Adam. Il faut que je parvienne à me maintenir en équilibre sans basculer en arrière. Pour l'éviter, je m'arc-boute contre la vitrine. Tous mes organes sont comprimés. J'en ai le souffle coupé. Je passe évidemment mon tablier au-dessus de mes genoux afin que la poche soit facilement accessible.

Dès que j'ai pris cette position, il m'est impossible d'en changer jusqu'à mon départ. J'arrive tout au plus à soulever légèrement le pied droit ou gauche.

Ma cheville enflée me rend la position accroupie extrêmement pénible. Chaque fois que je peux, je m'appuierai sur mon bon pied. Ainsi la douleur sera peut-être un peu moins aiguë, et peut-être réussirai-je à ne pas crier. Si je vois que je ne peux plus me retenir, je m'enfoncerai une pomme de terre ou n'importe quoi d'autre dans la bouche.

L'épicier, que je reconnais à la puanteur de ses pieds, ne cesse de sortir pour entasser toutes sortes de marchandises ou prendre quelque chose sur l'éventaire. Il doit être du genre tatillon. Il est sans arrêt en train de tripoter quelque chose et de me coller ses pieds pourris sous le nez. Il ne manquait plus que ça !

J'essaie d'éviter le plus possible l'odeur nauséabonde en bloquant ma respiration... Jusqu'à ce que ma tête, prête à éclater, m'oblige à sentir cette pestilence, si je ne veux pas me mettre à gigoter. Tant qu'il traîne dans les parages, je ne peux rien tenter. J'attends qu'un client l'appelle.

Le pue-des-pieds ressort à l'improviste et je dois me pétrifier au milieu de mon mouvement. Comme pour le jeu des tableaux vivants, où on rit comme des fous au spectacle des autres figés dans les positions les plus loufoques. A cette différence près que, dans ma situation, je n'ai pas du tout envie de rire.

Ma cheville me fait si atrocement souffrir que je m'enfonce une feuille de chou dans la bouche pour ne pas hurler. Puis je perds connaissance.

Je suis sans doute resté évanoui un long moment. Quand je reviens à moi, j'ai toujours la feuille de chou dans la bouche.

En pleine panique, comme un rat acculé, j'essaie de me libérer de cette position suppliciante. En vain. Mes membres sont engourdis jusqu'aux orteils. J'ai des bourdonnements d'oreilles. La douleur me lacère la poitrine. Le sang qui coule de mon nez macule mes chaussures.

Il fait déjà sombre. Bon Dieu! quelle heure peut-il bien être? Et si l'épicerie ferme? Je n'ai encore rien dans mon tablier. Les doigts gourds, j'attrape au hasard tout ce qui me tombe sous la main, manquant presque de renverser l'étalage.

Une fois que j'ai fait le plein — de quoi, je n'en ai pas la moindre idée — je rampe hors de mon terrier. Je serre les dents si fort que je les entends grincer. Quand, centimètre par centimètre, je parviens à me redresser, je laisse enfin échapper un hurlement de douleur.

Par chance, il n'y a personne devant le magasin et la rue est déserte. Ouf! Ça y est!

Je me rendrai compte plus tard que j'ai agi avec une incroyable légèreté.

J'ai presque traversé la rue, quand je suis happé par une motocyclette lancée comme un bolide, et traîné sur une vingtaine de mètres, ma tête rebondissant sur l'asphalte.

Cet accident est d'autant plus stupide que dans ce quartier il y a peu de circulation et que je ne traverse jamais une rue sans une prudence de lynx. Mais mon état de faiblesse et ma blessure qui m'empêche de courir en sont certainement les causes.

Quand le motocycliste parvient enfin à arrêter son engin, tout le contenu de ma poche a été catapulté de tous côtés. Citrons, oranges, carottes, pommes de terre, caroubes ont fendu l'air comme des obus. Un pot de confiture s'est fracassé sur le trottoir.

Les piétons invectivent le motocycliste. A croire qu'ils veulent le lyncher. Il paraît avoir subi un choc plus rude que moi. Il est livide, courbe l'échine comme un chien battu, et se protège le visage quand un crétin lui colle son poing sous le nez.

Quant à moi, j'ai un trou dans la tête.

Mes petits frères surgissent comme par enchantement et ramassent en vitesse tout ce qu'ils peuvent.

Les passants sont tellement émus par leur apparition qu'ils libèrent un instant le motocycliste de leurs griffes pour prêter main-forte aux deux gamins. Jusqu'au pue-des-pieds qui surgit de sa boutique pour aider mes frères à ramasser ses propres marchandises.

Puis un flic me porte jusqu'à la maison.

Ma mère pousse un cri en me voyant, mais elle s'occupe aussitôt de me faire un pansement. Et elle s'y connaît! C'est seulement quand elle veut mettre de la teinture d'iode sur la plaie que je repousse sa main.

Les jours de pluie sont de mauvais jours pour voler. C'est encore pire quand il neige. S'il gèle, l'épicier rentre ses éventaires. De toute façon, on ne résisterait pas longtemps sous l'étalage.

Quand un magasin est vide, on ne peut arriver à faucher sans se faire prendre que si l'on arrive en bande. Moi, je n'aime pas beaucoup cette méthode. Quand nous partons en groupe, il faut répartir le butin en un trop grand nombre de parts et il y a toujours des disputes.

Evidemment, tu peux aussi entrer carrément dans un magasin, faucher un truc et déguerpir. Cela peut paraître gros, mais grâce à l'effet de surprise cela marche toujours. Les gens n'ont pas le temps de réagir que tu es déjà loin. Bien sûr, il faut courir très vite.

Eh oui, mon vieux, le voleur dépend aussi du temps qu'il fait. En période de vaches maigres, il nous arrive souvent de rester dans notre chambre, vautrés sur le sol nu jusqu'à la nuit tombée, sans jouets et le ventre vide. Car l'hiver, quand le froid est trop rigoureux, impossible de sortir. Nous n'avons ni manteau, ni moufles, ni galoches. Juste des chaussures basses aux semelles percées. Pour quatre, nous ne possédons qu'un maillot de corps et une paire de bas de laine. En principe, ils sont à ma sœur, mais mes frères les mettent aussi, le maillot de corps comme les bas. Ils vont à l'école chacun leur tour. De même pour les vêtements: ils les portent à tour de rôle. Pour moi, ils sont beaucoup trop grands, car bien qu'il n'y ait qu'un an de différence entre nous, je suis sacrément plus petit que mes frères et sœur. Et quand mon tour est enfin venu d'en profiter, le vêtement est bon pour la poubelle.

A part les engelures, nous sommes endurcis

contre le froid et la chaleur. Mais comme Arne a de l'asthme, ma mère se tourmente pour la santé de toute la famille. Pourtant Achim ne sait même pas ce que c'est qu'un refroidissement. Inge est solide comme un roc. Mon père n'est jamais malade. Quant à ma mère, elle n'a jamais possédé un manteau de sa vie.

Je reste planté devant la fenêtre, comme un animal captif agrippé aux barreaux de sa cage et je prie Dieu pour que le temps change.

Sɪ encore ça puait un peu moins dans cette baraque. Un vrai dépotoir. Dans cette porcherie, tout lève et fermente. Ça travaille comme des intestins pourris. Les murs lépreux bourgeonnent. L'air vicié est chargé d'une odeur douceâtre de putréfaction.

De tous les coins se dégage une telle odeur de pourriture que je me demande sérieusement où notre taulier a caché le cadavre de sa mère pour ne pas avoir à lui payer d'enterrement. Elle est morte le jour même où nous avons emménagé. Il a dû la balancer dans les chiottes.

Ce fils modèle est un tel salopard qu'il va jusqu'à compter les pommes dans les arbres pour être sûr qu'on ne les lui vole pas.

Encastrés entre notre maison, la maison voisine et les horribles barrières de bois qui nous séparent de la rue, il y a de maigres plates-bandes où poussent quelques ronciers chétifs, des fraises et trois pommiers, un grand et deux petits.

Dès que cet enfoiré se rend compte que nous commençons à bouffer ses fruits, il se jette comme un cochon sur les buissons et les plates-bandes. Il a si peur de ne pas avoir le temps de tout récolter qu'il enfourne les fruits à pleines poignées et les avale tout rond. Et il se lamente comme une poule mouillée en nous maudissant de le traiter si mal.

Il cueille les pommes encore vertes. Dures comme des pierres. Or, il sait bien qu'un voleur ne peut manger qu'une certaine quantité de fruits verts sans attraper la colique ou la jaunisse.

Cette brute joue aussi les prêteurs sur gages. Une vraie sangsue. Son chef-d'œuvre : il a pris son alliance à ma mère.

Evidemment tout cela est notre faute. Nous avons nourri cette vipère dans notre sein. Mais que faire? Nous n'avons pas le choix. Nous ne pouvons pas payer le loyer. Nous n'avons rien à manger, rien pour nous chauffer. Il le sait bien. Il sait aussi que je vole. Qu'il nous dénonce à l'épicier et nous sommes fichus. C'est un cercle vicieux. Moins nous parvenons à lui cacher notre misère, plus nous sommes à sa merci, plus il devient visqueux de gentillesse. Il nous presse d'accepter son aide. Pour un peu, il nous donnerait la becquée. Si ma mère accepte ses avances, le piège se refermera lentement, jusqu'à ce qu'elle ne puisse plus payer qu'avec son corps. Si elle refuse, nous crèverons de faim et de froid, car il nous jettera à la rue. Ou il nous dénoncera. Ou les deux. Et ainsi de suite.

Comment cela se terminera-t-il? Va-t-il bientôt lui présenter l'addition et sera-t-elle obligée de coucher avec lui? Je crois que la peur de devenir une putain lui fait supporter toutes les humiliations.

D'abord, elle le supplie de lui laisser son alliance. Elle est prête à lui signer une reconnaissance de dettes.

Il répond que, même s'il lui confisque son alliance, il n'y a pas de quoi s'affoler. C'est normal qu'elle lui laisse un gage. Et ce vampire lui retire son anneau du doigt.

A l'annulaire de ma mère, il n'y a plus qu'une marque incrustée dans la chair, un peu plus claire que le reste de la peau brunie.

En principe, il devrait se rembourser sur l'alliance de toutes les dettes accumulées. Mais voyons, ce n'est pas un monstre! En contrepartie il nous donne un kilo de farine de sarrasin, un kilo d'orge, cent grammes de chicorée et cent grammes de graisse végétale.

Qu'elle n'aille surtout pas croire qu'il cherche à profiter de notre détresse. S'il ne nous donne pas plus en échange de la bague, c'est pour que nous puissions plus facilement la dégager. Il ne la gardera pas longtemps, juste un mois, le temps qu'elle soit en mesure de la reprendre. On est grand seigneur. On ne veut même pas récupérer les marchandises prêtées. Non, Monsieur préfère de l'argent liquide.

Mon cul! Ça n'est pas une transaction régulière! Même un aveugle verrait qu'en un mois ma mère ne sera jamais en mesure de dégager l'alliance.

Il est convaincu, susurre-t-il, qu'elle a déjà sa petite idée!

Chaque matin, nous sommes dévorés par les punaises et nous avons le visage boursouflé. Je me dis que ce sont des piqûres de moustiques. C'est moins répugnant.

Il serait ridicule de leur faire la chasse. Il y en a trop. Et puis, même si on avait les moyens d'acheter des désinfectants, personne ne pourrait supporter cette odeur toute la journée. Bien sûr, nous n'arrêtons pas d'en tuer. Notre matelas comme les murs sont couverts de sang. A croire que nous nous sommes entre-tués. En fait, elles se sont gorgées de notre sang. C'est notre sang qui gicle quand nous les aplatissons contre le mur ou quand nous les écrasons entre nos doigts.

Les rats nous piétinent sans aucune gêne, se lancent à l'assaut des plafonds dans de folles escalades avec la même excitation et la même allégresse que si nous n'existions pas. Les autres prétendent qu'ils nous jouent une comédie pour endormir notre méfiance. Quand nous tomberons d'inanition, quand nous ne pourrons plus nous défendre, ils nous attaqueront. Sûr. Ils n'attendent que ça. Moi je crois dur comme fer, et rien ne m'en fera démordre, qu'ils jouent tout simplement à se faire la course. Chaque fois que l'un d'eux a touché le but, il pousse un cri. Un cri hargneux, un cri de triomphe, de soulagement, ou d'hystérie. Il est extrêmement dangereux de les déranger dans leur jeu. Il ne faut en aucun cas les toucher avec la main. Leurs morsures sont redoutables, car elles transmettent les maladies. De temps en temps, je leur envoie des objets à la tête. Sinon ils en prennent vraiment trop à leur aise. De quoi se nourrissent-ils d'abord? Ils sont solides comme des carlins.

Les cafards atteignent la taille de petites tortues. Quand nous avons le droit de pénétrer dans la cuisine, nous les brûlons vivants avec des bouts de papier. En général, ils filent à toute allure, si bien que la plupart s'en tirent avec le derrière carbonisé.

Le lit bouge tout seul. Les vers en ont déjà bouffé la moitié. Ils le bouffent sous nos fesses. D'un jour à l'autre le lit va s'effondrer.

Je ne découvrirai que beaucoup plus tard ce qu'est une salle de bain. Nous nous lavons à la fontaine de la rue, avec du savon noir ou simplement du sable. L'hiver nous allons chercher l'eau et nous faisons notre toilette dans notre cuvette d'émail. Quand l'eau gèle, un glaçon pend du robinet. Nous le cassons et nous nous en servons pour nous laver. De l'eau chaude, il n'y en a pas.

Je sais ce que c'est que des cabinets. C'est un trou avec ou sans couvercle, qu'on vidange ou du moins qu'on vide de temps en temps. Des latrines, quoi. Quand on soulève le couvercle du nôtre, on est assailli par l'odeur suffocante de l'urine et de la merde. On a à peine le temps de réagir que des nuées de mouches vertes jaillissent du trou noir avec un bourdonnement agressif et s'abattent sur la bouche et les yeux.

Je ne comprends pas pourquoi personne ne verse de la chaux dans ce trou méphitique.

« C'est plus ignoble que n'importe quel cauchemar ! hurle ma mère, folle de rage.

— Un jour, quand ce vampire sera bien en train de chier, on lui cassera la gueule et il tombera dedans !

— Il se fera bouffer vivant par les asticots !

— Oui ! A commencer par ses grosses fesses molles ! Le cul grouillant d'asticots ! Et puis les boyaux, et puis les tripes !

— La tête en dernier !

— Mais surtout pas le nez ! Qu'il crève d'asphyxie à petit feu !

— Les yeux non plus ! Ni la bouche ! Pour les mouches vertes !

— Un vrai bouclier de mouches à merde bien luisantes !

— Quand il sera complètement asphyxié, on le balancera dans le trou ! Et nous lui chierons dessus ! »

Les menaces de mort contre le salopard d'usurier varient à l'infini, jusqu'à ce que notre soif de vengeance se tarisse dans ce souhait unanime :

« Si au moins nous avions un seau d'eau ! »

De l'eau, sûrement pas car le purin ne pourrait jamais s'écouler. De toute façon, pas question d'eau. La fontaine est beaucoup trop loin. La pompe du jardin, nous n'avons pas le droit de nous en servir. Quant à l'eau viciée du robinet qu'il faut faire bouillir avant tout usage, on ne s'en sert que pour boire, faire la cuisine, se laver et se rincer les dents.

Pour ma part, je ne mets plus jamais les pieds dans les chiottes. Pendant la journée, je fais mes besoins dehors. La nuit j'essaie de me retenir le plus longtemps possible. C'est très douloureux. Et malsain, en plus.

En dormant, il nous arrive souvent de pisser l'un contre l'autre. Je reprends conscience, cramponné au ventre nu de ma sœur, parce que j'ai rêvé qu'elle était un arbre contre lequel j'urinais.

Si je me réveille avant, je me soulage par la fenêtre. Si j'ai envie de chier et que les autres dorment, je m'accroupis par terre et je fais dans un papier journal. Puis, repliant soigneusement le tout, je jette le paquet encore tiède par la fenêtre, et il atterrit directement dans la poubelle qui se trouve devant la porte d'entrée. C'est encore la solution la plus hygiénique.

Dans la journée, il me vient souvent une envie pressante, et, le temps de trouver un endroit propice, je ne peux pas toujours me retenir. Aujourd'hui, je n'ai même pas pu traverser la rue, j'ai fait en plein milieu de la chaussée. Les automobilistes se sont montrés très gentils et m'ont contourné comme un agent de la circulation.

Il n'y a pas d'électricité. Ou elle est coupée, ou elle n'est même pas raccordée, en tout cas, je n'ai jamais vu une ampoule allumée. Mais à cela aussi, nous avons fini par nous accoutumer. Nous possédons maintenant un sens de l'orientation aussi aigu que celui des chauves-souris.

Pour comble, quand il gèle à pierre fendre, nous, les gosses, nous dormons tout habillés. Tant et si bien que nos engelures ne guérissent jamais. Elles se crevassent sans arrêt, s'infectent et continuent à nous démanger tout l'été. De temps en temps, nous faisons tremper nos pieds et nos mains dans l'eau bouillante, mais qui supporterait ce traitement ?

Quand l'un de nous est condamné à ce supplice,

les autres doivent se jeter sur lui à la moindre velléité de fuite et le maintenir de force dans la cuvette. Dès qu'on plonge nos abcès dans l'eau bouillante, la douleur est tellement horrible qu'on ne peut s'empêcher de hurler. S'engage alors un combat sans merci qui s'achève dans le sang et les meurtrissures. Moi, je me suis cassé une incisive en me cognant la mâchoire sur le bord de la cuvette.

Nous, les enfants, nous protestons contre ces tortures. Nous souffrons bien assez comme ça ! Mais ma mère ne cède pas, et de temps en temps nous sommes obligés de nous laisser échauder. Peut-être a-t-elle raison. Il me semble parfois éprouver un soulagement.

La puanteur de ce taudis devient tellement suffocante que nous nous mettons à genoux pour prier : « Mon Dieu ! Si ce n'est pas le cadavre de sa mère qui pue à ce point, c'est que Tu nous as exaucés. Ta colère a frappé et nous a délivrés de la sangsue. Cette brute a trépassé ! Mon Dieu, sois remercié de l'avoir laissé crever ! » Nous avons peine à réprimer notre joie et prudemment nous dansons dans le noir, à travers toute la maison... quand je heurte un lièvre mort, accroché avec du fil de fer à la porte de la cuisine, ballottant comme un pendu. C'est donc lui qui dégage ces relents de charogne !

« Il faut laisser le gibier suspendu pendant un certain temps, c'est très recommandé, affirme ma mère, bien que, tout comme nous, elle n'ait jamais eu l'occasion d'en manger.

— Il faut persuader ce fumier que son lièvre est

40

déjà pourri. Il le jettera peut-être à la poubelle, comme ça nous pourrons le récupérer et le manger. »

Elle y croit à son astuce. Une véritable illumination. Alors que le lièvre empeste et grouille déjà d'asticots.

De toute façon, ce genre de combine ne marcherait pas avec cette hyène capable de se nourrir de cadavre. Jamais il n'en ferait cadeau.

Nous avons toujours faim. A supposer même que je puisse voler chaque jour, cela ne suffirait jamais à rassasier toute la famille.

Nous n'avons le droit d'entrer dans la cuisine et d'utiliser le fourneau qu'une fois par jour. Dans le meilleur des cas, une fois par jour, nous avons quelque chose de chaud dans l'estomac. Cela à l'unique condition d'avoir du bois et des briquettes pour faire du feu.

Naturellement, le fumier met toutes ses provisions sous clef. Ne parlons même pas de l'argent ou des objets de valeur. Il nous est formellement interdit de pénétrer dans les autres pièces. Nous n'y avons jamais mis les pieds. Mieux. Aucun de nous n'a même réussi à jeter un coup d'œil à son taudis sordide, dont toutes les portes et les lucarnes sont barricadées par de lourdes chaînes et d'énormes cadenas. Un jour, il faudra tout de même que j'aille y voir de plus près, mais je réserve ça pour plus tard. Si je veux récupérer l'alliance de ma mère, il faut que je sois très prudent et que j'agisse par la ruse. Jour et nuit, ce vampire garde un trousseau de clefs sur lui. Il rôde toujours dans les parages sans jamais s'éloigner, et même quand il va faire ses courses, il s'absente le moins longtemps possible.

Cela ne nous empêche pas de brûler les piquets de sa clôture et un de ses meubles miteux. Puis nous nous blottissons autour du poêle, approchant de la faïence brûlante nos mains, nos pieds et nos visages couverts de plaies. Parfois aussi la bouche.

Ma mère s'échine du matin au soir, s'estimant encore heureuse et reconnaissante quand elle a le droit de laver le linge sale des autres pour quelques malheureux sous. Mais elle s'acquitte de ces travaux avec une habileté et une vivacité telles qu'il lui reste assez de temps pour ruminer son désespoir.

Son amertume, longtemps refoulée, explose quelquefois en accès de fureur au cours desquels elle se maudit et injurie mon père tour à tour !

« Je ne sers à rien sur cette terre ! Je ne suis même pas capable de nourrir mes propres enfants ! Et toi ? Pourquoi n'as-tu jamais connu tes parents ? Pourquoi es-tu sans travail ? Pourquoi faut-il que tu gâches tout, dès que quelqu'un t'engage ? Pourquoi es-tu incapable de fermer ta gueule ? Pourquoi fallait-il que je tombe sur toi ? Tu m'as engrossée le jour même. Et ensuite encore, et encore, et encore ! Tu m'as bousillée. Regarde où ça nous a menés ! De taudis en taudis ! Nous sommes au fond du trou, nous vivons comme des porcs ! Pourquoi ? Pourquoi ? Pourquoi ?... »

Elle se renverse sur le matelas en pleurant et hurle comme si les murs pouvaient répondre à ses questions désespérées.

Nous, les gosses, nous pleurons aussi, en nous agrippant à elle et à notre père.

« Papa... fais quelque chose! Papa!... »

Parfois j'ai l'impression que ma mère ne tardera plus à y laisser sa peau. Maintenant, dès qu'elle se livre à un travail quelconque, elle tremble à tel point que tout lui tombe des mains. Que se passera-t-il si son état s'aggrave et qu'elle s'effondre?

Mon père encaisse ces explosions sans broncher. Accusations et insultes glissent sur lui sans qu'il réagisse.

Il est pétrifié à l'idée que notre déchéance est irrémédiable, et il peut rester des heures dans la même position, assis ou debout, sans un geste, sans le moindre tressaillement. Il est tellement paralysé à l'idée de notre détresse qu'il est incapable de s'insurger contre notre sort et même d'en parler.

Il attend simplement que ma mère se soit calmée, qu'elle interrompe le flot de ses injures et de ses malédictions pour la relever.

Si exténué soit-il, il trouve toujours la force de la prendre dans ses bras et de la bercer comme un enfant. J'ai découvert ainsi que mon père a le cœur et la patience du Christ.

La nuit, quand nous ne pouvons trouver le sommeil parce qu'il nous est impossible de changer de position et que nos membres couverts de plaies s'endolorissent, il se lève pour nous céder sa part du lit. Il lui arrive souvent de passer toute la nuit sur une chaise ou de rôder au hasard des rues jusqu'à l'aube, comme un chien perdu.

Il n'entre jamais dans un bistrot et ne dépense jamais d'argent pour lui. Pour ne pas toucher aux quelques malheureux sous que ma mère a épargnés au prix des plus lourds sacrifices, il a même renoncé à fumer. Il ne s'offre jamais un verre de bière et rapporte scrupuleusement à la maison le peu de monnaie qu'il gagne de-ci, de-là.

Ce jour-là — mes frères et ma sœur sont à l'école — je rentre à la maison, mais à peine ai-je poussé la porte de notre chambre que je m'immobilise, foudroyé, et contemple le matelas avec fascination. Mon père et ma mère sont tellement occupés qu'ils ne s'aperçoivent pas de ma présence. On dirait que je suis invisible, alors que quelques mètres seulement nous séparent. Tous deux sont nus comme des vers. Il est allongé sur le dos, tandis qu'elle est grimpée sur lui, les cuisses écartées.

« Je veux partir de ce taudis! Partir, partir! » souffle-t-elle haletante.

Elle délire.

« Nous devons trouver un moyen de partir d'ici... Je voudrais dévaliser une banque, braquer un pistolet sur le caissier et le forcer à me remettre tout le fric... Si on donne l'alarme, je leur foncerai dedans comme une bête féroce... Une bonne bagarre et c'est marre! »

Je ne peux pas entendre la réponse de mon père. Elle tend la croupe et son énorme queue dressée la pénètre. Mon père accélère le va-et-vient de ses reins et pousse un râle de plus en plus fort, couvert par les gémissements de ma mère. Elle se met à hurler, secouée par des orgasmes successifs tandis qu'il s'enfonce en elle à grands coups de boutoir. Une fraction de seconde, je découvre son visage ravagé de désir.

Noël. La fête de la paix et de la joie. La chambre est glaciale, plongée dans une telle obscurité que nous ne pouvons distinguer nos propres visages. Nul ne souffle mot. Nous nous entendons à peine respirer. Mais je sais que nous sommes tous là.

Au cours des semaines précédentes, du matin au soir, j'ai vu les gens chargés de paquets et d'arbres de Noël.

Ce soir, de notre fenêtre, j'aperçois dans la maison d'en face, derrière les rideaux, les bougies allumées dans les sapins, les boules multicolores, les serpentins scintillants, les guirlandes d'or et d'argent, les étoiles transparentes collées aux carreaux des fenêtres.

Avec mes frères, nous avons réussi à voler un sapin tout rabougri, mais nous n'avons pas de bougies ni rien pour le décorer. Pas même un support pour le faire tenir debout. Il s'appuie dans un angle avec lassitude, comme un enfant bossu qu'on a mis au coin.

Seule décoration qui me fasse pour quelques instants oublier notre châtiment : les fleurs de givre étincelantes, ces cristaux si purs qui couvrent la fenêtre par myriades, et la parent d'un ornement plus somptueux que le rideau le plus précieux.

J'imagine quelle chaleur moelleuse doit régner en ce moment dans les foyers, où les gens mar-

chent peut-être même sur des tapis. Quels efflu-
ves émanent des plats mijotés et des gâteaux bien
dorés. Combien de paquets ont déjà été ouverts,
combien attendent encore au pied du sapin de
dévoiler leur mystère...

Soudain c'est moi qui déballe tous les cadeaux
du délire : un jeu de petits chevaux, un jeu de
construction, un damier. J'enfile les patins à roulettes ! Les patins à glace... Je m'installe sur la luge
et je me fais tirer sur le tapis pour l'étrenner... Je
me frotte la joue contre le pull-over d'une douceur
duveteuse... J'essaie mes moufles, et hume la
bonne odeur de cuir de mes bottes flambant neuves dont je baise les semelles avec vénération...
Les exploits de *Max und Moritz* me font tordre de
rire... Je fonds en larmes aux malheurs de la petite
fille aux allumettes. Je suis si bien plongé dans
mon livre que je ne reviens à la réalité qu'au
moment où je manque de marcher sur un jeu de
postier. Je m'empare du cachet, je tamponne à
tour de bras tout ce qui me tombe sous la main, je
colle un timbre miniature sur le crâne de mon
père... J'installe les rails du train électrique autour
des pieds du lit et prolonge les voies à travers
toute la maison chaude et claire... Je pars sur le
cheval à bascule dans un galop effréné jusqu'à ce
que la tête me tourne...

... Je casse des noix, enfourne des kilos de pâte
d'amandes, me bourre de nougat, de pain d'épice,
de brioche, de figues, de dattes et de toutes les
friandises accrochées aux branches du sapin... Je
déguste avec volupté les galettes friables, et laisse
fondre le sucre d'orge sur ma langue... Stop ! J'ou-

bliais l'oie rôtie! Comment ai-je pu! Moi, je me réserve la cuisse. Que dis-je, les deux cuisses!

Ma voracité confine au délire. Me voilà en train de dévorer les deux ailes, de déchiqueter la carcasse et le blanc, tout en m'empiffrant de choux rouge, de compote de pommes, et en buvant de pleines cuillerées de sauce...

J'en ai l'estomac tout retourné. Tant et si bien que je me force à avaler quelques pommes de terre. Sans rien. J'ai peut-être exagéré en lampant la sauce grasse.

En tout cas, je suis gavé. J'ai mal aux dents à force d'engloutir des sucreries et de casser des noix. Après avoir roté et lâché un pet, je m'endors comme une souche au pays de cocagne...

Je me réveille sur le carrelage glacé en entendant ma mère pleurer. J'ai perdu toute notion du rêve et de la réalité. Je me pince la joue. Cela fait mal, je suis donc bien réveillé. Si j'en crois mon sens de l'orientation, ma mère ne doit pas être loin. Mes yeux s'accommodent bientôt à l'obscurité. Je la distingue, assise à table, la tête dans les mains. Je m'approche d'elle, mais mes deux frères sont déjà cramponnés à ses jambes. Ma sœur dort debout, la tête appuyée sur la table. Sur la fenêtre, en contre-jour, se découpe la silhouette de mon père, qui semble figé dans la contemplation de la neige.

L'usurier nous a jetés à la rue. Il a placé ma mère devant un ultimatum : qu'elle se laisse baiser immédiatement si elle veut récupérer son alliance et l'empêcher de nous dénoncer. Du coup, elle accourt et sert la nouvelle toute chaude à mon père. Alors lui, lui qui a le cœur et la patience du Christ, il va, avec ses énormes poings, lui fendre la gueule comme avec une hache.

Après cela, cette crapule a vite fait de se débarrasser de nous. A 9 heures, il passait la main sous les jupes de ma mère. A 9 h 05, mon père lui démolissait le portrait. Jusqu'à 10 heures, il s'est retourné dans son sang. A midi, il rentrait de l'hôpital avec des pansements. Et à 13 heures précises, juste au moment du déjeuner, nous nous retrouvons assis au beau milieu de la rue sur nos paquets ficelés à la hâte et notre valise en carton bouilli.

Nous ne sommes pas déprimés le moins du monde. Au contraire. Il était grand temps !

Nous avons bien des engelures et Arne de l'asthme, mais, cela mis à part, nous avons survécu à cet enfer sans trop de dommages et nous nous trouvons en assez bonne forme.

Dieu merci, c'est le printemps. Je respire l'air frais à pleins poumons, comme si j'avais été enterré vivant, et tire un trait sur les cinq premières années de ma vie.

QUATRE heures du matin. Depuis que nous avons été chassés, nous n'avons cessé de courir les rues à la recherche d'une pension ou d'un hôtel de troisième catégorie. Personne ne veut de nous. Dès que les tauliers voient nos paquets, ça leur suffit. Personne ne veut des enfants. Quatre gosses ! Avec une dégaine pareille !

Maintenant, mon père tente sa chance tout seul. Quand il sonne pour appeler le veilleur, nous nous cachons avec nos paquets. Son monocle fêlé vissé à l'œil, il se figure qu'il va faire forte impression. Foutaises ! Il n'a pas de chapeau et il ne s'est pas rasé le crâne depuis des jours. Il a l'air d'un évadé du bagne. En plus, quand un type vient sonner à l'aube sans bagages, les veilleurs de nuit ont immédiatement des soupçons, et tous, sans exception, veulent être payés d'avance. Alors, toujours rien.

Nous sommes fourbus. Nous nous traînons en titubant comme des ivrognes. La faim nous tenaille jusqu'au délire !

Enfin, à sept heures, un hôtel de passe sordide, non loin de la Stettiner Bahnhof, nous accueille.

De nouveau, nous voilà six dans le même lit. Ma mère a ses règles et fait une hémorragie. C'est probablement l'épuisement. Il faut qu'elle garde les jambes surélevées. Cela prend la moitié du lit. De toute façon, nous ne pourrions pas dormir, à cause de la faim. Et puis nous sommes surexcités.

Nous ne cessons de nous cogner les uns contre les autres, cela fait mal comme une blessure.

Mon père court d'une pharmacie à l'autre pour trouver un emploi.

Il règne dans ce quartier un vacarme assourdissant. Sans compter la fumée de la gare. Mes frères et ma sœur n'iront pas à l'école avant que nous ayons trouvé un logement.

Harassés, nous avons tous les nerfs à vif. D'une taupinière nous faisons une montagne. La querelle la plus anodine dégénère en coups et en menaces de mort. Et puis, c'est la lutte pour le moindre croûton de pain.

Il faut avant tout que nous filions de cet hôtel! D'abord nous allons tous y laisser notre peau, et en plus nous ne pouvons pas payer la chambre dans ce claque!

Tout s'arrangera une fois que nous aurons un logement.

Je sors avec ma mère. Aujourd'hui, Inge, Arne et Achim dorment dans le lit toute la journée, car la nuit dernière ils ont couché par terre. Le roulement est bien établi. Nous nous succédons à tour de rôle une fois dans le lit, une fois par terre.

Ma mère s'arrête, comme si elle hésitait à prendre une décision douloureuse. Puis d'un pas ferme, elle entre dans une boulangerie et m'achète deux gâteaux à cinq pfennigs. Ses derniers sous. Maintenant plus question de prendre le tramway; il faut faire tout le trajet à pied. Environ deux kilomètres. Elle refuse obstinément de manger un gâteau. Elle n'en veut même pas une bouchée.

Il pleut à verse. Devant l'hôtel, nous tombons sur mon père. Lui non plus n'a rien mangé depuis le matin. Ma mère retire ses chaussures et les vend à un fripier au coin de la rue, qui lui en donne deux marks. Nous achetons un énorme *Warschauer* et une grande bouteille de cacao froid, et rapportons le tout à l'hôtel.

Le *Warschauer* est un amalgame de croûtes carbonisées, de résidus de gâteaux et de tous les déchets de pain et de pâtisserie que les boulangers récupèrent par terre et sur le comptoir. Une fois malaxé, le tout est passé au four pour que la colle tienne bien. Un *Warschauer* entier, de la taille d'un gros pain, coûte environ vingt pfennigs. Il faut faire attention de ne pas manger en même temps des poils de balai, des bouts de bois, de métal, de papier, voire une pièce de monnaie cuite par inadvertance.

Mon père a du travail! Quittons l'hôtel en vitesse!

Pallasstrasse. Troisième arrière-cour. Une occasion. Le locataire précédent s'est suicidé. Pour nous c'est le paradis : une chambre, une minuscule entrée, une cuisine, et sur le palier des cabinets en commun avec les locataires du troisième et du quatrième étage. Nous avons même un poêle de faïence. Et du gaz pour faire la cuisine : il suffit pour cela de glisser une pièce de 10 pfennigs dans un appareil automatique. Ces appareils sont plombés. Chaque mois un employé du Gaz passe les vider, puis il les referme. Notre prédécesseur s'est substitué à l'employé du Gaz. Il a fait sauter les plombs lui-même, et, après avoir récupéré toute la monnaie, il a réintroduit toutes les pièces dans l'appareil et s'est asphyxié. Maintenant, il est à la morgue et nous dans son logement.

Encore un nid à punaises. Nous arrachons tous les papiers peints et donnons un coup de peinture. Les premiers temps, nous dormons tous à même le sol. Par la suite, nous achetons chez le chiffonnier un lit en fer et un matelas.

Nous plions nos vêtements et les déposons dans un coin de l'entrée. La fenêtre de la chambre donne directement sur la cour de l'école communale 22 où vont être inscrits mes frères et ma sœur.

Arne a des crises d'asthme si violentes qu'il ne peut pas grimper les escaliers sans avoir le teint qui vire à la couleur de l'encre. Mon père fauche dans sa pharmacie le médicament coûteux dont il a besoin, un grand pot contenant une poudre jaune que mon frère doit avaler par cuillerées. Nous sommes jaloux de sa poudre. Peu nous importe qu'il s'agisse d'un médicament, pour nous c'est quelque chose qui se mange !

Comme je ne vais pas encore à l'école, on m'envoie dans un foyer pour que les autres aient un peu plus à manger et davantage de place pour dormir. Mais surtout parce que ma mère est assez naïve pour s'imaginer que moi, dans un foyer de l'assistance publique, je pourrai enfin manger à ma faim. Ce prétendu foyer se trouve à cinquante kilomètres de Berlin et n'est en réalité qu'une sorte de bagne.

Les tortionnaires qui nous « soignent » sont des bonnes femmes frustrées et sadiques. Elles nous flanquent des coups de baguette sur les mains et la tête quand nous n'arrivons pas à ingurgiter leur tambouille. Je ne comprendrai jamais ce qui incite ces bourreaux à nous faire avaler ces morceaux de gras dont l'odeur pénétrante, la vue seule me donnent la nausée.

Une de ces garces pose une assiette sous mon nez. Son pouce entier trempe dans la soupe grise, où nagent des bouts de couenne blanchâtres et gélatineux. L'assiette déborde. J'ai envie de vomir et je ne peux rien avaler.

On nous oblige à rester à table jusqu'à ce que

nous ayons vidé notre assiette, même si la nuit tombe. Un enfant a dû passer toute la nuit dehors, assis à une table. Le matin il était mort. On ne me dit pas pourquoi. Il avait déjà de la fièvre quand il a refusé de manger et qu'on lui a interdit de se lever de table.

Je n'avale pas les bouts de gras, c'est au-dessus de mes forces. Je me les enfourne et les garde dans ma bouche pendant des heures, comme un écureuil. Je n'avale même pas ma salive pour éviter à tout prix de sentir le goût et l'odeur des rogatons visqueux. Je bouge à peine. Au moindre mouvement, au moindre souffle, la nausée sera si forte que je serai obligé de dégueuler toute cette saloperie.

« Alors, petite fripouille, on s'apprivoise ? On est dompté ? »

Peau de vache. Je ne peux même pas l'envoyer au diable, car j'ai la bouche pleine.

« Tu ne dis rien ? Tu n'as peut-être pas mangé, en fait ? Montre voir... Ouvre la bouche ! »

C'en est trop. Je lui crache en pleine gueule. Tout, y compris ce que j'ai dans l'estomac. Toute cette ragougnasse me sort des tripes, par jets, comme d'une pompe à purin, jusqu'à ce que j'aie le ventre vide, jusqu'aux derniers hoquets nauséeux. Je me tords convulsivement et déguerpis, tandis que la tortionnaire manque d'étouffer sous mon dégueulis, glapit et me maudit jusqu'à ce que sa voix s'étrangle et qu'elle ne soit plus capable de proférer un son.

Et voilà que tous ces chacals me donnent la chasse ! Je hurle. J'ai l'impression de perdre la raison. Quel plaisir peuvent bien trouver ces tourmenteurs à nous torturer de la sorte ? Brutalités et menaces. Jamais un sourire quand nous sommes angoissés. Pas un mot de consolation quand nous sommes tristes. Pas un geste affectueux quand nous appelons notre mère. Je braille à tue-tête, jusqu'à ce que tout le monde prenne peur et que la tortionnaire en chef fasse venir ma mère. Je ne cesse de hurler. Jour et nuit, sans interruption...

Quand ma mère arrive enfin, je suis à moitié fou. Je me cramponne à ses jupes comme pour retourner bien au chaud dans son ventre.

Ma mère sanglote. Elle aussi a terriblement souffert de notre séparation, chaque nuit elle m'appelait en rêve. Mais elle ne se doutait pas que j'étais au bagne.

La geôlière s'empresse d'aller chercher une barre de chocolat. La tablette est dans un tiroir fermé à triple tour. Rance. Il est évident qu'aucun enfant n'y a jamais eu droit. Quand elle me tend la barre de chocolat, je lui mords la main.

Ma mère et moi nous tenons si étroitement enlacés que nous ne formons plus qu'un seul corps, au point que la séparation est physiquement douloureuse lorsque nous nous détachons l'un de l'autre et que je quitte en tenant sa main cet enfer des enfants.

Ma mère a trouvé du travail à domicile. Piquer à la machine des trousses de toilette. Cela lui rapporte entre 15 et 20 pfennigs pièce. Dans le commerce la même trousse coûte cent fois plus.

D'abord se procurer une machine à coudre. Une

neuve, il ne faut même pas y songer. Nous nous décidons pour une vieille Singer. 35 marks. On mettra dix-huit mois à les payer. On doit pédaler sans arrêt pour l'actionner.

Cependant, le plus gros problème vient de la machine. Elle fait un tel boucan que tous nos voisins deviennent enragés. Ils ne peuvent plus fermer l'œil. Ils ne peuvent plus écouter la radio. Matin, midi et soir, ils ne peuvent plus manger en paix. Ils ne peuvent même plus trouver de répit aux cabinets. Ils cognent contre les murs, martèlent le plafond, piétinent le plancher, gueulent aux fenêtres, se pendent à notre sonnette et se plaignent au concierge. Tout ça à cause de la machine. Car ma mère n'interrompt son travail que lorsque, à force de pédaler, ses pieds commencent à enfler et qu'elle s'effondre sur son ouvrage, brisée de fatigue. Elle se réveille dans la même position et se remet aussitôt à piquer. Quand la date de livraison approche, elle ne se lève plus que pour faire ses besoins. Elle mange même devant la machine. C'est ma sœur qui fait la cuisine.

Rattattattattattat... rattattattattattat... Pour nous aussi ce vacarme tourne au cauchemar. La nuit nous sommes réveillés en sursaut par le bruit de la machine. La première chose que nous entendons le matin : la machine. La seule musique qui nous parvienne dès les premières marches de l'escalier : la machine. Cette machine devient une obsession tyrannique.

Nous avons beau couvrir le plancher de piles de vieux journaux pour atténuer le bruit, rien n'y fait. Si ça continue nous ne ferons pas de vieux os dans cet appartement. D'autant qu'en dehors du maigre salaire de mon père, la machine est la seule à nous nourrir. A cause d'elle nous sommes en conflit perpétuel avec tous nos voisins. Je les comprends, ces gens. Ils ont besoin de leur sommeil. Ce sont presque tous des ouvriers obligés de se lever à l'aube. Même à nous, les enfants, ils lancent des coups d'œil haineux, comme si c'était notre faute si la nuit, au lieu de dormir, nous devions aider ma mère.

Nous-mêmes, avec le temps, nous nous sommes habitués au vacarme. Nous ne dormons jamais une nuit entière, mais par intervalles d'une heure, une heure et demie. Entre-temps, nous travaillons par roulement. Deux des enfants se couchent dans le lit avec mon père, les deux autres s'assoient par terre à côté de la machine et se passent les pièces cousues. Mon père, lui, s'enfonce des boules dans les oreilles parce qu'il travaille dans une pharmacie à Pankow, qu'il a deux heures de train pour s'y rendre et qu'il doit se lever à cinq heures du matin.

Quand les trousses de toilette sont terminées — cinquante, cent, cinq cents pièces, selon la commande — on les ficelle par paquets qu'on traîne à bout de bras jusqu'au lieu de livraison. C'est généralement très loin et l'on ne peut s'y rendre qu'en train et en métro au terme de multiples changements. L'un de nous accompagne ma mère; toute seule, elle n'a pas la force de porter les paquets. Au retour, nous entrons dans un grand magasin bon marché comme Woolworth, Epa, Tietz, ou KdW. Au rayon alimentation, nous mangeons des saucisses chaudes avec de la salade de pommes de terre et plein de moutarde, et des gelées tremblotantes, vertes, rouges ou jaunes.

Pendant une période, elle coud aussi des chemises et des pantalons pour la marine. C'est un travail encore plus crevant et encore moins payé, mais elle est bien obligée d'accepter ce qui se présente.

Les nouvelles commandes de trousses de toilette sont réparties le jour même de la livraison. Les femmes font la queue dans l'escalier devant la porte de l'entrepôt, où un négrier réceptionne leur travail et leur en distribue d'autre. Ma mère est à l'intérieur. J'attends dans la queue avec les autres femmes. Un serpent humain. Qui transpire, avance, se redresse, se ploie, étouffe ses cris. La plupart ne se connaissent pas. Ne se sont jamais vues de leur vie. Brusquement réunis sur cet escalier de torture avec leurs énormes paquets solidement ficelés, tous ces corps ne forment plus qu'un seul serpent. Quelques-unes sont assises sur les marches. D'autres restent debout, appuyées contre le mur. Toutes ont les yeux battus et la mine défaite. Rares sont celles qui échangent quelques mots à voix basse. Certaines fument en silence, le regard dans le vide. Il y a là des femmes de tous âges et de toutes corpulences. Une grosse, dont l'embonpoint ne vient sûrement pas de ses excès de table, et qui halète. Une femme aux hanches démesurées et à la poitrine flasque. Celle-là a dû mettre au monde et allaiter une bonne dizaine de marmots. Elle grignote des faines et ne cesse de cracher les bouts d'écorce autour d'elle. Et puis voilà une petite grue maligne, la jupe tendue sur des cuisses fermes et un cul appétissant. Ses tétons dressés pointent sous les chiffons qu'elle porte. Elle remet du rouge sur ses grosses lèvres charnues. Une femme aux cheveux blancs, décharnée, se cramponne à la rampe pour tenir debout. Il règne une atmosphère suffocante. Une des malheureuses, enceinte jusqu'au cou, attend son tour avec son énorme paquet. Avec précaution deux femmes l'aident à s'asseoir sur une marche. D'autres l'éventent.

Bêlement du négrier derrière la porte :

« Si vous n'êtes pas contente, allez faire le tapin ! »

Puis des soupirs et un cri.

Un frémissement parcourt toute la queue. Les yeux des femmes brillent d'un éclat fiévreux. La petite grue à côté de moi ricane sous cape, et sa jupe se tend à tout rompre. Elle se passe toujours du rouge à lèvres

« C'est la pire des humiliations, murmure la grosse avec un accent rageur.

— Pourquoi ? rétorque la petite grue. C'est une expérience de plus.

— On peut aussi se retrouver en cloque, commente la femme aux larges hanches en continuant à cracher les écorces de faine autour d'elle.

— Pouffiasse ! » ajoute une de celles qui font de l'air à la femme enceinte.

Ma mère sort, remettant de l'ordre dans sa tenue d'une main fébrile. Elle a les jambes flageolantes. Elle est couverte de sueur et ses vêtements lui collent à la peau. Elle a du mal à retrouver son souffle. Elle m'attrape d'une main moite et me fait dévaler l'escalier. Nous ne marchons pas, nous courons.

Nous sommes déjà loin que nous courons encore. Elle sait que je veux savoir, et dit sans que j'aie besoin de lui poser de questions :

« Il ne suffit pas de trimer, mon amour. Pour obtenir du travail, il faut aussi baisser sa culotte. »

Je serre sa main encore plus fort. Puis nous allons au KdW et nous mangeons des saucisses chaudes avec de la salade de pommes de terre, et une gelée tremblotante.

Rattattattattat... rattattattattat... rattattattattat... rattattattattat... Le fracas de la machine emporte tous les tracas.

Pour que ma mère ne m'ait pas sur le dos toute la journée, je vais à la garderie de l'école communale.

Je n'y reste pas longtemps. Personne ne s'occupe de nous. Il n'y a ni jouets ni livres. Les petits font la ronde en traînant la semelle comme de vieux nains. Les surveillantes se font les ongles ou flirtent avec le premier venu. Seul moment où les enfants sortent de leur torpeur : quand on leur apporte à manger. Le reste du temps, ils demeurent tassés sur eux-mêmes à moisir dans l'atmosphère confinée et tout ce qu'ils font, c'est de se passer leur coqueluche.

J'ai bientôt le droit de retourner jouer dans la rue et je commence à explorer le quartier. Ça regorge de boutiques où l'on peut chaparder.

Je vole aussi bien sur les marchés que dans les magasins. Je vole de l'épicerie, des vêtements, du linge, des jouets, des livres, du rouge à lèvres pour ma mère et une poupée pour ma sœur. Pour mon père, je pique des fixe-chaussettes, des bretelles, une cravate et des boutons de faux col qu'il ne cesse de perdre et qu'il n'arrive jamais à retrouver avec son malheureux monocle. Pour mes frères, je fauche un ballon de football. Dans les jardins publics, je cueille des roses et des lilas pour notre logement.

Et puis j'entre à la communale. Ces écoles empestent toutes la même odeur. Comme les tribunaux, les prisons, les églises, les asiles d'aliénés. Un mélange fétide de bêtise et de crasse. De peur et de bassesse. L'air est lourd de vice et de lubricité. De l'odeur de marée des filles de douze à quatorze ans et des émanations des garçons en rut. Dans de tels bouillons de culture, il n'est pas étonnant que garçons et filles, instituteurs et institutrices, ne pensent qu'au viol et à la masturbation.

Je sais que les institutrices, ce qui les excite le plus, c'est de nous faire pencher en avant pour nous flanquer des coups de règle sur les fesses, bien moulées dans nos culottes courtes tendues à bloc. Parfois elles nous mettent la main aux fesses pour vérifier si nos culottes sont suffisamment tendues. Dans ces cas-là, elles s'approchent tout près de nous, dégageant une odeur forte très excitante. Quand nous tressaillons sous les coups, elles jouissent.

Je n'ai rien d'un maso, mais ça m'excite, et je m'arrange pour chercher noise à la mienne afin qu'elle m'appelle et me flanque une tripotée. D'un autre côté, j'aimerais bien lui baisser la culotte et lui filer une tannée à faire voler la règle en éclats !

Je ne sais pas quelle est l'heure de cours qui m'exaspère le plus. Le prof de catéchisme m'appelle après avoir inscrit une appréciation très élogieuse dans le livre de classe. Il me promet une mention « Très bien » et me donne trois bonbons.

« Dans quelle religion as-tu été baptisé, mon fils ?

— Aucune.

— Comment cela, aucune ?...

— Je ne suis pas baptisé du tout. Nous n'avons pas de religion.

— C'est épouvantable !... Mais dans ce cas, comment se fait-il que tu connaisses par cœur tout le Nouveau Testament ?

— J'apprends vite.

— Mais, pour l'amour du Ciel, comment oses-tu entrer dans une église si tu n'es pas baptisé ?

— Je n'y ai jamais mis les pieds.

— Et tes parents ?

— Eux non plus.

— Ils t'ont interdit d'aller à l'église ?

— Non.

— Qu'est-ce qu'ils en disent ?

— Mon père n'a jamais rien dit. Ma mère dit qu'on n'a pas de temps à perdre avec les curés, mais qu'un jour, quand elle sera au ciel, elle s'adressera directement à votre patron. »

Je suis persuadé qu'il aurait repêché les trois bonbons que je me suis fourré dans la bouche pendant notre dialogue, si je ne les avais déjà longuement sucés.

Il raie son appréciation. Sur mon bulletin suivant, je n'ai pas de note en religion. Il y a un blanc à la place de la mention « Très bien ».

Comme nous n'avons toujours pas de salle de bain, nous nous lavons dans la cuisine. Nous n'avons pas le droit de nous enfermer pendant notre toilette. Ma sœur, qui a maintenant douze ans, commence à devenir pudique. Elle a des fesses dures comme des pierres, et ses jeunes seins bourgeonnent avec une telle impatience que bientôt sa chemise sera trop étroite. Sa petite prune se dessine très nettement sous sa culotte de coton.

Je passe le plus clair de mon temps dans la rue. L'hiver, je m'allonge sur les bouches d'air du métro. A chaque passage d'une rame une bouffée d'air vicié mais chaud se faufile à travers la grille et dégourdit mon corps glacé. Une fois réchauffé, je me relève d'un bond et cours à mes occupations. Quand je suis de nouveau transi, je me jette sur la bouche d'aération la plus proche.

L'été, il règne dans la rue une chaleur suffocante. Pour entrer dans les piscines publiques, il faut de l'argent. Le Wannsee* est à vingt kilomètres. Les Havelseen* aussi sont trop loin. Dans le Grünewaldsee* on a à peine la place de se tenir debout. Les prétendus bassins pour enfants sont plus noirs qu'un bain de boue, chauds comme de la pisse d'âne, et il n'est pas rare de se trouver nez à nez avec une crotte.

Cependant, il y a des moyens. Nous pouvons traverser tout Berlin, et même aller beaucoup plus loin, sur le marchepied d'un tramway ou d'un métro. Quand un autre convoi arrive en face, il

* Lacs de Berlin ou de sa banlieue.

faut s'aplatir contre la porte à laquelle on est accroché pour ne pas être impitoyablement écrasé. A ce petit jeu, l'un de nous s'est fait arracher la tête. Quand les pompiers sont venus trier les morceaux de son corps, les voyageurs n'ont pas pu profiter pleinement du spectacle, les vitres des deux trains étaient complètement barbouillées de la cervelle du gamin.

Oui, nous connaissons toutes les combines et rien ne nous arrête! Nous nous couchons dans le caniveau pour nous faire doucher par les arroseuses du service de nettoiement. C'est de l'eau toute fraîche, elle n'a pas eu le temps de croupir car les arroseuses font le plein sans arrêt. Nous nous couchons les uns à côté des autres et discutons profits et pertes comme des hommes d'affaires au bain turc. Quand la voiture est passée, vite nous nous relevons pour la rattraper. Une fois que nous l'avons dépassée, nous nous recouchons dans le caniveau, et ainsi de suite jusqu'à ce qu'elle change de direction.

Les conducteurs des arroseuses détestent ça et nous lancent des coups de pied dès qu'ils peuvent nous atteindre. Un jour, au cours d'une de ces baignades, un gamin se vide de tout son sang dans l'égout. Il est couché dans le caniveau et je vais me jeter à côté de lui, quand il se redresse. Trop tard. Une des extrémités du long tuyau latéral de l'arroseuse, d'où l'eau jaillit par des centaines de petits trous, lui a sectionné la carotide.

L'oxygène des Berlinois, c'est leur lotissement

de jardins. Leur mère nourricière, leur mamelle. La mienne aussi.

Parmi les quartiers où pullulent les jardins, le plus proche de chez nous est situé au sud, derrière la gare de banlieue de Schöneberg. Je ne peux pas donner un chiffre, mais il y en a comme ça des milliers dans Berlin. Des milliers et des milliers. Je les connais tous. J'ai volé des fruits presque partout.

On a toujours l'estomac noué quand on escalade la clôture d'un jardin inconnu. Le problème crucial, ce sont les chiens. Il y a des jardins devant lesquels je ne peux même pas m'arrêter pour reprendre mon souffle sans qu'un chien se mette à gronder et à montrer les dents. D'autres commencent à s'agiter derrière leur grille, la gueule écumante, comme s'ils avaient la rage.

Une fois dans les lieux, les règles de conduite sont variables. Il y a des chiens que le dressage a rendus hystériques. Il faut absolument qu'ils enfoncent leurs crocs dans quelque chose. De la chair humaine de préférence. Ils aboient, féroces et menaçants, jusqu'à ce que leur victime soit à portée convenable. Là ils attaquent sans pitié.

Le plus dangereux est celui qui n'aboie pas, mais qui ne te laisse pas la moindre possibilité de te défendre, pour la bonne raison qu'il ne t'attaque pas : il te surveille, il épie chacun de tes gestes, il braque sur toi des yeux de fauve. Malheur à toi si tu bouges. Dieu te préserve de l'idée de t'esquiver. Tu peux à peine respirer. Impossible de détaler, ce serait une très mauvaise blague.

Ces chiens superbes — avec quelle fougue je les embrasserais! — sont presque toujours des bergers allemands. Eux, il faut leur parler. Tout doucement, bien sûr. D'une voix presque inaudible. Assez fort tout de même pour éveiller leur curiosité. Au début, tu dois prononcer des mots presque indistincts pour qu'ils ne te comprennent pas tout de suite. Laisse-les deviner, mets-les au supplice. Puis, peu à peu, tu en viens à l'essentiel. Il faut que tu essaies de les émouvoir. De les convaincre.

... Je commence à pleurer pour l'attendrir. Avec une telle conviction que de grosses larmes roulent sur mes joues. Ça l'embête, il se détourne. Et regarde! Ce charmant animal me lèche les mains. Quand je me penche vers lui, il va jusqu'à lécher mes larmes. J'aimerais bien le voler lui aussi, mais il ne pourrait pas sauter les barbelés. Pour cette fois je m'en tire à bon compte. Pour cette fois.

Pas la fois suivante. J'ai rôdé toute la nuit aux alentours d'un jardin, comme une panthère. Pas d'aboiement. Pas l'ombre d'un chien. Il est trois heures trente du matin. Le soleil pointe derrière les jardins et je parviens maintenant à distinguer très nettement les contours. J'ai ce jardin dans le collimateur depuis longtemps, car il s'y trouve un arbre qui porte les plus grosses pommes que j'aie jamais vues. Grosses comme ma tête. Elles pèsent au moins un kilo chacune. Elles sont bicolores; on les croirait moulées à la main. Sur leurs rondeurs, le jaune est éclaboussé d'un orange lumineux. Ces pommes exercent sur moi une attraction magique.

Je ne pouvais plus fermer l'œil de la nuit, de peur que le jardinier ne les ait toutes récoltées.

Il faudra que je les cueille une à une, en tournant tout doucement pour ne pas les blesser. Elles sont si brillantes, à croire que le propriétaire les a astiquées.

J'avance vers mon arbre comme un Indien, en flairant de tous côtés. Comme il est maigrichon! Je me dis que c'est comme les femmes. Il y en a de toutes menues, toutes fragiles, avec des seins comme des pis, qui tombent tout de suite enceintes et accouchent de robustes gaillards.

Je commence à lever les mains vers les objets de ma convoitise... quand un chien surgit de la lampe d'Aladin. Un énorme mastodonte, là devant moi, nez à nez. Pas possible! Il a la taille d'un veau. Je ne l'ai pas vu venir tant j'étais fasciné par les pommes géantes. D'ailleurs, il n'est pas venu. Il était couché sous l'arbre. Il lui a suffi de se lever pour me barrer le passage. Il n'aboie pas. Ne gronde pas. Rien. Il garde simplement son regard braqué sur moi. Ses yeux d'ambre sont rivés aux miens.

Je reste le bras tendu, n'arrivant pas à le baisser. Ce veau ne le tolérerait pas. Non, ce mastodonte n'admettrait même pas que je baisse le bras. Il ne supporterait pas le moindre geste. Il se contente de retrousser les babines comme s'il dégainait une épée. Il sait que cela suffit. Ses canines ont bien trois centimètres de long.

... Que faire? Je ne peux pas rester comme ça une éternité. Si paradoxal que cela puisse paraître, je vois ma situation si désespérée que j'ai du mal à réprimer un rire nerveux. Surtout ne pas éclater de rire, ce n'est pas le moment! Il serait capable de le prendre pour un affront.

Les pommes étincelantes qui se balancent doucement au-dessus de moi semblent secouer dédaigneusement la tête devant mon inexpérience. Mon bras levé commence à m'élancer. J'attrape une crampe. Il finit par retomber tout seul, et là le fauve se jette sur moi.

Je ne suis pas d'une constitution particulièrement frêle pour un gamin de douze ans, mais son poids suffit à me renverser. J'essaie de me cramponner de toutes mes forces, mais c'est à peine si j'arrive à passer mes bras autour de lui. Il a un pelage d'ours. Pas question de combattre. Ses crocs se referment sur mon avant-bras comme un piège à renard. Il ne mord pas profondément, mais je suis pris. J'ai envie de l'étrangler. Pourtant je ne le hais pas. Il est trop beau. Je ne crois pas non plus qu'il me haïsse. Il fait son devoir, c'est tout.

Le mufle de mon adversaire me frôle le visage. Nous sommes presque bouche à bouche. Alors je le mords. D'abord un grand coup de dents dans ses babines. Je sens dans ma bouche la chair chaude et baveuse. Voyant que ça ne sert à rien, je lui mords la truffe. Assez fort pour qu'il glapisse et desserre un instant l'étau de ses dents.

Au cours de la bagarre, le manche d'une pelle bascule dans ma direction et c'est ce qui me sauve. Aussitôt je m'en empare et le lui enfonce dans la gorge. Il y plante si profondément ses crocs aigus qu'il ne parvient plus à les retirer du bois. Par chance, j'ai toujours de la ficelle dans ma poche. D'une main, je lui maintiens la gueule refermée sur le manche de pelle, de l'autre je lui ligote les mâchoires. Désolé, mon vieux, mais maintenant nous sommes quittes! Là-dessus je détale du jardin, couvert de sang comme un cochon égorgé, après avoir quand même arraché une de ces superbes pommes.

Chaque jour, chaque heure, d'autres jardins. Toute la tactique consiste à ne jamais y retourner deux fois de suite.

Un jardinier s'avance vers moi. Je n'ai pour toute cachette qu'un buisson chétif. Je vais me rendre. L'aborder. J'ouvre déjà la bouche. Pour lui dire : « Excusez-moi, m'sieur... J'avais tellement envie de faire caca... alors j'ai escaladé votre clôture... » Je reste bouche bée. Juste sous mon nez, il engouffre une pleine poignée de groseilles. Je l'entends se goinfrer. Je vois parfaitement la trame de sa veste. Il me suffirait d'avancer la main pour le toucher. Après cela, il me crache des noyaux de cerises en pleine tronche. Et puis il va couper des roses sous la tonnelle. Schnip... schnip... il ne m'a pas vu!

Une surprise chasse l'autre. Je butine dans un vrai paradis. Pas âme qui vive. Le calme plat. Et soudain! Je m'apprêtais à remplir ma chemise d'abricots veloutés quand je l'aperçois par la fenêtre ouverte. Elle doit avoir mon âge. Elle est assise sur le trône, les jambes écartées, et se masturbe. Elle ferme les yeux, elle gémit... elle jouit... Je suis dans tous mes états. Au point que je laisse tomber les abricots dorés et que j'ouvre machinalement ma braguette. Je n'ai même pas besoin de me tripoter. Je pars tout seul. Mes mains dégoulinent de sperme. J'en ai partout. Mon caleçon est trempé. Je veux monter la rejoindre dans les toilettes, la forcer, l'écarteler... J'agis comme en transe...

Klingelingelingeling, klingelingelingeling.

La sonnette d'un vélo me ramène sur terre. Il fallait que je sois fou à lier pour courir un risque pareil. Il y avait peut-être du monde dans la cabane. Peut-être même les parents de la fille !

Ces escapades dans le monde de la liberté enfantine ne durent jamais longtemps. Il faut que je retourne dans ma jungle de bitume.

« Charbon ! Qui veut du chaaarbon ! »

Je carillonne à toutes les portes. A en arracher les sonnettes. Ça ne marche pas. Il faut que je m'abouche avec le marchand de charbon. Il me paie en briquettes, je travaille aux pièces. Plus je me coltine de sacs de charbon dans la journée, plus je gagne de briquettes. J'arrive à charrier sur mon dos jusqu'à cent briquettes par voyage, et j'ai les poumons rongés au point de cracher des morceaux de charbon.

Peng ! Peng ! Peng ! Peng !

Je bats les tapis à en étouffer dans un nuage de poussière. A chaque coup, c'est sur ma misère que je frappe.

Je traîne des ballots de linge sale jusqu'à la laverie. Trempe le tout dans les bacs. Lave et frotte à en avoir les doigts en sang. Chauffe les fers à repasser. Passe à la presse des draps, des enveloppes d'édredons. Etends des rideaux. Empèse des cols. Et livre le linge propre à domicile.

Je cire des chaussures. Cinq pfennigs la paire. J'aide les éboueurs à ramasser les ordures quand les poubelles se sont renversées sur le trottoir. Je tire la carriole des balayeurs quand ils font une pause pour fumer une cigarette. Je ramasse les mégots sur le trottoir, et avec le tabac récolté je roule des cigarettes que je vends aux retraités et aux chômeurs. Je pousse les infirmes et les mutilés dans leur petite voiture quand ils veulent aller faire leurs courses ou jouer aux cartes dans le parc. Je recueille les pièces jetées par les fenêtres aux musiciens ambulants, et quand ils vont pisser je promène sur mes épaules le malheureux petit singe pelé éternellement assis sur l'orgue de Barbarie.

Le travail le plus pénible est d'aider les croque-morts. Ce n'est possible que lorsque le défunt a laissé derrière lui de pauvres bougres incapables de donner un pourboire aux croque-morts et donc indifférents à ma présence. Les fossoyeurs, qui empestent tous la gnôle, me paient 50 pfennigs par cadavre. Ils me chargent de la toilette du macchabée avant la mise en bière. Quand il faut habiller le cadavre, ils me donnent un coup de main car le corps rigide est trop lourd pour que je puisse le tourner tout seul et l'on ne peut plus plier les membres. Le plus dur n'est pas de déshabiller le mort, de lui faire sa toilette et de le rhabiller, encore que j'aie toutes les peines du monde à supporter leur visage et leur odeur. Ce qui m'est insupportable, c'est la douleur de la famille.

Je dois déshabiller une petite fille de sept ans pour lui faire sa toilette et lui enfiler une robe. Elle n'a personne. Ni père, ni mère, ni frères ou sœurs. Juste un vieil homme assis dans un coin, qui parle tout seul. La petite fille tient un ours en peluche dans ses bras. Il faudrait que je lui enlève l'ours auquel elle s'est cramponnée dans la mort avant de la déshabiller, la laver et lui enfiler la petite robe.

« Pas ça, je ne peux pas », dis-je aux fossoyeurs.

Un des croque-morts tire avec précaution sur l'ours en peluche que la petite fille ne veut pas lâcher. Alors il secoue. En vain. Quand il essaie de l'arracher, la petite morte se soulève comme pour dire : « Vous pouvez me secouer longtemps ! » C'est plus que je ne peux en supporter. Je décampe.

Le boulot le plus horrible est d'emmener les tonneaux de détritus des hôpitaux jusqu'à la décharge publique. Je ne m'assois pas à côté du chauffeur. Il faut que je maintienne les tonneaux pendant tout le trajet. Or, ils ne contiennent pas seulement des pansements maculés de pus, de la gaze imbibée de sang et des bandages couverts de croûtes. Incroyable mais vrai, ils contiennent des bras et des jambes amputés, des doigts et des viscères humains. Quand le papier dans lequel ils sont enveloppés se déchire, on voit se dresser un bras exsangue.

Quand je n'ai pas de travail, je démolis les téléphones automatiques et les distributeurs de cigarettes. On ne sait jamais si on est surveillé. Or je ne peux pas me permettre d'aller en maison de correction.

Porter les valises dans les gares est très mal vu par les porteurs professionnels. Ils se jettent à mes trousses.

Je lave des poissons sur les marchés et ne peux plus me débarrasser de l'odeur de marée. Je crois qu'il n'existe aucune puanteur que je n'aie reniflée.

Je vends des saucisses, du détachant, des bonbons.

Le marchand s'est contenté de déverser un tas de bonbons sur la table. Chaque client doit en prendre au minimum une livre. Cela permet de faire un prix et les bonbons ne coûtent pas cher. Il entasse les pièces de monnaie à côté du monceau de bonbons. Les billets, il les glisse dans la ceinture de son caleçon. Il n'a pas de caisse, ni même un tiroir ou une sacoche. D'une main je dépose des poignées de bonbons sur la balance, de l'autre je pique des sous. Quand il s'aperçoit de mon manège, le marchand me bat à mort.

Le ramassage des balles de tennis est régi par une sorte de mafia. Les caïds sont les plus âgés et les plus costauds. Nous sommes obligés de leur verser cinquante pour cent de nos gains. Ou on accepte, ou on va se faire voir ailleurs. Le premier qui renâcle se fait casser la gueule. Il y a une telle concurrence qu'on peut s'estimer heureux d'être admis sur les courts. Les caïds ne lèvent pas le petit doigt. Ils se contentent d'encaisser leur part, comme des maquereaux, et restent à l'ombre.

En tout cas, certains soirs, quand j'ai travaillé jusqu'à quatorze heures d'affilée, je me suis fait entre 1,50 marks et 2 marks. Quand un joueur donne un pourboire supplémentaire, c'est tout bénéfice, sauf si un des caïds s'en aperçoit.

Deux heures de l'après-midi. La plus mauvaise heure pour ramasser les balles. Le soleil me tape sur le crâne comme une masse.

J'attends en compagnie d'un gros type. Son partenaire n'est pas encore là. Tout d'un coup, il me dit :

« Amène-toi, marmot. Tu vas jouer. Tiens, voilà une raquette; cinq marks pour toi si tu gagnes.

— D'accord. »

D'abord, je crois avoir mal entendu. J'ai répondu d'une manière purement mécanique. Il répète :

« Amène-toi et joue! Si tu marques un seul point, je te donne cinq marks. Allez, viens! A moins que tu ne veuilles pas? »

Il me demande si je veux? Et comment je veux! cinq marks! Cela représente trois jours de ramassage. Dès que j'aurai gagné, je pourrai m'acheter une glace et des saucisses chaudes. Non, pas de saucisses chaudes. J'ai déjà assez chaud comme ça. Des boulettes de viande froide, je m'achèterai. Il y a un bistrot de l'autre côté de la rue. Je n'aurai même pas besoin de sauter une partie. Avec les boulettes, je boirai un panaché. Et puis aujourd'hui je partirai plus tôt pour m'acheter des chaussures de tennis neuves. Les miennes sont en loques, au point que j'ai le gros orteil qui sort. Il est perpétuellement écorché parce qu'à chaque pas je m'égratigne sur le terrain. J'achèterai aussi du chocolat pour ma mère, du chocolat aux noisettes, avec des noisettes entières, celui dont elle raffole. Je me vois déjà vainqueur, quand le gros lard me passe la raquette et me tape sur l'épaule.

Et si je ne gagne pas ? Je ne sais absolument pas jouer ! Je ne sais même pas comment on tient une raquette. Il est vrai que j'ai eu le temps d'observer. Mais je n'ai jamais touché une raquette.

Pour m'aider, il dit :

« Nous allons jouer tout près du filet. »

Du coup, nous sommes si près l'un de l'autre qu'il nous suffirait de nous pencher en tendant le bras pour que nos raquettes se touchent.

« Cela ne va pas ! Il faut reculer un peu. »

Nous voilà à environ dix mètres l'un de l'autre. Mais c'est pire. Je ne sais pas comment renvoyer la balle.

Ramasser les balles, ça oui, je sais le faire. Je suis le plus fort. Je ne suis jamais fatigué et je suis rapide comme un furet. Avec moi, un joueur n'attend jamais une balle. J'en ai toujours deux ou trois de prêtes, que je lance très habilement. Le type n'a même pas à se baisser. Jamais personne ne se plaint de moi.

Mais jouer ? Avec lui, en plus ? Je l'ai vu jouer, ce gros lard. C'est un vieux client, j'ai souvent ramassé pour lui. Il a un coup de raquette prodigieux et il rattrape toutes les balles de son adversaire.

Pourquoi m'a-t-il proposé ce marché ? Pour se moquer de moi ? Il est miraud, ou quoi ? Il voit bien que ce n'est pas pour mon plaisir que je cavale à en perdre haleine. Alors pourquoi veut-il se payer ma tête ? Pourquoi se délecte-t-il de mes tentatives désespérées ? Car il est aux anges ! Il m'envoie les balles tout doucement, avec une sorte de tendresse, mais avec tant d'habileté et de perfidie que je n'arrive pas à en effleurer une seule.

Je me démène à donner de grands coups de raquette dans l'air. Le manche est beaucoup trop gros. Je le prends à deux mains et élève la raquette au-dessus de ma tête comme une hache. Pourquoi pas : je voudrais couper en morceaux cette petite balle diabolique qui n'arrête pas de rebondir. Le sac de graisse se tord de rire. Cette espèce de grosse larve n'en peut plus de se gausser du misérable petit ramasseur de balles qui prétend lui gagner cinq marks. Et il s'esclaffe, et il se tord, et il s'étouffe. Il mourrait de rire si son partenaire ne surgissait pas. Et l'autre aussi commence à rire. Ils se tiennent les côtes, ils hurlent. Et de rire, et de rire...

Je lui rends sa raquette. Et je dis à un autre gosse de venir ramasser à ma place.

Je suis déjà loin que je les entends encore ricaner.

Nous sommes chassés de notre appartement à cause de la machine à coudre. Ma mère avale des barbituriques.

« J'ai trouvé un appartement ! proclame-t-elle en sortant de l'hôpital où on l'a remise sur pied après lui avoir fait un lavage d'estomac. Le loyer est horriblement élevé. Mais nous aurons de la lumière et du soleil, et des fleurs sur le balcon. Il y a un balcon ! »

C'est la vérité. Elle a trouvé un appartement Wartburgstrasse, au quatrième étage sur rue, avec un balcon de un mètre sur deux orienté au sud. Nous aurons donc de la lumière et du soleil.

Je m'efforce d'oublier la machine à coudre. Aucun de nous ne veut y penser. Elle est là, pourtant, comme un carcan.

L'appartement comporte quatre pièces, une cuisine, et, pour la première fois de notre vie, une salle de bain dont l'eau est chauffée par le poêle à charbon. Le loyer est honteusement cher, là, ma mère a raison. Soixante-huit marks par mois.

Mais nous y arriverons.

Chaque matin, quand elle va aux toilettes, Inge passe près de mon lit avec sa petite chemise et sa culotte de coton. Quand elle est sûre que les autres dorment et que j'attends son passage, elle en rajoute. Dans ces cas-là, elle ne porte que sa chemisette, trop courte pour cacher sa chatte et son cul rebondi.

Que faire ? La suivre ? Mais si quelqu'un nous surprend dans les toilettes ? Alors quand ? Et où ?

Je ne sais même pas si elle se laissera baiser. Et puis je couche dans la même chambre qu'Arne et Achim, située entre la chambre de mes parents et celle d'Inge. Le lit d'Inge n'est séparé de celui d'Arne que par une mince cloison. Et il grince !

Achim dort à un mètre de la porte d'Inge, laquelle gémit comme une vieille carriole. Le matin, ma sœur va à l'école. L'après-midi, elle aide ma mère. Ou elle fait ses devoirs. Même programme pour mes frères. Le soir, la famille est au complet pour le repas. Puis ils écoutent la radio. Il faut pourtant trouver une solution. Et vite ! Je n'y tiens plus.

Je souffre d'une néphrite et il faut que je dorme beaucoup. Je traîne au lit toute la journée. Ce n'est pas bon. Obsédé par Inge, je me masturbe jour et nuit.

Cet après-midi, l'appartement est désert. Où sont-ils passés, tous ? Si, pourtant, il y a quelqu'un aux toilettes. On tire la chasse d'eau. Vite, je me retourne et fais semblant de dormir. On entre dans la chambre... qui, je ne sais pas encore... se penche vers moi... soulève la couverture... se glisse dans mon lit. Je retiens mon souffle. C'est elle ! J'ai peine à le croire. J'ai beau fermer les yeux, je sais que c'est elle. Je sens son corps, je reconnais son odeur. Elle passe par-dessus moi, s'allonge le cul tourné vers moi, et fait semblant de dormir. Du moins, elle ne bouge pas. Moi non plus. Seulement ses fesses frôlent ma queue, et je bande.

Nous n'allons tout de même pas rester comme ça. Que ferait-elle dans mon lit si elle n'attendait rien de moi ?

Je fais semblant d'avoir un sommeil agité, marmonne en rêve, et, mine de rien, mets mon bras autour de ses hanches. Ma main glisse sur son ventre. Mon index fourrage dans la toison emmêlée. S'insinue entre les lèvres gonflées qui s'entrouvrent comme une huître quand elle soulève légèrement la cuisse... Se glisse dans la fente humide...

Je reste un instant immobile. Puis mon doigt reprend sa lente progression.

Elle continue à jouer les innocentes. Elle pousse de légers grognements comme en rêvant. Mon doigt la pénètre, son hymen me fait obstacle.

Je ne renonce pas. Pareille occasion ne se représentera pas de sitôt. Tout doucement, j'enfonce mon doigt dans la fente minuscule. Je sens l'hymen se tendre, millimètre par millimètre. Soudain elle repousse ma main. Toujours, bien sûr, en jouant la comédie du sommeil. Vite, je retire ma main pour la lécher, gluante comme si je l'avais trempée dans une assiette de bouillie. Elle s'en empare et la pose sur sa vulve. Ensuite se retourne en bâillant. Aussitôt, j'insinue à nouveau mon doigt. Chaque fois qu'elle repoussera ma main, elle ouvrira plus grand les jambes. Toujours les yeux fermés, rejetant la tête de côté comme en plein cauchemar. En même temps, elle relève les jambes tout en se tenant les cuisses. Quand je m'allonge sur elle, elle me mord les lèvres jusqu'au sang. Soudain on ouvre la porte du couloir.

Nous sautons du lit. Mon sperme, long serpentin blanc, jaillit comme la mousse d'une bouteille de champagne, lui aspergeant les seins, le visage et les cheveux. Telle qu'elle est, elle se précipite dans sa chambre où elle s'enferme. Le reste de mon sperme gicle contre sa porte.

Je ne desserre pas les dents de la soirée. La nuit, incapable de fermer l'œil, je fixe obstinément le plafond. De temps en temps, je vais pisser et j'examine ma queue. Puis je recommence à fixer le plafond.

Trois heures du matin. Trois heures et demie au plus. Je me redresse et épie longuement tous les bruits. Arne et Achim dorment. L'aîné est vautré sur le ventre. Dans son sommeil, l'autre balance la tête de droite à gauche comme il le faisait quand il était bébé. De la pièce voisine me parviennent les ronflements de mon père et la respiration sifflante de ma mère qui a le nez bouché. J'avance à pas de loup.

En abaissant la poignée de la porte d'Inge, j'essaie de faire contrepoids pour éviter le moindre bruit. Mais naturellement, cette foutue porte grince. J'aurais dû penser à huiler les gonds.

Quand je soulève sa couverture, Inge a les deux mains posées sur son sexe. Une de ses jambes est pliée, l'autre pend dans le vide. Lorsque je m'étends sur elle, elle ouvre les yeux et me regarde.

DEUXIÈME PARTIE

À L'ÉCOLE, tout va mal. Je suis renvoyé du lycée Prinz-Heinrich car j'ai séché les cours pendant sept mois et je dois redoubler pour la seconde fois.

Ma mère va supplier le directeur du lycée Bismarck. Elle y met une telle insistance qu'il finit par m'accepter sous toute réserve. Au bout de deux mois et demi, la coupe est pleine.

« Espèce de sale voyou, tu n'as pas honte de profaner ton livre par de telles cochonneries ? »

J'ai dessiné des bites et des cons aux statues romaines qui illustrent mon livre de latin. Avec le prépuce et les couilles, le clitoris et les petites lèvres. Le sperme gicle d'une figure à l'autre.

« Pourquoi ? Vous êtes pédé ? Je n'aurais dû dessiner que des bites ? »

Le prof de latin me gifle à toute volée. Je lui flanque un coup de pied dans le tibia et le renverse d'une prise de judo.

Les bombes pleuvent. Tous les habitants de l'immeuble se sont terrés dans les abris. Ma mère et moi nous trouvons seuls dans un appartement étranger dont elle a la clef. Nous savons depuis des années ce qui doit se passer entre nous. Elle se déshabille devant moi.

« Viens au lit, il fait froid », dit-elle.

Dehors, les mines aériennes font sauter les maisons des alentours.

A seize ans et demi, je suis mobilisé. En lisant l'ordre de mobilisation, je pleure. Je ne veux ni tuer, ni être tué.

Station de métro Westkreuz. Je dois prendre la correspondance pour rejoindre la caserne de parachutistes. Je m'arrache au baiser de ma mère et saute sur le quai. Les portes automatiques se referment. Ses yeux me regardent à travers les vitres sales, jusqu'à ce que le train les emporte...

« Maman!!!!!! »

Dans mon unité, je retrouve un copain, gosse des rues comme moi : « Enclume! », autrement dit vieux frère.

Octobre 1944; les Tommies nous pilonnent. Pour l'Enclume et moi, cette canonnade évoque le feu d'artifice de la Saint-Sylvestre. Feux de Bengale, serpentins, pétards, nous n'en avions jamais assez. Au lieu de nous jeter à terre quand nous entendons siffler les grenades, nous récupérons celles qui n'explosent pas pour jouer aux boules.

Quand les Angliches commencent enfin à se lasser, l'Enclume a disparu. Je n'ai plus personne pour jouer et je me suis égaré. Comme un môme désemparé. Seulement là, on n'est plus sur la plage du Wannsee, quand un gosse avait perdu son frère dans la cohue. On lançait un appel par haut-parleur. On entendait même les sanglots du petit. Quelqu'un finissait toujours par se présenter pour le récupérer.

Maintenant, il devrait y avoir un haut-parleur : « Garçon, seize ans, cheveux blond doré, yeux violets, bouche de pute, cherche Enclume. Arrêtez tout ce pétard et foutez-moi la paix ! »

Cette idée me fait marrer. Seulement ici il n'y a personne pour me ramener à l'Enclume.

« Les volontaires pour une patrouille, avancez ! »

Moi je me tire. Et je vous emmerde.

Dans une maison abandonnée, je tombe sur un tas de fringues civiles. Je balance mon uniforme à la poubelle et enfile tout ce qui me tombe sous la main. Y compris une chemise d'enfant, à carreaux vert et blanc, et des culottes de femme beaucoup trop grandes. Je n'ai pas trouvé de caleçon d'homme.

Ces gens ont dû être surpris au beau milieu de leur repas. Assiettes et verres sont encore à moitié pleins. On se croirait dans *La Belle au bois dormant :* tout est couvert de moisissures. Même tableau dans le garde-manger.

Je me fraie un chemin à travers champs dans la direction d'où viennent les grenades, me nourrissant de pommes pourries. Partout des pommes écrasées dans les flaques d'eau au pied des arbres. Un véritable déluge d'eau et de pommes. Toute la région en est submergée. J'attrape une telle chiasse que je ne mange plus qu'accroupi !

Je marche la nuit. Quand il fait jour, je ne peux même pas me lever pour pisser. Alors je pisse couché, si bien que mon pantalon adhère à la terre gelée.

Faute de boussole, je ne cesse de tourner en rond. On finit par me reprendre et je suis condamné à mort.

L'officier ne veut pas comprendre que je me fous de cette connerie de guerre. Il désigne le peloton d'exécution et les brancardiers. Demain matin, on me fusille.

Le soldat chargé de ma surveillance est un pédé obsédé.

« Tu n'en as plus rien à branler », me dit-il.

Je m'en fous. Je le laisse m'enculer. Quand il jouit, je l'assomme d'un grand coup sur le crâne. Cette fois, je m'enfuis dans la bonne direction.

La nuit, au clair de lune, je tombe sur la patrouille à laquelle je n'ai pas voulu me joindre. Les cadavres de ces pauvres gamins sont durs comme le fer, et tout disloqués.

Feu roulant. Les Tommies préparent une attaque. Je m'aplatis dans une ornière sur la seule voie d'accès possible. Le reste est inondé.

« Bzz... bzz... bzz... » Les mitrailleuses crachent des gerbes de balles zigzagantes qui s'enfoncent dans le sable d'où jaillissent de minuscules geysers.

Brouillard au sol. On n'y voit pas à dix mètres. Il faut que je bouge, sinon je vais attraper des crampes. Rrrrrrrt... Salve de mitraillette. Cinq balles m'atteignent. Le Canadien qui se dresse soudain devant moi n'a tiré que dans un mouvement de frayeur.

« *Come on! Come on!* »

Ils me plantent les canons de leurs mitraillettes un peu partout. Au moins cinq me visent à la tête. Les autres au cœur. Et puis au ventre. Il ne me manque plus qu'un canon dans les fesses. Constatant que je n'ai pas d'armes, ils me renvoient vers leurs lignes sans surveillance.

Du brouillard épais, les *boys* surgissent, de plus en plus nombreux. Je les croise en chemin, car je me dirige en titubant vers l'endroit d'où ils viennent.

Mon avant-bras enfle en quelques secondes, il devient aussi volumineux que ma cuisse. Je suis en sang. Je me débarrasse de ma veste.

« *Go on! Go on!* »

Même réponse chaque fois que je veux montrer mes blessures.

« *Go on! Go back! Back! Back!* »

Ce sont de chics types, simplement ils n'ont pas le temps de s'occuper de moi. Ils ont bien autre chose à faire. L'air retentit du sifflement des balles, de l'explosion des obus. Les avions allemands, volant en rase-mottes, ondulent comme des requins.

Malgré cela, ces gars marchent la tête droite, le casque rejeté sur la nuque avec désinvolture. Beaucoup ont une cigarette au coin des lèvres.

Voilà que je perds mon froc! Mes bretelles ont cédé et je ne peux le retenir avec mon bras en sang. J'ai le ventre à nu. La chemise d'enfant ne m'arrive pas au nombril.

Je n'oublierai jamais ce que ces hommes ont fait pour moi. Ils me font monter dans une barque, alors qu'eux-mêmes pataugent dans l'eau jusqu'à la ceinture. Je n'ai pas encore conscience de la gravité de mes blessures et je me mets à chantonner gaiement. Lentement ma tête s'affaisse.

Sous une tente, on extrait mes balles. Quand je reprends conscience après l'anesthésie, un aumônier m'adresse un clin d'œil et me dépose une mince tablette de chocolat sur la poitrine.

« *He is still a child* », dit-il comme s'adressant à lui-même.

Puis il allume une cigarette et la glisse entre mes lèvres desséchées.

Quatorze semaines d'infirmerie. Dehors la neige tombe à gros flocons. On me donne un pantalon, une veste, un manteau, et une paire de brodequins sans lacets. Ni chemise, ni linge, ni chaussettes, ni gants, ni bonnet. Ils en ont besoin pour eux.

« Take your hands out of your pockets or I'll whip your face! »

Un officier écossais, rouquin, ridicule avec ses moustaches de phoque, gesticule, fendant l'air à grands coups de badine. Il prend livraison des prisonniers à l'entrée du camp.

Ecœuré, je gueule :

« Je suis pas là pour jouer des castagnettes, face de rat! Je me les gèle! »

Un autre prisonnier me tire par la manche et chuchote :

« Ne le provoque pas! Sors les mains de tes poches. »

J'obéis à contrecœur. L'appel dure des heures. Quand nous réintégrons notre cage, transis, mon camarade me dit :

« Tu verras, ils ne sont pas tous comme ça. Dans l'ensemble ce sont de braves types. »

Nous sommes parqués dans les sécheries d'une ancienne briqueterie. Il faut se plier en deux pour entrer.

Nous dormons sur deux rangées dans la boue glacée. Chaque prisonnier dispose d'une couverture militaire, rien d'autre. Nous mangeons avec les doigts dans de vieilles boîtes de conserve. Toujours le même menu : de la choucroute baignant dans l'eau et une boîte en fer-blanc remplie de thé. Je n'aurais jamais cru qu'il puisse y avoir tant de choucroute en ce bas monde.

Ce qui se passe ici est fabuleux. A côté de l'usure, du troc, des enculages et du meurtre, il y a ici des hommes qui récitent des poèmes, vont de baraquement en baraquement, lisent des passages de la Bible. Se lisent les lignes de la main, se disent la bonne aventure, essaient mutuellement de se convertir, et se bagarrent pour la dernière louche de choucroute.

Le tabac est primordial. Encore plus important que le cul. Les hommes se jettent sur les poubelles, récupèrent les feuilles de thé qu'ils font sécher et se roulent des cigarettes dans le papier journal qu'on nous distribue de temps en temps pour nous torcher.

Un vieux prisonnier grignote sa cigarette. Une vraie. Chaque jour il s'en coupe une fine tranche à l'aide d'une lame de rasoir rouillée et la déguste, papier compris, avec une visible délectation.

Au bout de deux mois dans la briqueterie, nous sommes transférés en Angleterre. En route vers le port d'Ostende, les Belges nous crachent dessus. Et alors?

Les latrines du camp de Colchester Essex sont le lieu de rendez-vous général. C'est ici qu'on discute, qu'on tire des plans, qu'on conspire. C'est ici que s'élaborent des complots. Ici enfin que se tient le marché des pédés.

Un bout de savon, du tabac ou des cigarettes, le prix varie selon que le client est satisfait avec la bouche, la queue ou la main. Quand on l'accompagne dans son baraquement, on touche davantage. Une vraie liaison rapporte au forfait une boîte de café, un petit paquet de thé, une cartouche de cigarettes, une ceinture, des sous-vêtements, une veste, un pantalon, des bottes, etc. Une liaison ne dure jamais plus d'une semaine. Il se trouve toujours quelqu'un pour surenchérir.

Il y a des baraquements réservés. De vrais bordels, où se déroulent des orgies. Les putes font quatre, cinq passes à la fois. Une bite dans chaque main, une dans la bouche, une dans le cul, tout ça en tringlant le dernier client.

Dans ces bordels, on peut acheter les accessoires nécessaires. Jusqu'à des préservatifs introduits en fraude par les gardiens. Les prisonniers eux-mêmes fabriquent de la vaseline à partir de graisse de mouton. Mais on dispose aussi de véritable vaseline anglaise.

Un garçon est trouvé mort. Un pédé l'a étranglé dans une crise de jalousie, puis l'a balancé dans les latrines. Ces latrines sont de longues tranchées très profondes, chevauchées par une poutre sur laquelle on s'assied. C'est en se relevant après avoir chié qu'un prisonnier a découvert le cadavre. La police militaire vient chercher le meurtrier. Il sera pendu.

La guerre est finie. Colchester Essex sert maintenant de camp de transit pour les prisonniers revenant du Canada et des Etats-Unis. Grâce à eux on découvre les savonnettes Lux, les blue-jeans, les Camel et les Lucky Strike.

Le rapatriement des prisonniers ne dure pas moins d'un an. Les malades ont la priorité. Moi je ne suis pas malade, mais je tiens absolument à faire partie du premier convoi.

Je passe toute la nuit dehors contre le mur glacé, complètement à poil, pour attraper une bonne crise de néphrite et avoir de l'albumine dans mes urines quand je passerai la visite. Je bouffe un paquet de cigarettes, des sardines à l'huile bouillantes, je bois mon urine, dans l'espoir de me coller de la fièvre. J'essaie tous les trucs possibles et imaginables. Je deviens livide, au point que les copains ont peur de moi. Mais les médecins Anglais sont malins. A la fin de son examen le toubib déclare :

« *He stays.* »

Je n'ai rien, je suis increvable.

Arrive enfin mon tour. Deux convois sont déjà partis. J'ai passé un an et quatre mois dans cette ménagerie de pédés. Les camions quittent le camp à la file.

« *Come on ! Come on !* »

Si j'avais dit que j'habitais Berlin, j'aurais été obligé de rester dans un centre d'accueil allemand. Personne n'a encore le droit de regagner

Berlin. Je donne au hasard le nom d'un bled de province et falsifie mon certificat de libération. Profession : acteur. Je possède un sac de marin, des blue-jeans, une chemise et un pantalon, une paire de bottes, deux savonnettes Lux, un paquet de tabac et sept reichsmarks.

Je vends une savonnette et la moitié du tabac au marché noir, puis continue ma route. Au hasard. Je dors dans des blockhaus ou des buissons.

Dans une gare, une fille frisée comme un petit mouton me sourit. Elle est déjà installée dans le wagon. Je la rejoins dans le train de banlieue.

Nous nous embrassons dès le départ du train. Le compartiment est bondé. Nous nous précipitons dans les toilettes. Je la fais asseoir sur la lunette, je ne lui baisse même pas sa culotte, je me contente de l'écarter. Son con est large, doux et humide. Nous descendons à Heidelberg.

Elle habite une jolie mansarde à proximité du quartier général américain où elle fait le tapin. Nous partageons les recettes.

Quand elle rentre se coucher aux aurores, barbouillée de rouge à lèvres, elle est juste à point. C'est une gamine de seize ans, mignonne comme tout. Elle m'enseigne les différentes positions. Moi, je n'ai jamais si bien vécu. Nous ne passons jamais que quelques heures ensemble. Après le petit déjeuner, je vais me promener pour la laisser dormir jusqu'à trois heures. Elle travaille dur, elle a besoin de sommeil.

Au bout de six semaines, j'en ai assez de cette vie de maquereau. Je profite de ce qu'elle est chez un client pour prendre mon sac de marin et filer.

Les trains sont bourrés comme des convois de bestiaux. Les voyageurs débordent des portes et des fenêtres. Je m'enfonce dans la foule et je fais tout le voyage la tête dans le compartiment et les jambes à l'extérieur.

Je n'ai pas la moindre notion de géographie. Dans toutes les villes où je passe, je tape les directeurs de théâtre. Ils se montrent plus ou moins généreux. Certains me donnent des cigarettes.

Je continue en stop, à bord de camions et de jeeps. Mais je prends toujours la mauvaise direction. J'atterris à Tübingen.

Le grand danseur Harald Kreutzberg donne une soirée au théâtre. J'ai entendu dire qu'il était très gentil avec les jeunes garçons. Je vais dans sa loge et lui demande de l'argent, mais ce saligaud prétend qu'il n'emporte jamais d'argent en tournées.

J'envoie un télégramme à Berlin. Je donne comme adresse le théâtre de Tübingen. Ma mère, j'en suis sûr, me répondra sans délai. Je passe le reste de la journée à me promener en fredonnant, le cœur léger. Pas de souci pour le moment. J'ai de quoi manger et fumer, et la nuit je dors dans les jardins publics.

La secrétaire du théâtre me prend un rendez-vous pour passer une audition. Pendant la pause de midi, je l'emmène dans le parc et lui montre où je dors. Mon lit de feuilles n'a pas bougé depuis la nuit dernière. Des buissons touffus nous protègent des regards importuns. Mais il faut que je lui ferme la bouche, car elle hurle comme si je l'assassinais. Ses sous-vêtements sont couverts de sang. Elle avait un hymen si dur que j'ai dû la forcer brutalement. A présent tout va bien et nous prenons rendez-vous pour la nuit.

Je marche déjà depuis un long moment, lisant et relisant le télégramme que la secrétaire, toute réjouie, m'a remis dans le bureau du théâtre. Arrivé dans le parc, je comprends enfin le sens du message signé Arno :

MAMAN NE VIT PLUS. STOP.

AUCUNE NOUVELLE DES AUTRES. STOP.

JE REMERCIE DIEU QUE TU SOIS VIVANT. STOP.

JE T'EMBRASSE AVEC TOUTE MON AFFECTION.

Je ne pleure pas. Mais je ne vois plus rien et je bouscule les gens au passage. J'erre ainsi jusqu'à la tombée de la nuit. Alors je m'allonge, face contre terre.

Le lendemain matin, je répète : Melchthal de *Guillaume Tell*. Au passage « Dans les yeux, dites-vous ? Dans les yeux...? » j'ai une crise de larmes. Car je ne peux pas m'empêcher d'évoquer les yeux de ma mère. Après l'exclamation « Et la nuit s'illuminera ! » je quitte la scène et sors du théâtre en courant.

La secrétaire me rattrape dans la rue : j'ai obtenu un contrat. Je retourne au théâtre avec elle, signe le papier, me fais verser une avance de cinquante marks et fiche le camp.

ON m'engage dans un théâtre ambulant. La troupe donne des opérettes. Je ne sais pas du tout chanter, les autres non plus d'ailleurs. Je suis prêt à tout du moment que je me rapproche un peu de Berlin. Je ne crois pas au télégramme de mon frère. Je refuse d'admettre que ma mère soit morte.

La femme du directeur est toute jeune. Elle a une bouche rose framboise. Je me promets de la baiser!

Nous nous produisons dans des salles des fêtes et des buvettes. Nos spectacles sont indescriptibles! Horribles! Nous devons jouer *La Marraine de Charley,* ce sera le clou de la tournée. Nous voyageons en camion, assis sur des chaises de jardin en fer. Je maudis tout, mais on se dirige vers le nord. A Offenburg on nous donne même le théâtre.

Le parc d'Offenburg fourmille de monde. Mais il faut bien que j'apprenne ce texte débile de *La Marraine de Charley* quelque part. Dans la porcherie où je loge, c'est impossible, j'y deviendrais dingue.

Un soldat marocain est assis sur un banc en plein soleil. Il grimace un sourire, me découvrant ses chicots jaunis et désigne tour à tour sa braguette puis un paquet de cigarettes qu'il tient à la main. Ensuite il me montre le buisson derrière lui. Et il recommence toute cette pantomime sans se démonter : braguette, cigarettes, buisson.

Cinglé, ce mec. Il me demande de l'accompagner derrière ce buisson malingre ? Au beau milieu des parterres de fleurs, quasiment sous le nez des promeneurs ! Sans compter qu'il doit être vérolé ! Et puis les Gauloises sont absolument infumables. On prétend qu'elles sont fabriquées spécialement pour les unités de couleur et la Légion étrangère. La première bouffée te fait l'effet d'une grenade dans les poumons. Qu'est-ce qu'il s'imagine !

Le dimanche, nous donnons deux représentations de notre spectacle minable. La première séance terminée, je vais voler de magnifiques cerises sur le bord de la route. Un soldat marocain fait comme moi. S'apercevant que j'ai attrapé une branche particulièrement fournie, il veut me l'arracher des mains. Je lui flanque mon pied au cul. Du coup, il bondit sur moi et me traîne jusqu'à la caserne en face.

Je me retrouve aussitôt entouré d'innombrables Marocains. Je ne comprends pas tout ce qu'ils baragouinent mais ils gesticulent comme des cannibales et me menacent de leurs baïonnettes. Quelques pédés se mettent à tripoter ma braguette. Ces Marocains sont presque tous pédérastes, en tout cas ils baisent entre eux. Les garçons à peau claire les font particulièrement bander.

Un appel retentit, la horde de sauvages doit se présenter à l'appel. Sauvé! Ils se ruent sur moi et me traînent par les pieds devant le portail de la caserne. J'ai le visage et les mains tout écorchés. Le planton n'attendait manifestement que cette occasion. Il charge son fusil. Je perçois très distinctement la fermeture de la culasse. La cartouche est maintenant dans le canon! Il me met en joue...

« Va te faire foutre, crasseux! »

Je n'ai jamais couru aussi vite. Au diable, les pédés!

Le directeur et sa femme logent dans l'auberge où nous donnons depuis deux semaines nos ignobles représentations. Tous les jours, nous répétons *La Marraine de Charley* dans la salle de réunions.

Je dispose de deux bonnes heures avant que vienne mon tour de débiter des inepties et je vais pisser. Les toilettes sont au premier étage.

Chaque fois que j'y monte, je passe devant la chambre où le directeur couche avec sa femme et passe son temps à la baiser. Le matin, à l'heure du déjeuner, avant la représentation, tout le temps.

Il est dix heures. La porte est ouverte. La chambre est en désordre. J'écoute si personne ne vient et j'entre. Les draps sont complètement souillés. Pleins de taches. Encore humides, poisseux. Je bande.

Je me retourne : elle est derrière moi.

« Que faites-vous ici ?

— Tu ne devines pas ? »

Je ferme la porte.

« Que voulez-vous ?

— La même chose que toi.

— C'est-à-dire ?

— Baiser.

— Si mon mari revient, qu'est-ce que vous allez prendre !

— Il répète *La Marraine de Charley.* Et je n'entre pas en scène avant au moins une heure et demie.

— Salaud ! »

Elle halète. Le sang lui monte au visage. Sa bouche framboise vire au rouge écarlate. Son regard s'alourdit.

J'accroche une serviette devant la serrure. Dans la glace au-dessus du lavabo je la vois lever sa jupe.

Elle se campe devant moi jambes écartées, les genoux légèrement pliés.

Elle approche brusquement son visage, haletante, me soufflant dans le cou une haleine embrasée. Elle gémit. Un flot de liquide brûlant jaillit de son sexe sur mon poignet. D'entre ses lèvres s'échappe une salive épaisse et blanche. Sa langue gonflée et rêche emplit ma bouche à m'étouffer.

Son bas-ventre travaille comme une machine. Nous tombons à genoux. Rampons vers le lit.

Je lui plante mon dard jusqu'à la garde : déchaîné, je la tringle avec frénésie...

Le directeur refuse de me donner une avance. Je lui tape dessus. Nous nous battons comme des matous, roulant jusque sur la chaussée. C'est un soldat marocain — encore un! qui nous sépare à coups de baïonnette, car notre combat a lieu devant la mairie.

Je me tire avant le soir, emportant dans mon sac de marin le frac que je devais porter sur scène. Je ne préviens personne. Ils auront bien le temps de s'apercevoir de mon absence au moment de la représentation.

Seuls des trains de marchandises partent pour Berlin. Afin de franchir le contrôle, je prends un billet pour le bled le plus proche. Dès qu'il fera sombre je traverserai les voies. Le train pour Berlin part à six heures du matin.

Tous les voyageurs qui se présentent au contrôle sont fouillés. Une femme a une bouteille de lait dans sa sacoche. Le planton la fracasse sur le quai. Moi, cette fripouille ne peut rien me casser. Je n'ai rien, que mon sac de marin et le frac.

Je me suis tout de même coincé un paquet de dix cigarettes entre les fesses.

Je me planque jusqu'au petit matin dans la guérite de garde-frein d'un wagon détaché, fumant cigarette sur cigarette pour ne pas m'endormir. Mon train de marchandises ne s'arrête qu'un très court instant pour accrocher quelques wagons. Je ne veux pas le rater.

Jusqu'à Francfort, tout va bien. Mais, arrivé là, le train ne bouge plus. On m'a mal informé.

Je vais dormir dans un blockhaus. Une petite grassouillette est couchée sur un lit de camp. Nous sortons. Trop de gens nous regardent.

Le long du canal, tout en marchant, je l'attrape par le cou et la force à se mettre à quatre pattes.

Au beau milieu de la rue. Puis je l'enfile par-derrière. Au moment où nous arrivons à l'orgasme, une voiture, phares allumés, freine devant nous.

Je ne retourne plus dans l'abri. Mais il faut que j'attende encore des jours et des jours avant qu'un train de marchandises parte pour Berlin.

A Berlin, je m'aperçois que j'ai attrapé ma première chaude-pisse. De qui, va savoir. Il faudra bien que je m'y habitue.

Notre appartement Wartburgstrasse est toujours là. Des bombes incendiaires ont détruit l'immeuble sur cour et carbonisé le chambranle de nos fenêtres. Les vitres ont toutes volé en éclats. L'hiver est revenu, il neige dans toutes les pièces.

Mon frère me raconte comment notre mère a été tuée. Il le tient d'un homme, lequel connaît une femme qui était près d'elle quand ça s'est passé.

Des avions de chasse américains lui ont tiré dans les jambes et elle a reçu une rafale dans l'estomac.

Alors qu'elle perdait son sang dans le caniveau, elle a fumé une cigarette et s'est inquiétée de nous. « Personne ne peut donc me dire où je pourrais retrouver mon petit Kangourou ?... » Puis on l'a enfouie quelque part. Où, la femme n'a pu le préciser, car les mines aériennes pleuvaient et elle a dû se réfugier dans un abri.

De mon père, aucune nouvelle. Il a disparu.

Quant à Achim, on espère qu'il a été fait prisonnier des Russes. Inge, elle, a écrit de Schliersee.

Arne me raconte une histoire qui lui est arrivée. Il tremble et sanglote, comme Raskolnikov après le terrible cauchemar du petit cheval battu.

S'étant procuré une hachette, il s'est engagé dans le parc derrière un arbre. Il avait l'intention de guetter un promeneur et de le détrousser, car il ne savait plus quoi faire.

Quand la personne qu'il voulait dévaliser est passée près de lui, il avait déjà levé la hachette, mais n'a pas pu frapper.

« Pour toi, je suis un assassin ?

— Mais non, tu n'as tué personne. »

Je me présente au Berliner Schlossparktheater. Je cite les acteurs les plus célèbres, prétendant avoir suivi leurs cours. Sur ma lancée, je déclare que j'ai joué *Hamlet* alors que je ne connais même pas la pièce.

J'ignore si on me croit. En tout cas, Barlog m'engage. Pour cent dix marks par mois.

L'assistant, G.W., m'invite chez lui pour me faire travailler. Il ne peut pas grand-chose pour moi. Mais j'accepte dans l'espoir de me réchauffer un peu, car je suis redevenu un chien errant et je prends tout ce qui se présente.

Il habite avec sa mère une villa à Dahlem. Son père a dû être je ne sais quel gros bonnet.

Nous lisons et répétons les textes les plus insipides. Comme il dit, ça fait partie du répertoire. Mais au moins sa baraque est chauffée et sa mère prépare du thé et des tartines. Elle connaît les faiblesses de son fiston, ni la mère ni la sœur ne viennent jamais nous déranger.

Les prétendues leçons auxquelles il ne comprend rien lui-même s'abrègent de plus en plus. Au début, il me débite les cours qu'il a potassés. Ça m'embête, j'ai l'impression d'écouter un bulletin d'informations à la radio. Et il m'oblige à exécuter les mimiques les plus ridicules. Il finit par se lasser lui-même. Bientôt il se borne à attendre que j'aie vidé la théière et bouffé mes tartines. Alors il me descend mon pantalon et me saute dessus comme un bouc. Dieu merci, c'est expéditif. Quelques va-et-vient pitoyables — il bave, la langue pendante — et il décharge. Ensuite, il s'écroule et roupille comme un nourrisson repu.

Il ne me file pas un rond. Ou il n'a pas d'argent de poche ou il est radin.

Cette année chez Barlog est la plus abrutissante que j'aie connue dans ma chienne de vie. Ce type n'a rien d'un metteur en scène. Ses trouvailles sont consternantes. Mais la concurrence n'est pas grande et il a du succès. Moi, il ne sait vraiment pas par quel bout me prendre. Il ne me dit jamais rien. D'ailleurs que pourrait-il me dire ? Un jour il fait à G.W. cette réflexion :

« Ce Kinski est inquiétant. C'est le genre d'individu que je verrais très bien commettre un hold-up. »

Il a peur de moi, c'est déjà ça !

Je dois jouer le rôle du page dans le prologue de *La Mégère apprivoisée*. Tout ce que j'ai à faire, costumé en femme, c'est de retenir le rétameur ivre mort qui suit la représentation de l'avant-scène. Pendant ces deux heures, enfin pendant toute la durée de la pièce, dès qu'il veut boire un coup, le page doit lui arracher la bouteille. Bien entendu, ce n'est même pas de la vraie gnôle, mais une espèce de liquide tiédasse. Sans doute du Coca-Cola. Et cela, chaque soir !

Au bout d'un mois, j'en ai plein le cul. Je remplis la bouteille de goutte. J'en avale une lampée chaque fois que je lui arrache la bouteille des mains. A la moitié de la représentation, je suis soûl comme une bourrique. Je me mets à déconner, je titube à travers la scène en buvant au goulot et je finis par dégringoler dans le trou du souffleur. Rideau.

Dans les coulisses, comme le directeur me somme de m'expliquer, je lui balance la bouteille vide.

Le lendemain matin vers quatre heures, je me réveille sur un banc à la gare du zoo. Comment j'ai atterri ici, un mystère. On me baratine. Sans doute un pédé. Je le repousse.

C'est l'hiver le plus rigoureux depuis des décennies. Le thermomètre descend à moins 28 degrés. Moi je n'ai pas de manteau, mais apparemment Barlog s'en fout. Du moment qu'il est bien emmitouflé! Il se promène toujours avec une bouteille thermos et des sandwichs. En plus il obtient la meilleure carte d'alimentation. Moi je récolte la plus mauvaise.

A la maison je ne peux plus fermer l'œil. Nous nous couvrons avec le moindre bout de tissu que nous pouvons trouver, avec du papier journal et du carton. Nous nous enroulons des lambeaux de tissu autour des mains, des pieds et de la tête, comme des lépreux. Mais le vent glacial qui s'engouffre dans la pièce nous pénètre jusqu'aux os. Il neige sur le lit, il nous tombe des flocons sur la figure.

Le théâtre est chauffé, je me cache à la fin de la

représentation. Je dors sur des chaises du vestiaire. Le portier ferme les yeux. Quelqu'un me dénonce à Barlog et on me l'interdit strictement.

J'apporte mon manger. Une tranche de gruau froid. Je le prépare pour plusieurs jours. Au bout de quelques heures, le gruau prend la consistance du pain. Chaque jour, avant de partir au théâtre, je m'en coupe un morceau. Sur la plate-forme du tramway, je grimace comme un clown. Mes semelles ont des trous énormes. Des boules de neige glacée s'y insinuent, qui me brûlent comme de l'acide.

Pendant la journée, je ne suis toléré longtemps nulle part. Dans chaque quartier ont été aménagés des « chauffoirs », où les gens, des petits vieux pour la plupart, se blottissent autour d'un poêle. Chez eux ils tombent comme des mouches. Ces chauffoirs sont toujours bondés. Un préposé veille à ce que personne ne reste trop longtemps. Il faut donc que je fasse la navette de l'un à l'autre. Comme ils sont très éloignés, je me dresse un plan bien précis. Je pose sur le poêle les haillons gelés dont je m'entoure la tête et les mains et j'attends qu'ils soient presque brûlés. Alors je remets mes vêtements bien chauds, et le dos courbé je fonce jusqu'au prochain chauffoir. On n'y arrive pas d'une seule traite. Tous les cent mètres, il faut que je repère une étape : entrée d'immeuble, encoignure de porte, descente de cave, escalier de métro, où je peux me protéger du froid mordant.

L'hygiène est nulle. Impossible de prendre un bain à la maison, impossible de trouver du bois ni du charbon. Le matin, même le rasoir est gelé. Je me lave où je peux, au théâtre, dans les toilettes publiques. Comme des millions d'autres, j'ai eu des puces, des poux, des morpions. Mais voilà que ça me démange entre les doigts, puis sur la paume des mains, le creux des genoux, les articulations, les bras, les jambes, entre les orteils, sur la plante des pieds, les talons, sous les aisselles. On dirait la peste. Qu'est-ce que ça peut bien être ? J'en parle à Arne.

« C'est la gale ! affirme-t-il. Cours dans une pharmacie, procure-toi une lotion quelconque ! »

Le médicament répand une telle puanteur que je n'ose plus approcher personne. Avant d'aller au théâtre, je cours autour du pâté de maisons chemise ouverte pour me débarrasser de cette odeur. A la fin je suis transi, violacé. Mais que faire ? Dans mon état, je ne peux demander à personne de partager sa loge !

Dans *L'Ombre*, la pièce qu'il met en scène au Deutschen Theater, Gustaf Gründgens a un rôle vacant, l'acteur choisi étant tombé malade. G.W. me propose. Quand je rencontre Gründgens, je me dis que j'en ai soupé de tous ces gens.

L'hiver se termine. Quand le soleil réapparaît, Barlog se décide à me faire tailler dans une couverture américaine le manteau que je lui avais demandé tout l'hiver.

Son plus gros bobard est de prétendre que j'ai mis la main à la chatte de la costumière qui m'a essayé cette monstruosité de manteau. Je l'aurais peut-être fait, mais elle était bien trop chichiteuse.

Barlog m'avait promis de me donner le rôle

principal dans plusieurs pièces. Comme il ne tient pas parole, je brise toutes les vitres du théâtre et mon contrat annuel n'est pas renouvelé. De toute façon, je n'aurais pas moisi dans ce théâtre de cabotins.

Je mange et couche où je peux. L'essentiel est que je puisse poser ma tête quelque part. Dès qu'il commence à faire plus chaud, je ne dors plus que dans les parcs.

J'ai appris qu'il existe des écoles d'art dramatique. J'y trouve des filles et des livres. Il faut que je lise, énormément! Je ne connais même pas bien l'allemand. Or je veux tout connaître, tout savoir! J'ai besoin de pièces de théâtre! Je dois apprendre des rôles. Apprendre, apprendre sans arrêt!

J'assiste aux cours. En pure perte, tout cela est absurde. Je dois tout apprendre par moi-même. Comment ces gens-là pourraient-ils m'enseigner le comment et le pourquoi du rire et des larmes? Ce qu'est la souffrance, le désespoir? Ce qu'est la haine, ce qu'est l'amour? L'ardeur, la plénitude?

C'est moi et moi seul qui trouverai un jour la meilleure forme d'expression. Je ne profite donc de ces cours que pour m'y procurer des livres et des filles. Ce sont des filles très jeunes. L'une d'elles n'a même pas treize ans.

De toutes celles que je fréquente, la plus âgée a seize ans et demi. Une ancienne pute à Amerloques. Elle reçoit toujours de l'alimentation, du chocolat, du whisky, des cartouches de cigarettes. Elle a eu la syphilis, mais, apparemment, elle est guérie. Elle est très mignonne et très gentille, mais nous ne baisons qu'une seule fois au Helen-see, sur la pente d'un talus. Elle m'ennuie.

Je dépucèle la gamine de treize ans dans l'appartement de ses parents.

Elle vit avec sa mère non loin du Treptower Park. Il me semble que ses parents sont divorcés, ou que son père est mort, ou quelque chose de ce genre. En tout cas, je ne rencontre que sa mère. Je lui explique que j'ai l'intention de répéter avec sa fille la scène du lit dans *Roméo et Juliette*. Quand la petite se déshabille, et enfile une chemise de nuit transparente, la maman s'éclipse prudemment. C'est moi qui ai soufflé à la gamine le coup de la chemise de nuit.

Sa mère partie, nous répétons la scène sur le lit conjugal. Mais le matelas est trop mou. Elle a beau écarter les cuisses, je dérape sans cesse contre sa vulve hermétiquement fermée. Nous émigrons dans sa chambre. Elle dort encore dans un petit lit d'enfant en fer. Evidemment, il est beaucoup trop petit pour deux. Nous passons sur le divan, plus dur. Il est idéal, mais rien à faire, je n'arrive pas à la pénétrer. Je la retourne sur le ventre. Puis je la fais mettre à genoux, lui dis de s'appuyer sur les coudes et je la force à lever la croupe. Alors j'essaie par-derrière, mais je n'y arrive pas mieux. Elle est incroyablement étroite. Ses lèvres boursouflées se referment comme un mollusque. J'arrive à distinguer son hymen. La fente n'est pas plus grande que celle d'une tirelire réservée aux pièces d'un sou. Et voilà que tout à coup elle a envie de pisser. Je ne la laisse pas partir. Quand je l'attrape par les cheveux devant la porte, elle écarte les jambes et pisse debout. Une cataracte, un torrent qui crépite sur le plancher. Je la jette sur le divan et la couche sur le côté. Je lui conseille de bien tendre la croupe et je m'allonge derrière elle. Elle obéit, désireuse de m'aider. Je fais à nouveau pression sur ses reins et glisse l'autre main entre ses cuisses. Je me retrouve encore avec la main pleine de foutre. Il a le goût de pipi et de crevette. Alors, de la main gauche, j'empoigne son pubis, l'obligeant à le relever. Du pied je soulève sa jambe gauche.

Dès qu'elle me sentira en elle, elle tendra la croupe, se mettra même seule à quatre pattes. Mais pour le moment, prudence. Au dernier moment, elle peut avoir peur de se faire dépuceler.

Elle s'efforce de m'aider. Et de ses doigts elle étire ses lèvres tendues. Alors je la pénètre. Son bas-ventre se cabre, à croire qu'elle a été piquée par un scorpion. Elle pousse des cris perçants en s'agrippant à mes hanches. J'attends. Mon gland, tel un bouchon, se met à gonfler. Son vagin étroit m'étrangle la queue, une vraie ligature. Je ne peux plus bouger, ni en avant ni en arrière.

Peu à peu elle se calme, s'habitue. Son bassin commencer à ondoyer. Presque insensiblement. Puis ses fesses s'activent. Elle doit encore souffrir horriblement. Mais elle coopère, c'est évident.

Désormais, je peux retirer mon pied. Elle garde la cuisse soulevée. La saisissant de la main gauche je me redresse et de l'autre main je l'oblige à relever sa cuisse droite si bien que brusquement son vagin se décontracte. Alors je me mets à genoux entre ses cuisses et la défonce jusqu'à la garde. Elle baise avec avidité, répondant à mes coups de reins avec la même habileté que si nous étions un vieux couple. Quand je sens le fond de son vagin, elle s'effondre sur le tapis, râle comme une agonisante. J'explose en elle.

Je m'installe quelque temps chez Hannelore F. Elle aussi dirige un cours d'art dramatique. L'aimable vieille dame et sa belle-fille Jutta S. m'accueillent comme un fils prodigue. Elles partagent tout avec moi, le boire, le manger, le peu d'argent qu'elles gagnent, et leur appartement.

Ma première vision de Jutta, un nu au crayon rouge, accroché au mur du salon. Puis la voilà en personne : les seins, les fesses, le petit ventre pointu, le sexe, tout semble taillé dans du marbre.

Après ma première visite, je reviens, tard dans la nuit, et monte par la fenêtre qu'elle a laissée ouverte à mon intention. Aussitôt je me glisse dans son lit. Je lui apprends toutes les positions, et tout ce qu'on peut faire avec la bouche.

Son corps se tord convulsivement. Je ressens ses orgasmes comme des décharges électriques, tandis que je m'enfonce en elle, comme une racine.

Madame F. dort dans la chambre voisine. Comme la porte est ouverte, nous nous efforçons de ne pas faire trop de bruit et étouffons nos cris bouche contre bouche.

Quand elle m'a complètement vidé, elle-même est à bout de forces; je saute par la fenêtre et cours dans la nuit étoilée. Mes mains et mon visage embaument plus que les fleurs des buissons où je m'allonge pour dormir, visage tourné vers le ciel.

W. M'EMMÈNE à un bal de travestis. Il me poudre, m'enduit lèvres et paupières de vaseline. N'aie crainte ! Bientôt le mouton va se changer en loup.

Ça grouille de pédés. Ils caquètent et gesticulent comme des poules, se pelotent les fesses en dansant.

Le prince Sasha K. en est un aussi. Mais il a une certaine classe. Du goût et de la jugeote. Il n'aboie pas comme un roquet, ne joue pas les grandes folles. Evidemment c'est un truand. Il trafique dans les meubles anciens et les bijoux, arrachant aux petites vieilles leurs dernières cuillères en or. Il rafle tout, alliances, amulettes, albums de famille à cause de la bordure dorée, cadres, jusqu'aux dents en or. De l'or avant toute chose ! Il gratte légèrement, verse une goutte d'acide, et peut évaluer instantanément le nombre de carats. Ses plus gros profits sont les perles, les pierres précieuses et les diamants. Il est très riche, c'est toujours lui qui paie.

Il raffole passionnément des minets. Des tapineurs qui finissent par le plumer, quand ils ne vont pas jusqu'à assommer sa mère pour piller l'appartement.

Cette nuit encore, il est assis au bar avec un mignon qu'il contemple comme une madone, de ses yeux vitreux en se soûlant à la vodka, jusqu'à ce que Lotte s'en mêle, engueule la petite morue et pousse Sasha dans un taxi. Elle m'emmène aussi.

Lotte R. est une belle femme, dans la trentaine. En dehors de sa lubie de vouloir épouser Sasha pour devenir princesse K., car elle a la passion des titres, c'est une chic fille et une fière baiseuse. Bien sûr elle se fait entretenir par Sasha et par tous les pédés pleins aux as. Elle leur soutire le maximum, mais redistribue tout aux jeunots plus démunis qu'elle. Elle s'est octroyé un titre « Princesse des pédés de Berlin ». Elle aussi fait dans l'antiquité. A peine l'agonisant a-t-il rendu son dernier souffle qu'elle dépouille la famille endeuillée. Tout lui est bon : croix vermoulues, crucifix en argent, patènes en or, ciboires, tabernacles, icônes, même des confessionnaux qu'elle fait voler dans les églises bombardées. Elle va jusqu'à faire commerce des pierres tombales récupérées dans les cimetières dévastés. Elle achète et vend au marché noir, fourgue les bijoux de Sasha aux nouveaux riches, moyennant une commission. D'ailleurs elle est toujours à la remorque de Sasha, se fait verser des pourcentages, l'alimente en chair fraîche, gère en pensée sa fortune, ne cesse de le tarabuster, lui rappelant qu'un soir de cuite il lui a promis de l'épouser. C'est donc à lui de régler toutes ses factures. De temps en temps, il lui fiche une trempe. Il lui a même cassé un doigt, qui reste toujours estropié, ce qu'elle montre partout. La plupart des gens en rient. Mais elle est roublarde. D'accord pour se ridiculiser, du moment qu'elle suscite la compassion. Elle est d'une nature très gaie, sans doute à cause de ses origines rhénanes, et pas rancunière, même si on lui fait des vacheries tous les jours.

Moi elle m'a emmené pour baiser et je m'installe donc chez elle. Elle m'achète une brosse à dents et un rasoir, me procure un minimum de vêtements, me traîne dans toutes les soirées, m'exhibe chez d'autres ravageuses. Elle me traite comme un coq en pâte, me mijote des petits plats, achète chaque jour des kilos de viande à des prix usuraires. Et puis elle me vide les couilles, me les presse comme des citrons. Elle me fait découvrir des positions et des raffinements que j'ignorais. C'est de la pute de premier choix ! Pendant que nous baisons elle me parle de ses autres amants. Hans A. lui jouissait toujours dans la bouche et il fallait qu'elle lui recrache son sperme. On dirait une môme racontant une aventure de vacances.

Avec elle, je suis vraiment en excellentes mains. Elle fait tout pour me satisfaire et moi aussi. Mais elle finit par m'horripiler et je ne la vois plus que de temps en temps chez Sasha.

Les K. appartiennent à ces familles de Russes blancs qui ont réussi à fuir à temps avec tous leurs bijoux et qui, dans quelque partie du globe qu'ils se soient réfugiés, ont toujours peur des Bolcheviks. Sasha, qui a été bloqué à Berlin avec sa mère, vit dans l'angoisse d'un enlèvement par la Guépéou. Dans son appartement de huit pièces se retrouve tout ce qu'on rencontre dans ce genre de salons. Jusqu'à des Russes soviétiques, des agents du C.I.C., le chef de la police militaire américaine, des officiers d'occupation français, anglais, américains, des trafiquants, des nobles, des couturiers, des voleurs, des tapineurs, des criminels, des artistes, et surtout les pédés de Berlin qui ont réussi.

Sasha m'aime beaucoup. Bien sûr il aime mon visage, mon corps, mon âme slave. Mais il apprécie surtout ma franchise.

Cependant nous ne faisons jamais l'amour ensemble. Nous avons encore passé toute la nuit dehors. Vers six heures du matin, nous nous allongeons sur son lit du XIIe siècle, nous nous ouvrons mutuellement la braguette... et crac le lit s'effondre. Nous éclatons de rire comme des gosses.

Sasha m'accorde une confiance illimitée car je ne le vole jamais. Il me laisse seul dans l'appartement avec des colliers de perles et de diamants, sa table m'est toujours ouverte et je peux coucher chez lui quand je veux. Son valet de chambre pédé a ordre de me laisser entrer à toute heure du jour et de la nuit. Toutefois, bien qu'il me sache aux abois, il me donne rarement de l'argent. Ni d'objets à vendre. Quand je lui dis que je pourrais faire du marché noir, il me rit au nez. En revanche, il me parle volontiers de la Russie. De Dostoïevski et Tolstoï, Tchaïkovski et Nijinski, il me fait écouter des disques russes, et pleure comme ses compatriotes quand ils écoutent leur musique. Et comme les Russes dans les romans de Tolstoï et de Dostoïevski, quand il est soûl il me confesse ses abjections et ses bassesses, me suppliant de l'absoudre. Il a vraiment des soucis !

Il est amoureux fou d'un garçon, Jan D. Rien à voir avec les minets qui le dépouillent et qui se font offrir bijoux et voiture toujours la même ! Jan est un gentil garçon, intelligent et bien monté. Sasha en perd la tête. Il lui envoie des fleurs, des canards et des poulets, de somptueuses corbeilles, des chocolats. En général, Jan renvoie tous les présents. Il est lunatique, il ne se laisse pas amadouer par des cadeaux. De toute évidence, il joue les coquettes, mais il est vraiment très gâté et fait souffrir Sasha. Quand Sasha ne voit plus aucune issue, ses lettres et télégrammes restant sans réponse et Jan refusant jusqu'aux fleurs et chocolats, il vient pleurer dans mon giron. Un vrai roman-photo.

Chez Sasha, je fais connaissance d'un marchand qui le fournit en tapis de soie anciens, que lui-même refourgue à des Américains. Encore une tantouze. En me parlant, il se lèche les lèvres, l'air concupiscent.

Il a une vraie tête de goret, de petits yeux pâles larmoyants, des cils blonds. Sasha le dit avare. Moi il me répugne. Mais il ne me lâche pas et me promet un tapis. Bien que sa tronche me dégoûte et que j'en aie assez des pédés, je l'accompagne.

Au premier étage d'un immeuble neuf de la Fasanenstrasse, dans un petit appartement confiné, il a empilé jusqu'au plafond des centaines de tapis précieux. Il ouvre successivement les six serrures de la porte blindée, puis fait basculer une lourde barre métallique qui s'abat comme un couperet.

Nous mangeons des steaks tartares avec des cornichons tout en buvant de la bière. Au bout de la deuxième bouteille, je commence à m'assoupir. Exactement ce qu'il attendait. Ses petits yeux de verrat s'animent d'une lueur lubrique. Il défait le canapé-lit et va dans la salle de bain.

Pendant ce temps-là, je m'endors. Je ne reprends conscience qu'en entendant au-dessus de moi les grognements du pourceau.

Sa petite queue pointue est prête à jouir avant qu'il m'écarte les cuisses. Dans son excitation il ne trouve pas mon cul et éjacule sur mon ventre. Je m'en débarrasse et me tourne de l'autre côté.

Quelques semaines plus tard, je réalise qu'il ne m'a pas donné le tapis !

Quand je sonne à sa porte, rien ne bouge. Mais à travers le battant filtre une écœurante odeur de roses en décomposition. Vaguement mal à l'aise, je m'empresse de quitter cet endroit lugubre.

Par la bande de pédoques, j'apprends qu'on a trouvé le pourceau assassiné dans son canapé-lit replié. C'est le concierge qui a fait défoncer la porte, car la cage d'escalier empestait le cochon. Toute l'histoire a dû paraître dans le journal. La police suppose qu'il a été assassiné par un minet. Une chance que personne ne m'ait vu, sinon les flics m'auraient soupçonné.

Eduard M. me propose de jouer *Savonarole*. Cette pièce le surexcite. Moi je la trouve inepte. D'abord, je n'ai aucune envie de jouer un rôle d'illuminé, et je me moque bien de savoir qui a brûlé les tableaux de Botticelli. Mais la raison profonde est que je dois d'abord me trouver moi-même. Il faut que j'assimile tout ce que j'ai vécu depuis vingt ans. Que je mette un peu d'ordre dans cette vie chaotique où fusionnent le ciel et l'enfer, la souffrance et la joie, cette vie qui me déchire, me répugne et en même temps me fascine.

Je vais souvent voir Eduard. Nous parlons des nuits entières, jusqu'au lever du jour.

Eduard est pauvre. Les ressorts du divan, sur lequel je dors quelquefois, me labourent le dos. Sa femme est barmaid. Ses clients sont des trafiquants d'armes qui jettent l'argent par les fenêtres. De temps en temps, elle en rapporte un peu. Eduard me voue une véritable passion. Je ne sais pas pourquoi, je n'ai jamais eu l'occasion de montrer mes capacités sur scène. Mais peut-être déchiffre-t-il sur mon visage ce que j'ignore encore moi-même.

Depuis qu'Eduard a mis en scène *La Reine des neiges* en zone russe, il est autorisé à faire ses achats à l'Est. Il a rapporté une oie congelée. Elle est dure comme du béton et il faut commencer par la dégeler. Je m'en occupe. Eduard est fatigué, il faut qu'il dorme.

Je fais couler de l'eau chaude dans la baignoire pour prendre un bain. J'en profiterai pour décongeler l'oie, comme ça nous pourrons la faire rôtir dès qu'Eduard se réveillera. Me voilà donc dans l'eau en compagnie de l'oie plumée.

Je n'ai pas tenu compte de ma propre fatigue. Je ne me réveille que le lendemain matin, lorsque sa femme rentrant du travail pénètre dans la salle de bain pour pisser. J'ai dormi onze heures dans l'eau glacée. L'oie est, comme moi, plutôt détrempée.

Eduard, qui est metteur en scène mais aussi peintre et décorateur, possède un petit atelier. Il s'en sert pour tromper sa femme. Nous échangeons nos conquêtes.

En principe, je suis venu à l'atelier pour être seul. Je cherche sa femme parce que je ne peux pas dormir : je ne cesse de me réveiller en sursaut, je me sens pris à la gorge, j'étouffe.

Aujourd'hui, je fais une nouvelle tentative pour dormir seul. Je me réveille, terrorisé. Je me redresse, et, paralysé d'épouvante, fixe le mur en face : sur ce mur, une tache lumineuse. Or, toutes les lampes sont éteintes et aucune lumière ne peut pénétrer par la fenêtre. Pourtant cette tache éclaire toute la pièce !

Petit à petit, je réussis à tendre le bras vers mes vêtements. Je les ramasse à la hâte, et, ne trouvant pas le commutateur, tâtonne dans le couloir obscur. J'ai l'impression d'être enlacé par une présence invisible. Je dévale l'escalier et une fois en bas, je m'habille.

Le lendemain, tout s'éclaire :

« Je te l'avais caché, dit Eduard. Quelqu'un s'est pendu dans cet atelier. Voilà pourquoi la propriétaire me l'a laissé à un prix aussi dérisoire. Excuse-moi ! »

Il y a tout de même une fille que je ne lui repasse pas. Au bout de trois jours, je me suis aperçu que j'ai attrapé une nouvelle chaude-pisse.

Elle m'a suivi de son plein gré! Léchage, broute-minou, tout le tintouin, mais quand je veux l'enfiler, elle serre les cuisses. N'importe, ça me connaît. Après l'avoir bien tripotée, je finis par la baiser. Elle aurait pu m'avouer franchement qu'elle avait une maladie vénérienne, ce n'est pas ça qui m'aurait arrêté. Elle a un con si étroit que j'éjacule en la pénétrant. Quarante-huit heures durant, nous ne sortons plus du lit que pour pisser et engloutir des jaunes d'œufs battus avec du sucre. Le troisième matin, quand je l'accompagne jusqu'à un taxi, nous devons nous appuyer l'un contre l'autre pour ne pas tomber.

Je ne suis pas retourné chez Sasha depuis longtemps. Je l'aime bien, mais la bande de tapettes qui se retrouve chez lui m'ennuie. Quand il y tient absolument, je l'accompagne dans un bar. Ce sont généralement des boîtes pour travestis. Des travelos font un tour de chant et on est servi par de jeunes pédés habillés en femmes. L'Eldorado est le plus connu. Mais nous fréquentons aussi les autres. Cela finit toujours de la même manière, Sasha sème l'oseille à pleines poignées comme si elle allait repousser, et quand il est plein comme une huître, il pique du nez sur son tabouret.

Le Paris-Bar, tout près de la Gedächtniskirche, va fermer. Je danse avec une tzigane. Elle est arrivée depuis dix minutes. Un cadeau du Ciel! Elle est stripteaseuse dans une boîte de nuit Savigny-platz et habite dans une pension au coin de la rue. Je pique du fric dans la poche de Sasha.

C'est la première fois que je couche avec une Bohémienne. Elle doit posséder une technique magique, j'ai déjà déchargé plusieurs fois sans débander.

Puis elle me rejette d'une secousse, se tourne de l'autre côté et s'endort. Moi je ne peux pas dormir. J'attends que son cul recommence à bouger et se frotte contre ma verge. C'est le signal. Elle parle très peu, juste le strict nécessaire. De toute façon, je ne comprends pas grand-chose à son charabia.

On dirait que je passe ma vie au lit. Ce n'est pas tout à fait vrai. Souvent je m'enferme des semaines d'affilée sans mettre le nez dehors. J'apprends des textes, je travaille ma diction. Dix, douze, quatorze heures par jour. Ou la nuit entière. Quand les voisins se plaignent, et ils le font sans cesse, il faut que je déménage. Je change de chambre plus souvent que de fille. En un mois, j'ai bien dû déménager vingt-deux fois. Parfois, il fallait que je vide les lieux le jour même.

Tantôt je me promène dans les parcs pendant des journées entières, tantôt je passe des nuits à courir les rues. Toujours en récitant un texte, inconscient du monde qui m'entoure. Quand mes exercices de diction me fatiguent ou que je n'ai pas fait ce que je me suis imposé, je me gifle pour me punir. Il faut que j'y arrive. Il le faut! Je prouverai ce dont je suis capable.

Alfred Braun, reporter vedette de Radio-Berlin, met en scène avec moi *Roméo et Juliette*. Avec les trois mille marks que je touche pour cette pièce radiophonique, je me loue un atelier. En réalité une ancienne buanderie dans une maison de Frie-

126

denau. Mais la pièce comprend une grande baie vitrée qui laisse entrer des flots de lumière. Je peins les murs en blanc et gratte le sol. J'ai un lit, une table, une chaise et des cabinets où je fais ma toilette. Cela me suffit. Je lave mon peu de linge moi-même.

La nuit, je ne dors pas. Je rôde dans les parcs, et, quand je suis fatigué, je me couche par terre et contemple le ciel. Passé trois heures, quand le soleil pointe et que la nuit s'efface devant les premières lueurs blafardes, je rentre chez moi et m'allonge sur le lit tout habillé. Je n'ai pas besoin de beaucoup de sommeil. Trois, quatre heures, pas plus.

La Machine à écrire, de Jean Cocteau.

Dans une scène, je dois simuler une crise d'épilepsie. Otto G., le metteur en scène, s'en fait une idée grotesque. Il n'a jamais vu d'épileptique. Moi non plus d'ailleurs. Aussi je me rends à l'hôpital de la Charité et demande au patron du service psychiatrique de m'expliquer un cas semblable.

Il décide de me faire assister à une séance d'électrochoc. Les réactions seraient les mêmes qu'au cours d'une crise d'épilepsie : le corps se convulse et se contorsionne comme sous l'effet d'un courant à haute tension. Les mâchoires se serrent si violemment que les dents se cassent, la bouche écume, les yeux se révulsent.

On amène la jeune patiente dans la salle de traitement. Dix-sept ans, très belle. Mais son visage et son corps sont gris comme l'asphalte. Elle se soulève à demi, mais ne semble pas reconnaître son entourage et balbutie un nom d'homme. Le médecin m'explique que son amant l'a quittée. Cette rupture lui a causé un tel traumatisme qu'elle a perdu la raison.

Par l'électrochoc on essaie de provoquer une réaction susceptible de la sauver. Si tout se passe bien.

« Et si ça ne marche pas ?

— Alors, tant pis. »

On lui attache les bras. Puis on pose les électrodes. Sur les tempes. Les poignets. Comme pour la chaise électrique. On lui glisse entre les dents un bout de tuyau afin qu'elle ne se morde pas.

On branche le courant. Une terrible secousse. Elle lève les jambes, les écartes au point que sa chemise remonte et que je vois sa vulve ouverte. Son bas-ventre se soulève violemment comme si elle hurlait à l'amour, car c'est de cela qu'elle a besoin, pas d'un traitement barbare. Puis on dirait qu'elle veut donner des coups de pied à quelqu'un, ses jambes frappent dans le vide. Je quitte la salle, honteux d'avoir commis une telle indiscrétion. Mais je ne pouvais pas imaginer cela.

Je réussis à simuler sur scène les réactions de la fille. Mais son image s'impose, je revois son bas-ventre me dévoilant un secret qui ne m'était pas destiné.

Roberto Rossellini est venu à Berlin chercher des acteurs pour son prochain film. Le comte Treuberg, que j'ai connu chez Sasha et qui est le conseiller de Rossellini, m'emmène chez lui. La salle d'attente du bureau de production est bondée de comédiens qui brûlent de tourner dans le film de Rossellini.

128

Il est dans la pièce voisine et téléphone à Anna Magnani à Rome. Il ne sait peut-être même pas que nous sommes là, ou bien il nous a complètement oubliés. Au bout de quatre heures, je commence à voir rouge et je gueule :

« Merde ! Qu'est-ce qu'il s'imagine, ce bouffeur de spaghettis ! »

Rossellini ouvre brusquement la porte et me surprend en train de flanquer un coup de poing sur la table. Il rit et demande à Treuberg :

« *Chi è quello ? Mi interressa. Fategli un provino.* »

Après les bouts d'essai, je suis censé me rendre immédiatement en Italie. Mais le théâtre refuse de me laisser partir.

Nous donnons plus de cent soixante représentations de *La Machine à écrire*. Les journaux n'arrêtent pas de parler de moi. Mais je trouve la réaction du public plus importante que tout leur blabla.

Un homme se précipite vers moi tout excité : depuis qu'elle m'a vu sur scène, sa femme ne peut plus fermer l'œil. J'ai envie de lui dire que moi non plus je ne dors plus, depuis que j'ai vu la malade à la Charité.

Chaque fois je retrouve E.E. dans son appartement de Westend. Souvent je passe même toute la journée avec elle jusqu'à l'heure de la représentation.

A quarante ans passés, E. n'a jamais fait l'amour avec un homme.

Au début je la fais jouir avec la langue. Elle m'enseigne toutes les subtilités de cette pratique amoureuse que jusque-là, avec les autres femmes, je n'avais fait qu'improviser. Finalement, elle est prête à me laisser la pénétrer. Comme elle est aussi étroite qu'une gamine de dix ans, elle souffre horriblement. Je jouis plusieurs fois en elle, puis je cesse de la faire souffrir. Elle me demande de ne plus lui faire l'amour qu'avec la langue.

Toute sa vie elle a sucé des filles et des femmes, toute sa vie elle s'est fait sucer. A l'école, au pensionnat, puis plus tard adulte.

Elle me parle de ses amours passionnées avec des femmes. Me parle de ses premiers émois, des premières caresses entre petites filles de sept ans. De ses débuts amoureux quand elle se laissa séduire par sa préceptrice. D'une infirmière qui l'avait sauvagement violée, qu'elle haïssait à cause de la domination qu'elle exerçait sur elle, mais à qui elle appartenait corps et âme et qui s'était suicidée lorsque E. s'était détachée d'elle.

Elle me parle de ces femmes rêveuses et romantiques qui lui ressemblaient, des petites filles effarouchées se blottissant craintivement sous l'édredon.

Elle me raconte la passion féminine d'une religieuse qui pour elle renonça à ses vœux. Elle me dit l'idolâtrie qu'elle voua à sa propre sœur.

Elle me parle de sa liaison avec Marlène, quand toutes deux étaient encore de jeunes débutantes. C'est Marlène qui, dans les coulisses d'un théâtre berlinois, lui arracha sa culotte et la fit jouir avec la bouche.

Jürgen Fehling, le plus génial metteur en scène de théâtre actuel, me convoque. Je répète pendant sept heures.

Hebbeltheater, six heures du soir. Les machinistes viennent d'arriver pour préparer le spectacle. Fehling appelle une jeune ouvreuse, elle me servira de partenaire pour la scène de la mort dans *Roméo et Juliette*.

« Toi, tu la boucles ! dit-il à la fille abasourdie. Peu importe ce que te fait Kinski, tu restes comme un piquet et tu ne l'ouvres surtout pas. Je ne veux entendre que sa voix. »

Après la grande tirade de Franz Moor dans *Les Brigands*, Fehling intervient :

« Stop ! Ménage ta voix ! »

Au bout de sept heures !

Mais cet homme est insatiable. Nous allons dans une loge et il faut que je lui lise des pages de l'annuaire. Alors je lis, je lis, je lis, provoquant tour à tour son hilarité et ses larmes.

Fehling ne me lâche plus. Je le suis jour et nuit pendant des semaines, j'assiste à ses répétitions, je prends mes repas avec lui. Il parle, m'abreuve de discours, et moi je reste suspendu à ses lèvres.

Cet homme me témoigne plus d'affection que n'aurait su le faire mon propre père. Dieu punisse les ignobles gueulards qui ont chassé ce génie de Berlin à coups de pierre!

Après son succès retentissant avec *Les Mouches* de Sartre, Fehling est tout-puissant. On doit le nommer directeur du Hebbeltheater.

Surexcité, il m'explique, alors que nous sommes installés dans un bistrot :

« Quand je serai directeur, j'économiserai sur les décors, les costumes; je balaierai cette sale engeance de fonctionnaires qui me donnent la nausée. Fini, le foutoir habituel. Je lésinerai sur tout, sauf sur le cachet de mes comédiens! Ils ne manqueront de rien. Rien! Alors moi je pourrai tout exiger d'eux! Ils sortiront tout ce qu'ils ont dans le ventre! »

Otto G. veut monter *Les Revenants* d'Ibsen. Avec moi dans le rôle d'Oswald. Je signe le contrat, obtiens 150 marks par soirée, prends 1 000 marks d'avance. Dans mon euphorie, je jette 100 marks dans le chapeau d'un mendiant. Il me suit du regard, bouche bée.

Quand j'expose mes projets à Fehling, il répond :

« Tu n'es pas encore mûr pour jouer Oswald. C'est un rôle très important. Il faut que tu rompes ce contrat! Moi, Fehling, je te défendrai. Ne l'oublie jamais, Dieu a de grands projets pour toi! Et c'est moi qui réaliserai son dessein! Si tu joues Oswald, ce sera uniquement sous ma direction. Jamais sous celle d'un autre. Tu ne dois surtout pas travailler avec G..., jamais! Ce type-là serait incapable de te comprendre. Il n'a aucune idée de ce qu'est le théâtre. S'il prétend que le sentiment n'existe pas, c'est qu'il n'en a pas. Si tu as besoin d'argent, dis-le-moi, je t'en donnerai!

— Non, monsieur, je vous remercie. Il m'en reste encore.

— Bien. Demande-moi tout ce dont tu as besoin. Je serai toujours là pour toi. Je te protégerai. »

Tout heureux et convaincu de la sagesse de ses propos, je vais aussitôt trouver Otto et lui rapporte la conversation mot pour mot. Du même coup, je lui annonce que je romps mon contrat. Otto est très triste. Mais il respecte trop Fehling pour oser le contredire. Il conclut simplement :

« Dans ce cas je ne monterai pas *Les Revenants.* »

Toutefois, le lendemain matin, Otto me déclare qu'il va faire une dernière tentative. Il veut aller voir Fehling et lui demander de me libérer pour ce spectacle. Nous y allons.

Fehling me prie d'attendre dans la pièce voisine. Il se montre courtois à l'égard d'Otto, mais également cruel, car il lui fait clairement entendre qu'il doit me laisser en paix.

« Vous, vous le gâcherez! explique-t-il à Otto. Alors que moi j'en ferai le plus grand acteur du XXe siècle! »

A moi, il déclare que je serai le premier engagé au Hebbeltheater. D'ici là, je n'ai qu'à partir me reposer quelque part.

Le chef de la police militaire américaine de Berlin, que j'ai connu chez Sasha, me procure un billet pour un vol militaire à destination de Munich.

De là, je prends le train pour Schliersee, où ma sœur a épousé un bûcheron avec qui elle projette d'émigrer au Canada. Ce mastodonte ne rêve que de déboiser des forêts. J'ai l'impression de me trouver en face d'un ogre, quand, la hache sur l'épaule, il me broie littéralement la main.

Ils sont fauchés, comme moi, si bien que nous couchons tous dans la même pièce avec leur adorable petit garçon blond. Alors je n'ai pas le choix, je prête l'oreille à leurs ébats nocturnes. Ils ne se gênent d'ailleurs pas pour moi ! Quelle dévoreuse ! Incapable de se retenir une seule nuit. Possible aussi qu'elle le fasse exprès, pour me rappeler nos petites cochonneries d'autrefois. En tout cas, elle n'est pas pudique, elle gémit et crie jusqu'au petit matin, pendant que moi dans mon coin je me branle sous l'édredon.

Quand je rentre à Berlin, Fehling a bien été nommé directeur du Hebbeltheater. Seulement il a été destitué dès qu'il a annoncé son intention de tourner d'abord un film où lui-même interpréterait le Bon Dieu. A l'issue d'une conférence à l'université, des étudiants lui ont jeté des pierres jusqu'à ce qu'il ait la tête en sang. Depuis il a disparu.

Je vais voir Otto et accepte de jouer Oswald. J'ai besoin d'argent.

C'est Maria Schanda qui joue Madame Alving. Avec Maria, le contact est si fort qu'entre les répétitions je ne sais pas quoi faire sans elle. Je la vénère, je l'aime. Elle m'aime aussi, et croit fermement en moi.

A la fin de la générale, après la scène de démence d'Oswald, Maria me serre longuement dans ses bras. Elle craint que je ne devienne fou pour de bon. Je la rassure en riant. Je me sais suffisamment solide pour encaisser les plus violentes émotions.

Avant la première, Otto me donne de la cocaïne, car j'ai tellement le trac que ma voix s'enroue. Mes sinus sont également atteints. J'ai peur de ne pas pouvoir proférer un seul mot. Je renifle la poudre blanche, et, miracle, mes voies respiratoires se libèrent comme par magie.

Alors que je me sens de force à déplacer des montagnes, la cocaïne assèche les muqueuses et ma langue pâteuse ne m'obéit plus.

Pendant la première, tout se passe bien. Je distingue même des larmes dans les yeux des spectateurs des premiers rangs.

Maria et moi sommes exténués. Nous partons pour une longue promenade au hasard des rues et ne nous séparons qu'au point du jour.

Otto n'aurait jamais dû me donner de cocaïne. Il m'en a encore remis un sachet contenant un demi-gramme.

Ma provision épuisée, je cours partout à la recherche d'un revendeur.

Avec ces drogues dures, on ne sait pas toujours s'arrêter à temps, voilà le danger. On a la tête sur le billot, et plus moyen de s'échapper. Intoxication, délire de persécution, fini, on crève. On se suicide : on ouvre le gaz, on se jette sous le métro. Quand on ne va pas jusqu'à tuer pour se procurer de la drogue.

J'ai encore acheté un gramme pour le prix d'une semaine de cachet, et en une semaine, j'ai reniflé tout le contenu du sachet. Soudain, je réalise que j'ai complètement perdu l'appétit, rien mangé depuis des jours, alors que je me surprends en train de lécher les dernières particules de coco.

J'ai demandé un repas dans un restaurant. Au moment de régler l'addition, je n'ai toujours pas touché au contenu des assiettes. J'ai repoussé tour à tour le potage, le plat principal et la crème caramel, me contentant de fumer cigarette sur cigarette. Réserve silencieuse du maître d'hôtel. Je scrute mon visage dans la glace des toilettes. Autant de signaux d'alarme.

Et puis je n'admets pas que ma langue refuse de m'obéir.

Chaque jour *Les Revenants*. Même quand la chaleur est accablante. Samedi et dimanche, matinée et soirée. Et toujours les cris des spectateurs. Une femme s'évanouit. Une autre accouche avant terme.

Une journaliste sollicite une interview. Rendez-vous est pris le jour de relâche, je sens que cette interview se prolongera.

Volontairement, son chemisier est très ouvert et elle ne porte pas de soutien-gorge. Ele est perchée sur des talons hauts et ses nichons en poire rebondissent à chaque pas comme s'ils allaient me sauter au visage. Je ne cesse de les lorgner. Son corps, jeune et souple, semble sous pression : un simple déclic et ses cuisses s'ouvriraient comme un couteau de poche, ses ravissantes fesses, si bien faites pour la main de l'homme, s'écarteraient d'elles-mêmes, si sa jupe ne les emprisonnait pas. Sa jolie bouche étroite semble presque trop petite pour contenir ses dents éclatantes. Ses yeux gris clair sont largement cernés.

Vers trois heures, elle demande à sa mère de garder ses petits enfants. Nous nous retrouvons donc seuls dans son appartement.

Nous parlons de spectacle, de moi, et nous abordons les sujets les plus divers, tandis qu'elle me joue une comédie qui me met au supplice.

Elle s'allonge sur le lit tout habillée, sans bouger, sans me regarder, se relève, allume cigarette sur cigarette, disparaît longuement dans les toilettes, prépare du café et des sandwichs, s'étend de nouveau et fume comme un sapeur. Quand je m'allonge près d'elle, elle ne bronche pas.

Pourtant elle se soustrait habilement à mes caresses, même quand je me contente de l'effleurer.

Cinq heures. Je lui arrache son chemisier. Ses nichons en poire n'y tenant plus mènent une danse frénétique, se déchaînent, s'enfoncent dans ma bouche. Nous arrachons nos vêtements, trébuchons, tombons, comme s'il en allait de notre vie.

Une fois nus, nous nous accroupissons face à face, tels deux fauves prêts à bondir. Un éclair, puis je ne vois plus que des flammes...

Nous nous frappons. Le corps. Le visage. Le sexe. Nous nous mordons. Ne cessons de nous arracher l'un à l'autre. Mais pour repartir plus violemment à l'assaut...

Seize heures d'affilée. Pratiquement rien que nous n'ayons fait quand je quitte l'appartement vers neuf heures du matin.

Peu après, j'apprends dans la presse que la journaliste Une Telle s'est suicidée avec son mari et ses deux enfants.

Il y a sept mois, Wolfgang Langhoff, directeur du Deutsche Theater de Max Reinhardt, avait refusé de m'engager. D'abord, j'avais dû attendre des semaines avant d'être enfin admis à passer une audition. Là je m'époumone, m'arrache de vraies larmes, m'écorche jusqu'au sang. Langhoff n'a pas écouté! Il bâfre des petits pains en s'essuyant à sa cravate pleine de taches.

Pourquoi les directeurs de théâtre vivent-ils dans la hantise de crever de faim pendant les répétitions?

« Revenez dans quelques années, me dit-il la bouche pleine, on verra. Et mangez. Mangez, mangez! Vous êtes si maigre qu'on a peur de vous voir vous briser au milieu de vos tirades. Alors mangez, et copieusement! »

Ce crétin! J'aurais dû lui faire bouffer ses bajoues tremblotantes! Mais je me suis dit : c'est toi qui viendras me chercher en rampant! Et dans quelques années, balayé, Langhoff! Mort et enterré!

Il a rampé encore plus tôt que prévu. Après *Les Revenants* son administrateur m'écrit en me priant de venir au Deutsche Theater. Cette fois plus d'audition, Langhoff m'offre un contrat, avec la promesse formelle qu'en fin de saison je resterai libre de prolonger mon engagement de plusieurs années. Moyennant bien sûr augmentation de mon cachet.

Le Deutsche Theater est l'un des plus beaux théâtres du monde, sinon le plus beau.

Personne n'a jamais eu à me dire qu'on retire son chapeau en entrant en scène. D'abord je n'en porte jamais, et si cela arrivait, je l'enlèverais dès que j'approche d'un théâtre, surtout du Deutsche Theater. Mais certainement pas devant Langhoff, ce minable qui dégrade sa scène en y autorisant des réunions politiques !

Je ne marche que sur la pointe des pieds, semblable aux machinistes qui portent tous des pantoufles en feutre et suivent chaque représentation des coulisses.

Nous donnons *Mesure pour mesure* de Shakespeare. Je joue le rôle de Claudio, condamné à mort pour avoir défloré une jeune fille hors des liens du mariage. Dans son cachot, il croit voir les asticots dévorer son propre cadavre.

Pendant les répétitions, Langhoff est incapable de rien m'apprendre. Il est complètement bloqué et ne parle que de nazis, de camps de concentration. Je n'ai rien à faire de ce radotage. J'ai du mal à m'imaginer comment les vers me boufferont. J'ai vingt ans et je ne pense jamais à la mort.

La nuit, je me glisse dans des cimetières et m'introduis dans des caveaux. Je m'appuie contre des cercueils, pose mon oreille sur les tombes et interroge les morts, qui ne me répondent pas. Il faudra que je trouve la réponse autrement.

Un jeune acteur est encore en pleine gestation. Il doit s'extirper lentement de l'écheveau de ses sensations. Son âme est une forêt vierge dans laquelle il a l'impression d'étouffer. Or moi je n'ai personne pour m'aider, pas de maître, personne qui puisse réellement m'apporter quelque chose. Pour moi cette solitude est plus oppressante que la scène des visions de Claudio.

Le soir de la première tout me vient naturellement. J'ai découvert le secret. Demeurer réceptif. Il faut conserver le plus grand calme et ne penser qu'au personnage. Alors le texte vient tout seul. Et c'est la signification du texte qui détermine les états d'âme. La vie fait le reste, cet influx vital qu'il faut dépenser sans compter.

Sur scène, je n'oublie jamais un seul mot de mon texte, je n'ai jamais besoin de souffleur, parce que ma mémoire ne me trahit jamais, et surtout parce que les mots se forment au fil de l'action. Cela suppose une sensibilité sans limites, qu'il faut préserver de toutes les influences extérieures pour ne pas la blesser lorsqu'elle commence à s'épanouir. Ça se paie très cher. On devient hypersensible, au point de ne plus pouvoir vivre dans des conditions normales. C'est pour cela que les heures hors de scène sont les pires. Ou bien encore, on a le malheur de tomber sur un metteur en scène ou un partenaire assez brutal pour détruire cette fragile chrysalide d'où éclôt la plus grande force de l'acteur. Alors ou l'on succombe, ou l'on défend sa peau. Dans les deux cas, on souffre comme une bête. Souvent le public n'en est pas conscient, il ne comprend pas qu'il doit collaborer avec l'acteur prêt à s'arracher tripes et boyaux pour lui. Par leur recueillement les spectateurs doivent aider l'acteur à se débarrasser de toute retenue, de toute pudeur. Ils participent à son succès. Ce sont eux qui décident s'il va donner son maximum ou s'il doit rentrer dans sa coquille de peur de tomber de hauteurs vertigineuses dans un abîme d'où nul ne pourra le sortir.

Ce ne sont pas des phrases creuses. Il n'y a rien d'autre. Il n'est pas digne d'approcher d'un théâtre celui qui se croit le droit de troubler un acteur en l'interpellant, ou même en toussant, en se raclant la gorge, sous prétexte qu'il a payé son billet. Je ne parle pas seulement en mon nom. Je parle pour les acteurs de tous les temps et du monde entier, que je comprends et que je respecte.

Paul Wegener et moi participons à une matinée pour le Théâtre populaire de Berlin sur le Kurfürstendamm. Paul Wegener dit *La Parabole des trois anneaux* de *Nathan le Sage*, et moi le *Cornette* de Rilke.

« Conduis-moi sur la scène, me dit Paul Wegener, je ne veux pas d'un infirmier charitable. Et puis, il ne faut pas que les spectateurs s'aperçoivent que je meurs. »

Spectacle insoutenable que de voir la paralysie s'emparer de cet homme déjà à demi perclus, l'un des plus grands acteurs, et gagner à chaque pas, à chaque souffle, cet homme pleinement conscient.

Les membres d'abord, puis les entrailles, les poumons, le cœur. Je ne connais pas le nom de sa maladie, pourtant on me l'a dit.

Il joue une dernière fois *Nathan* au Deutsche Theater. Il meurt peu après. Je l'ai à peine connu, mais je pleure en apprenant sa mort.

Je connais maintenant à fond les grands poètes russes, Dostoïevski surtout. Je travaille à une nouvelle adaptation de *L'Idiot* et de *Crime et châtiment*. Je soumets mon adaptation à Langhoff qui décide de monter *Crime et châtiment*. Entre-temps, Fehling est réapparu. Il a émigré à Munich. Je reprends mon texte à Langhoff pour l'apporter à Fehling. Mais auparavant, je retravaille le manuscrit.

Je dicte le texte à une secrétaire de Treptow que je dois payer en monnaie de l'Est. C'est aussi à Treptow qu'habite la fille avec qui j'avais répété la scène de *Roméo et Juliette* nus sur le divan. Elle va maintenant sur ses quinze ans; toujours aussi bandante.

Les premiers jours, comme le bureau ne se trouve pas loin de chez elle, je vais la voir pendant que la secrétaire déjeune. Mais quand je reviens je n'ai plus l'esprit assez clair pour dicter. Sans compter que la secrétaire sent la crevette. Une odeur! J'en deviens fou. Je ne peux plus me contrôler et lui mets la main au panier. Comme il y a d'autres dactylos dans le bureau, nous sortons l'un après l'autre et nous nous retrouvons dans un poulailler.

Elle mouille comme une folle, son jus lui dégouline jusqu'aux mollets. Je jouis une seule fois, impossible de continuer, il faudrait que je l'étrangle pour qu'elle cesse de crier!

Le travail est terminé pour aujourd'hui. Elle raconte à son chef qu'elle a mal à la tête et rentre chez elle. Je l'attends au coin de la rue.

Sa mère travaille comme vestiaire dans une boîte de nuit et ne rentre jamais avant le matin. Elle me pompe, je la suce... nous ne fermons pas l'œil de la nuit, et pourtant nous n'entendons pas sa mère rentrer. Heureusement, elle ne pénètre pas dans la chambre, elle doit penser que sa fille est endormie.

Vers midi, quand sa mère dort encore, je sors à pas de loup. Il faut que je me trouve une autre secrétaire, celle-ci m'épuise.

Encore *Mesure pour mesure*. J'en ai marre. Bien sûr, je peux perfectionner mon interprétation de Claudio mais je ne peux pas modifier la mise en scène de Langhoff qui me donne la nausée. Naturellement, il a eu des critiques délirantes. Les gratte-papier ont pu se lancer dans toutes les analyses politiques possibles, car Langhoff fait partie des pontes. Je fouine donc à droite et à gauche pour trouver mieux, et finalement Brecht me fait assister aux auditions de *Mère Courage*.

Pendant des mois, Brecht fait répéter mille fois le même mouvement à un acteur. Ça me plonge dans les transes. Moi j'en serai incapable. Quand il me demande si je veux entrer au Berliner Ensemble, je m'esquive poliment :

« Je vais réfléchir. »

Brecht est assez intelligent pour interpréter ma réponse.

« Je serai le premier à te le déconseiller, dit-il. A l'Est, je jouis de la liberté du bouffon. Mais ces gens-là n'ont sûrement pas assez d'humour pour t'adopter. »

J'essaie de trouver quelque chose pour ne pas jouer tous les soirs. Je vais voir Arne. Je me plonge tout habillé dans la baignoire pleine d'eau froide, me traîne tout ruisselant dans les décombres de l'immeuble sur cour et y reste allongé jusqu'au soir. Moi qui veux attraper une pneumonie, je ne chope même pas un rhume. Assurément le Bon Dieu a conçu pour moi de grands projets. Il me couvre toujours de sa main protectrice.

Furieux de devoir retourner au théâtre, je balance tous les meubles par la fenêtre; ils se fracassent sur le pavé de l'arrière-cour.

En tant que membre du Deutsche Theater, je reçois des bons me donnant droit à un repas par jour au club du théâtre. Ce club, aménagé par les Russes, est accessible à tous ceux qui appartiennent à l'Opéra, au ballet et au théâtre. Au restaurant, on trouve de tout, jusqu'à du champagne de Crimée et du caviar Malossol. A l'entrée, il faut s'inscrire dans le registre du club.

En feuilletant le livre, je trouve la signature de Fehling. Personne n'a dû voir cette page, sinon on l'aurait arrachée. Il a écrit : « Que votre boustifaille vous étouffe, bande de nazis! Jürgen Fehling. »

Le club est réservé en priorité aux grands pontes, et des sbires surveillent les comédiens, qui pourraient avoir l'audace de venir deux fois par jour ! Bien entendu je n'ai pas les moyens de m'offrir du champagne et du caviar, mais un jour j'ai le toupet de prendre deux repas. Un à midi, un après la représentation du soir. Aussitôt, je reçois un avertissement. J'ai été dénoncé par l'administrateur du Deutsche Theater qui, bien sûr, bouffe deux fois par jour.

Une semaine plus tard, le même refuse de me donner une avance sur mon cachet. Je l'attrape par la cravate et le gifle jusqu'à ce que les autres gratte-papier surgissent, attirés par ses bêlements. Arrive Langhoff qui me somme de retirer mon costume. Je suis viré ! Des bureaux on peut gagner directement les loges grâce à des escaliers et couloirs intérieurs. Je suis déjà habillé, mais je n'ai pas encore enfilé mes cuissardes et marche sur mes chaussettes. Je n'envisage pas une minute d'obéir à Langhoff et je cours dans ma loge pour mettre les bottes.

Elles sont encore à la cordonnerie du théâtre. Impossible d'y aller : Langhoff, l'administrateur et les autres employés qui me suivent comme un troupeau d'oies me barreraient le chemin. Alors l'autre escalier, celui qui mène au foyer ! Le troupeau d'oies toujours à mes trousses.

Les premiers spectateurs s'assemblent devant la caisse. Je me précipite dans la rue. De toutes parts le public arrive. Là ! La buvette du théâtre ! Je connais bien le patron.

La buvette est bondée de gens qui prennent un en-cas avant la représentation. Le troupeau d'oies, Langhoff en tête, a emprunté un autre escalier arrivant directement du foyer. Je leur tombe dans les bras. La chasse à courre se poursuit par-dessus les tables et les chaises des consommateurs.

Je saute sur une table.

« Si vous voulez récupérer votre costume, le voilà ! »

J'arrache tous mes vêtements. Un à un.

« Tiens ! Voilà pour toi ! Et pour toi ! Et pour toi ! Attrape ! Bouffe-les si ça te chante. Personne ne portera cette défroque après moi ! »

Chaque fois que je lacère un bout de tissu, l'administrateur souffre mille morts. Leur costume, je le déchire si menu qu'on ne pourra jamais le rapiécer. Qu'ils essaient de m'en empêcher ! Je suis debout le dos au mur, et si quelqu'un approche, je lui file un coup de pied à la tête. Me voilà nu. Complètement à poil. Le patron me jette un manteau sur les épaules et essaie de me calmer car je suis hors de moi, de rage et de dégoût. Ils n'ont pas le droit de me vider de la buvette, ils ne sont pas chez eux et le patron est de mon côté. Alors le troupeau se replie, emportant ses lambeaux de tissu.

Le patron envoie chercher mes affaires dans ma loge. J'avale de grands coups de gnôle, puis je m'en vais en me disant :

« Un de ces jours, Dieu et Marx Reinhardt leur enverront la foudre du ciel. »

Après cette histoire à la con, je me retrouve à la rue, et je retourne chez Sasha.

« Tu n'as qu'à t'en foutre ! »

Pas d'autre commentaire. Là-dessus, il me sert une vodka.

C'est tout lui. Le jour où un truand lui a fourgué un collier de perles véritables d'une valeur de 300 000 marks en le remplaçant *in extremis* par un faux, Sasha s'est contenté d'avaler une vodka.

Quand je lui raconte ma bagarre, il rit.

« Ne te tracasse pas. Remercie plutôt le Créateur de t'avoir donné cet immense talent. Regarde-moi. J'échangerais volontiers ma place contre la tienne. J'ai quarante ans et je n'ai jamais rien fait d'autre dans ma vie que de gruger mes semblables, courir les minets, me laisser exploiter et me soûler sous mes icônes. Tu crois que cette vie me réjouit ? Toi, tu as toutes les raisons d'être heureux ! Un jour les gens s'attrouperont autour de toi. Ils se battront pour toi, et tu obtiendras tout ce que tu veux. Ne fais pas attention à ceux qui te menacent ! Méprise-les. Ils sont trop bas pour t'atteindre. Va, cherche un nouvel atelier, je paierai. Ou dors ici et fais-toi servir à manger. Ou bien installe-toi à l'étage de la villa Königsallee. »

Je ne m'installe ni chez Sasha ni Königsallee, mais je me procure un nouvel atelier Brandenburgische Strasse.

Helga est la fille qui m'a apporté mes premiers tournesols au théâtre. Ses parents lui ont interdit de venir me voir — son père est pasteur. Elle est bien élevée et j'ai mis du temps à la séduire, mais maintenant elle revient tous les jours. Comme ses parents ne la laissent plus sortir seule, elle épouse un étudiant et ils n'ont plus rien à lui interdire. Chaque matin, elle se glisse dans mon lit et y reste jusqu'à l'heure où son mari rentre de l'université. Là il faut qu'elle aille lui préparer son repas.

J'ai besoin de tournesols frais. Je fais des kilomètres à pied pour m'approvisionner. Quand les fleurs sont sèches, je les dépose sur le rebord de la fenêtre où elles continuent à flamboyer. J'en ai vu un gigantesque dans un jardin de Tempelhof. Aussi gros qu'un ballon ! Je ne peux plus chaparder, ce serait trop risqué. Alors je demande au jardinier s'il accepterait de me le vendre. Il me l'offre. Je le tiens par la tige, tête en haut. Sa tige vert clair fait bien deux mètres de long. Une corolle de pétales jaune lumineux encadre le pistil noir tout poisseux de nectar. De mon côté, je porte un pantalon couleur bleuet avec un tee-shirt rouge coquelicot. Et comme c'est l'été, je vais pieds nus.

Je n'avais pas prévu que je ferais tellement sensation. C'est dimanche. Les promeneurs ont envahi les rues. J'essaie d'échapper à la foule en empruntant les petites rues. Mais partout où je passe, je croise des gens qui se moquent de moi et font des remarques à la con sur mon tournesol. Pour échapper à cette foule de curieux, je casse la tête de mon tournesol, la serre contre ma poitrine comme un enfant et me dirige au pas de course vers Wilmersdorf.

J'essaie de monter dans un autobus. Mais même le receveur ne peut s'empêcher de faire rire les voyageurs par des réflexions oiseuses. Alors je saute de l'autobus en marche.

Dans la rue, ça va de mal en pis. Les passants m'encerclent en s'esclaffant devant mon tournesol. Les barbares, leur sottise me met au supplice. Finalement, ne voyant plus d'autre issue, je jette mon tournesol et le foule aux pieds.

A peine revenu de captivité, Achim se retrouve en cabane. Avec toute une bande, il a volé des manteaux de fourrure. Je vais le voir à la prison de Moabit, lui apporte du chocolat et des cigarettes. Il est follement heureux de me revoir. Nous nous étreignons, nous embrassons. Son coup a raté bien sûr, et il regrette. Il a été maladroit, d'accord. Tout ce qu'il me demande c'est de lui procurer un avocat. Je lui en trouve un.

Maître S., un des meilleurs avocats de droit pénal de Berlin, est devenu mon ami du jour où il est venu dans ma loge à la fin d'une représentation pour m'inviter chez lui.

Au coin de la Fasanenstrasse, juste devant le cinéma Astor. Une femme flic malmène une femme en larmes portant un sac à dos. Les badauds s'attroupent, sans broncher. J'interviens.

« Qu'est-ce que vous voulez à cette femme ?

— Elle a fait du marché noir.

— Et alors, sale flicarde ? Tu n'as pas honte de l'arrêter pour si peu ? Elle en avait besoin, c'est tout. Alors bas les pattes ou tu auras affaire à moi ! »

Lâchant un instant la femme terrorisée, elle m'attrape par le poignet :

« Vos papiers ! »

Je me libère de ses doigts boudinés et lui ris au nez :

« Je n'en ai pas ! Et puis tu ferais mieux d'enlever cet uniforme ridicule pour t'habiller normalement. Tu me fais vomir avec ton déguisement. »

C'est trop pour une cervelle de flic. La voilà qui donne de grands coups de sifflet avec sa bouche pincée. Finalement, l'agent de la circulation abandonne son poste et se précipite sur moi, sans demander le comment ni le pourquoi. Du coup les badauds qui se sentent protégés me traitent d'« agitateur », d'« élément dangereux ».

Le flic me tord les bras dans le dos, et je dois l'accompagner au poste avec la femme au sac.

« Vous avez insulté l'uniforme de ma collègue et résisté à la force publique ! » me déclare un officier au commissariat. Je me marre.

« Arrêtez de rire, ou je vous colle au trou ! »

Je me tords encore davantage.

« Vous voulez peut-être que je chiale ?

— Bouclez-la et ne parlez que quand on vous posera des questions ! »

Hilarant ! J'en avale de travers.

« C'est vous qui me faites marrer, je n'y peux rien. »

Je récolte un grand coup de pied au cul et j'atterris au bloc. Un maton fait les cent pas devant les rangées de cellules grillagées comme un gardien de zoo devant des cages à fauves, et il se sent encore plus important de me voir tempêter contre les barreaux. Avant qu'on me jette en cage, il devait être en pleine déprime, les cellules voisines sont vides. Maintenant, il ricane, l'air méprisant. Le moral est meilleur. Il égrène son trousseau de clefs entre ses doigts comme un chapelet.

Je gueule. Je hurle que je connais Otto Suhr, le maire de Berlin, et que toute la racaille responsable de cette garde à vue se retrouvera sur la paille. Du coup, l'officier de service me fait sortir de ma cage, déplorant ce regrettable incident.

Il me pousse vers la sortie, pressé de se débarrasser de moi.

« Et la femme ?

— Elle n'aura pas d'ennuis. »

Une fois dans la rue, je pisse contre le mur.

A sa sortie de prison, Achim essaie de se débrouiller plus honnêtement. Il garde des chiens, des enfants, donne son sang deux fois par semaine pour vingt marks et un gros steak.

Il nous est venu la même idée, brader nos cadavres. Il paraît qu'on touche un peu d'argent si on lègue son corps à la science. Alors c'est simple, nous allons vendre notre cadavre au plus grand nombre d'hôpitaux possible. Mais la combine tourne court, car la vente est inscrite une fois pour toutes sur nos papiers.

Je prends l'autocar pour Munich. Pas pour voir Inge, qui ne peut rien me donner; ni argent ni satisfaction sexuelle. Mais j'ai entendu parler des fêtes du Carnaval, qui grouillent de filles dévêtues.

A la maison des arts, je tombe sur Linda et Rosamunde. Toutes deux sont maquillées comme des Pierrots, vêtues d'un collant noir sous lequel se dessinent le pubis, les hanches, les cuisses, le ventre, les fesses. Je danse avec elles toute la nuit. Elles ruissellent de sueur. Je leur roule des patins, puis nous nous cachons sous les tables et je baigne mes mains dans leur foutre.

Je les baise l'une après l'autre. Ce sont les meilleures amies du monde, elles ne se jalousent pas, mais toutes deux s'impatientent en attendant leur tour.

Je les ai mises enceintes. Linda porte notre enfant à terme. Je ne sais quel connard oblige Rosamunde à se faire avorter.

Elle est affreusement triste. Elle voulait cet enfant, même en sachant que je ne pourrais pas les épouser toutes les deux. D'ailleurs avec Linda je ne parle pas de mariage. L'enfant suffit à son bonheur.

Je ne peux pas passer mon temps à baiser, il faut bien que je gagne de l'argent. Traînant dans les ateliers de la Bavaria, je fais la connaissance de Freddi, qui dirige une maison de production et gagne un pognon fou.

Il me dépanne souvent. Sans l'exploiter, je ne me gêne pas pour le taper. D'ailleurs, la plupart du temps, c'est lui qui me propose de me renflouer.

Freddi partage une villa sur les rives du Starnbergersee avec le poète B. Nous nous y rendons dans sa voiture. J'ignore l'âge de B., mais je lui donne bien soixante-dix ans. Il y a des années, Fehling avait remporté un triomphe à Berlin en montant une de ses pièces.

Après dîner, nous dansons. Entre hommes évidemment. Malgré son âge, B. me pelote les fesses en dansant. Le reste du temps il me caresse les cheveux en m'appelant « mon petit Moissi ».

Fehling se trouve au Bayerische Staatstheater. Je prends rendez-vous avec lui. Après avoir lu mon adaptation de *Crime et châtiment,* il dit :

« Je le monterai avec toi. Mais pas ici. Je vénère trop le théâtre, tous ces provinciaux ne m'inspirent que du mépris. Où et quand ? Réfléchissons, ne nous pressons pas. Profites-en pour aller te mettre au vert, et repose-toi bien, tu as très mauvaise mine. »

Apprenant que je vais me retirer à la campagne, Joana Gorvin s'écrie :

« Grands dieux ! Tu risques d'y moisir des années ! »

Je suis très déprimé. Fehling est toujours aussi chaleureux, toujours aussi spirituel, il irradie la même chaleur, la même puissance. Mais je crains comme tous les autres qu'il ne fasse plus jamais de mise en scène.

C'est Elsa : au moment où je monte dans un

tramway, elle s'arrête au beau milieu de la rue et me regarde en riant. Du coup, je bondis, laissant filer le tramway. Je ne sais pas encore qu'elle s'appelle Elsa, je ne l'avais jamais vue. Elle a le teint hâlé, de longs cheveux noirs, des yeux à l'éclat métallique, une petite bouche, des mains fines, sensuelles.

Les parents d'Elsa occupent tous de hautes fonctions dans l'Eglise catholique. Un de ses oncles est le bras droit du pape Pie XII.

Dès que la tribu apprend qu'Elsa me fréquente, l'agnelet est rejeté du troupeau comme un pestiféré. Et on lui coupe les vivres !

Jusqu'alors, elle avait une liaison avec le chef du service secret américain à Munich, qui lui court toujours après. Il était venu spécialement des U.S.A. pour débusquer dans la forêt bavaroise des nazis cachés, déguisés en paysans. Pour les interrogatoires dans l'immeuble voisin de la villa Stuck, il leur fait mettre les poucettes et arracher les ongles. Poussé par l'amour, il a tout raconté à Elsa.

Pendant un certain temps, il continue à payer. Puis cette source se tarit, car Elsa ne trouve plus un instant à lui accorder. Comme elle dit, nous baisons comme des lapins. Nous voilà au Schwabing, dans une pension pour vieilles dames. Nous couchons dans un cagibi et ne nous levons que pour acheter à manger. Quand nous n'avons plus de quoi payer le cagibi, nous continuons à baiser au Jardin anglais, dans un petit cimetière d'église à Bogenhausen, en faisant le tour de l'Ange de la paix. Elsa partage une chambre avec une bigote.

Moi je dors dans un foyer de séminaristes catholiques, fondé par son grand-père. Jusqu'ici, ils n'ont pas encore découvert qu'Elsa a été mise au ban de sa famille, et la petite communauté religieuse ignore qu'elle fornique avec le diable. Alors nous allons mendier dans les églises. Avec un oncle à Rome et un grand-père fondateur de foyers, ça marche toujours. Butin habituel, un mark, que le curé nous jette en pâture à la porte de l'église. Imaginez le nombre d'églises qu'il nous faut visiter.

Ce n'est pas avec ces aumônes que nous allons nous renflouer. Alors deux dames, Elli S. et Ilse A., deux imprésarios, me prennent en charge. Cela signifie que je dois coucher dans une loge des studios de la Bavaria pour qu'on m'ait toujours sous la main. Chaque fois qu'un metteur en scène ou un producteur entre dans le bureau de l'agence − qui se trouve sur le même niveau que les plateaux au-dessus desquels je crèche − on vient me chercher dans la loge, et on m'exhibe, coiffé et bichonné comme un brave petit garçon. Pour cette comédie, je touche 7 marks par jour d'argent de poche, à titre d'avance sur un cachet hypothétique. Je partage avec Elsa. Je file par les échelles d'incendie et la retrouve dans la forêt, toute proche de la Bavaria.

La femme du célèbre photographe américain David Kunz, Schlunz, Plunz ou je ne sais quoi, vient à Munich pour montrer ses photos aux producteurs allemands. En traînant dans les studios, elle tombe sur moi. Malgré sa belle-mère qui l'accompagne et la surveille sans arrêt, nous réussissons à nous isoler un moment dans le jardin du Feldherrnhalle.

Je l'ai longuement caressée sur la pelouse. Alors, comme je refuse de la prendre debout contre un arbre, elle est tellement impatiente qu'elle me griffe tout le visage. Mais c'est vraiment impossible, la haie d'arbustes est si basse et clairsemées que les passants seraient aux premières loges.

Nous faisons une tentative dans les ruines de la synagogue bombardée. Une vraie pissotière, c'est plein de bonshommes en train de se soulager. Furieuse, elle accepte de me retrouver le soir dans ma loge. Dans le taxi qui la ramène au Bayerischer Hof, l'hôtel où elle habite avec sa belle-mère, elle serre les cuisses en soupirant.

Pas de veine, on nous surprend en train de grimper les échelles d'incendie. Les deux dames de l'agence veulent justement m'exhiber à un client.

Elles secouent la porte de la loge, persuadées que nous nous sommes enfermés. Je bouche le trou de la serrure et nous essayons de ne pas faire de bruit.

Difficile! La femme du photographe a déjà retiré sa culotte dans le couloir, et moi je ne peux même plus enlever mon pantalon : elle m'ouvre la braguette, s'agenouille et me fait une pipe. Puis, elle presse mon visage entre ses cuisses largement écartées et elle jouit si souvent que je ne compte plus ses orgasmes. Elle est à point. Nous commençons l'exercice, variant les positions comme dans une séance de gymnastique.

Et les deux dames de remonter, et de secouer frénétiquement la porte. Je gaspille toutes mes chances ! Quand elles s'attardent trop longtemps devant la porte, nous recommençons en essayant de ne pas faire trop de raffut. Mais cette femelle ne peut pas se retenir de hurler : pas de hurlements, pas d'orgasme !

Dehors, il fait nuit. Nous n'en pouvons plus. Et puis elle se rappelle brusquement que sa belle-mère l'attend à l'hôtel. Avant qu'elle descende l'échelle d'incendie avec sa robe toute chiffonnée et couverte de taches, je la tringle une dernière fois en levrette dans le couloir.

Je n'ose plus me présenter chez les deux dames. Je vais voir Stella J. qui, m'a-t-on dit, a ouvert une agence Widenmayerstrasse. Stella ne me donne pas sept marks par jour et n'a pas de rôle à me proposer. Mais elle veut bien s'occuper de moi.

Il faut que je lui téléphone sans arrêt ou mieux que je passe la voir, sinon, comme je n'ai pas d'adresse fixe et à plus forte raison pas de téléphone, je ne suis au courant de rien. Qu'a-t-elle de beau à me proposer aujourd'hui ? Allons voir.

Elle veut me présenter à l'écrivain Erich Ebermayer, qui a écrit un scénario sur Kaspar Hauser.

« Sois très aimable avec lui », me recommande-t-elle avant que je rencontre Ebermayer.

Qu'entend-elle par là ?

Une autre trouvaille. Un jeune Américain metteur en scène, ou qui veut le devenir.

Son frère est officier de l'armée américaine. Il

habite une villa de Grünwald avec lui, sa femme et leur enfant.

Je dors dans la chambre du petit Américain, aménagée dans la cave propre et claire, entre une foule de jouets. Des ours en peluche, des Mickey en chiffon, des balles vernies de toutes les couleurs, des petits G.I. avec bannière étoilée, des petits tanks.

Tous se mettent en quatre, faisant assaut de dévouement et de générosité. Je mange à leur table. Avec leur accent américain, je ne comprends rien à ce qu'ils racontent. De toute façon, je parle très mal l'anglais. Avec la femme du photographe c'était différent, elle était canadienne et parlait le français, que je comprends un peu mieux.

Je me demande si l'officier sait pourquoi son frère est toujours fourré dans la cave.

Il s'imagine peut-être que nous parlons de cinéma. Par précaution, le futur metteur en scène ne descend jamais dans la chambre d'enfant sans une pile de revues spécialisées, parmi lesquelles *Stars and Stripes*.

Il fait au moins trois fois ma taille et mon poids, et transpire sans arrêt. Mais il n'est pas répugnant. Comme tout bon Américain il est propre et ne pue pas. C'est seulement quand il s'allonge sur moi, de tout son poids, que je le trouve insupportable.

J'aurais peut-être enduré encore quelque temps cette vie stupide à Disneyland, car mon cerveau travaille à tout autre chose. Mais quand le gros lard me déguise en cow-boy pour une fête chez un peintre, et m'affuble d'un Colt en bakélite, je me tire habillé comme je suis. Et le cow-boy se retrouve sur le pavé.

Le ventre de Linda s'arrondit et je pose souvent l'oreille dessus pour écouter si l'enfant bouge. Comme à Munich l'horizon semble bouché, il faut que je retourne à Berlin. Notre enfant doit naître dans trois mois. Si c'est une fille je l'appellerai Pola comme la fille de Marmeladov, l'ivrogne qui s'est fait écraser, qui poursuit Raskolnikov, l'étreint et l'embrasse.

Comme cadeau d'adieu Elsa m'offre un recueil de Villon. Je le lis dans l'autocar sur la route de Berlin.

A l'aube, quand nous arrivons et que j'aperçois la tour émettrice, je sais : Villon, c'est moi.

C'est au café Melodie sur le Kudamm que je récite pour la première fois les ballades de François Villon. Avec des craies de couleurs, des étudiants des Beaux-Arts écrivent en lettres gigantesques sur la chaussée du Kurfürstendamm : KINSKI RECITE VILLON. Entrée libre. Je ferai la quête.

Le café Melodie est bondé, les gens se marchent sur les pieds. Ceux qui ne peuvent pas entrer cassent les vitres tant ils se bousculent pour voir à l'intérieur. Un flic s'en mêle, il est rossé.

Je suis debout sur une table, pieds nus, avec un pull-over déchiré et une grande casquette qui me sert à quêter après le spectacle.

Sasha me jette cent marks, d'autres des billets de un à vingt marks, les étudiants fauchés un ou deux groschen, l'un m'abandonne même son dernier pfennig. En moins d'un quart d'heure, j'ai récolté plus de trois cents marks.

Walter S. est venu lui aussi. Il ne me donne pas un sou mais me propose de jouer *Les Adolescents* qu'il va monter au Hebbeltheater.

Quand nous étudions le texte dans sa chambre meublée, il n'arrête pas de me passer le bras autour des hanches en soupirant :

160

« Ah ! si j'étais aussi mince !

— Picole moins, ça fait gonfler. »

Minceur et veulerie mises à part, je ne couche pas avec lui. En revanche, je couche avec sa femme dont il est séparé et qui vit dans le même immeuble que E. Elle a de longs cheveux roux très épais. Comme toutes les rousses elle s'excite facilement. Avant même que je fasse glisser sa culotte sur ses longues jambes, elle tremble. Surprise : sa toison aussi est rousse !

Hertha, ma partenaire dans *Les Adolescents,* est viennoise. Elle me parle de son pays et m'apprend les chansons folkloriques, car j'envisage sérieusement de chanter au Wiener Grinzig en m'accompagnant à la cithare. Malheureusement, les cours de musique s'interrompent dès que j'aperçois un bout de chair nue. Fini le chant ! Un soir, dans son lit, nous oublions même qu'il est l'heure d'aller au théâtre.

Au cours d'une représentation se produit un phénomène qui désormais ne va cesser de me préoccuper. Je suis seul en scène et je n'ai rien d'autre à faire qu'aller et venir sans proférer un mot. Soudain je m'immobilise devant la rampe — elle n'a plus aucun rapport avec la scène, et je fixe le trou obscur de la salle bondée. Ce ne sont pas les spectateurs que je cherche à discerner. J'essaie de distinguer quelque chose de trop lointain pour être perceptible par l'œil humain. J'ignore quoi, mais c'est plus important que ma présence sur scène en ce moment. Ce que je vois, je crois que c'est mon avenir, et il n'a plus aucun rapport avec le théâtre et la soirée. Mon absence est telle que pendant un certain temps j'oublie complètement où je me trouve. C'est le silence inquiétant des spectateurs qui me ramène brutalement à la réalité.

Le chef de plateau me dit que j'ai retardé de dix minutes le cours normal de la représentation. Je m'en excuse.

Valeska Gert ouvre *Le Chaudron à sorcières*. C'est un cabaret où elle donne libre cours à ses excentricités. Je dois y donner une série de soirées Villon. Deux cents marks par prestation. En fait de soirées, il s'agit plutôt de nocturnes, car je ne quitte pas la scène du Hebbeltheater avant dix heures. Je ne peux donc pas arriver chez elle avant onze heures moins le quart.

Aujourd'hui, première nocturne chez Valeska. La représentation terminée au Hebbeltheater, je n'ai plus envie d'y aller et je me soûle. Finalement, j'arrive à 1 h 20 du matin. Le spectacle était annoncé dans tous les journaux et la boîte enfumée est pleine à craquer. Le temps de prendre un café, il est une heure et demie. Alors j'entre en scène. Cinq heures. Valeska essaie de m'expliquer que, pour cette première nuit, je ne peux prétendre à la totalité de mon cachet, la moitié du public étant composée de journalistes qui non seulement ne paient pas, mais bouffent et picolent à l'œil. Je casse tout.

Avec mon cachet du Hebbeltheater, je loue un nouvel atelier à proximité du Kudamm. Linda en est au neuvième mois. Comme je ne peux me rendre à Munich, elle viendra accoucher à Berlin. Je peins l'atelier en blanc et achète quelques meubles à crédit. Un lit avec sommier et matelas, une table et deux chaises de bois blanc, une corbeille à linge pour coucher notre enfant, de petites couvertures, de la layette et des couches. Je n'ai plus de quoi acheter des draps pour Linda et moi, mais il me reste assez pour des tournesols, que je dispose dans des cruches prêtées par un professeur des Beaux-Arts. Où que j'aille, j'ai toujours une brassière d'enfant dans la poche.

Ma fille est née dans une clinique de la Schlüterstrasse. Dans mon euphorie, je l'annonce à toutes les putes qui tapinent dans les parages, elles me connaissent toutes. Quand elles apprennent que je vais à la clinique voir ma fille, elles m'offrent des fleurs pour Linda.

La première fois que ma Pola ouvre les yeux, c'est pour jeter autour d'elle un regard furibond. Je ne veux plus m'en aller. Pas question que ces foutues nonnes m'arrachent mon enfant. Après tout c'est une clinique privée qui me coûte les yeux de la tête. Elles me cassent les pieds. Je les insulte. La supérieure me prie de sortir un instant dans le couloir. Aussitôt deux flics me tombent dessus. Bande d'enculés! Je gueule. Linda a dû entendre, car elle emballe ses affaires et nous partons pour mon atelier avec le bébé.

Au Hebbeltheater, les représentations touchent à leur fin. Notre pécule aussi. Comme je ne peux plus payer les traites, un huissier saisit tous les meubles. Linda et moi passons la dernière nuit par terre. Le lendemain, je la laisse s'envoler vers sa famille munichoise avec notre enfant.

SASHA loue pour moi le théâtre de la Kaiserallee. Le comte Treuberg lui a apporté une pièce de son ami Cocteau : *La Voix humaine*. C'est moi qui dois la jouer. La pièce n'est qu'un long monologue. La dernière conversation téléphonique d'une femme avec son amant qui l'a quittée. A la fin, elle s'étrangle avec le fil du téléphone.

Plus j'avance dans la lecture, plus je tiens à jouer ce rôle. Et pourquoi pas ? Du temps de Shakespeare, il n'y avait pas d'actrices; tous les rôles de femmes, y compris Juliette, étaient interprétés par des hommes. Mona Lisa aussi était un homme. Je jouerai donc cette femme, un point c'est tout.

Le texte comporte vingt-quatre pages dactylographiées. Au bout de trois jours, je le sais par cœur.

Je cours chez Sasha et lui récite le monologue qui dure une heure. Il m'écoute, assis par terre devant sa bibliothèque. Cela dure toute la nuit, il veut toujours le réentendre. Vers six heures du matin, sa mère, la princesse Nina K., pénètre dans la pièce en chemise de nuit et injurie Sasha en russe. Elle a appris qu'il a investi énormément d'argent dans le théâtre. Elle l'abreuve d'insultes, puis se met à verser des larmes d'avarice. Pourtant elle est millionnaire et Sasha gagne son fric lui-même. Avec ses cheveux gras, elle me rappelle la prêteuse sur gages de *Crime et châtiment* et je comprends pourquoi Raskolnikov lui a fendu le crâne à coups de hache.

Sasha s'empare d'un candélabre dont les bougies sont déjà à moitié consumées, et le lance en direction de sa mère.

« Tu n'as pas le droit, Sasha ! C'est ta mère ! »

Mais il est hors de lui, pas moyen de le calmer. Alors je le laisse et retourne Königsallee à pied.

Depuis trois jours, j'habite la villa de Sasha, ce qu'il m'avait proposé il y a longtemps. Je lui en suis reconnaissant car j'ai besoin de calme et de toutes mes forces pour ce rôle difficile. Mais j'étouffe dans ce décor surchargé de meubles et de bibelots antiques, créé pour ses week-ends avec des minets et où il ne met jamais les pieds. Je me couche en chien de fusil dans l'armoire Renaissance et j'essaie de dormir un peu.

Au bout de quatre semaines de répétitions, arrive la première. Le théâtre affiche complet pour deux mois. Or, la veille, *La Voix humaine* est interdite par les autorités militaires anglaises. Je ne sais quels emmerdeurs de la Culture et des Arts ont intrigué jusqu'à ce que toute la clique des magistrats finisse par crier au scandale et alerte l'officier anglais responsable du théâtre.

Ces officiers ? Des ratés qui, sous prétexte qu'ils sont affublés d'un uniforme, croient pouvoir imposer leur censure.

Aux yeux de l'Anglais, le pire sacrilège est que nous n'ayons pas annoncé la représentation, bref, que nous nous soyons passé de sa permission. Du coup, il fait tout pour empêcher le spectacle.

Je vais voir ce crétin d'officier et le somme de s'expliquer.

« *Sorry !* » Il s'en sort par une pirouette.

Cocteau lui-même aurait demandé l'interdiction de toute représentation. Ça pue le mensonge !

Sasha et Treuberg expédient un télégramme à Cocteau, lui expliquant l'affaire. Cocteau répond le jour même :

Je suis heureux que ce soit Kinski qui joue ce rôle, je le félicite pour son courage. Je ferai de mon mieux pour être présent à la première[1].

C'est la preuve que les salauds de Berlin nous racontent des mensonges. Pourtant, les autorités militaires anglaises ne lèvent pas l'interdiction. Le temps passe ; Sasha, qui a gaspillé énormément d'argent, ne veut plus payer. D'autant que sa mère, au courant de l'interdiction, fait pression sur lui.

Le voilà de nouveau ivre, me suppliant à genoux de le délivrer de cette vie indigne. Je fracasse la bouteille de vodka contre le mur en lui déclarant qu'il me dégoûte. Du coup il ouvre tout grand son coffre-fort :

« Prends tout ce que tu veux ! »

Là-dessus, il file dans je ne sais quel bar à tantouzes noyer sa haine contre sa mère et ses propres faiblesses.

---

1. En français dans le texte.

Je me retrouve devant le coffre grand ouvert, qui renferme des monceaux d'argent, mais aussi des diamants, des perles, des rubis, des émeraudes et de l'or. Des monceaux d'or! Je ne sais pas pourquoi, et je ne me le pardonnerai jamais, je flanque un coup de pied dans la porte et sors sans avoir touché à rien. Quel con! Mais Sasha est un véritable ami, et quand il a ouvert le coffre il était peut-être trop soûl pour se rendre compte de ce qu'il faisait.

Je ne veux plus retourner Königsallee. Je vais chez Arne à Schöneberg. La porte de l'immeuble est fermée. Je casse le vitrail polychrome et sonne jusqu'à ce qu'il sorte du lit et vienne m'ouvrir.

Depuis peu, Arne collabore à la rédaction d'un magazine pour les femmes au foyer. Il s'en est bien tiré. Il a retapé l'appartement, s'est acheté des meubles, porte des costumes sur mesure et projette de s'offrir une voiture à crédit. Il ignore ce que devient Achim. Il passe de temps en temps, c'est tout. Arne me donne de quoi prendre le car pour Munich. Non que ça m'enchante, mais ma fille me manque.

Linda vit avec sa famille dans un appartement de six pièces Mauerkircherstrasse, près du pont de l'Isar, juste en face du Jardin anglais. Son père est un éminent médecin qui a travaillé avec Sauerbruch. Après la guerre, il a été atteint d'un cancer et ses forces ne cessent de décliner. Il ne me tient pas rigueur de ma vie de vagabond ni de mon dénuement, car il devine mon désespoir et sait que je me débats pour trouver ma voie. La mère de Linda est une brave femme, pas méchante pour deux sous. Mais comment pourrait-elle comprendre qu'un instable tel que moi ait eu le front d'engrosser sa fille ?

Sabine, la sœur cadette, ne pense à rien d'autre qu'à marteler le piano. Beethoven en personne, la même expression tourmentée. Elle joue avec une telle sensibilité que je ne peux l'entendre sans fondre en larmes. Le jour où elle ne trouve plus d'endroit où s'exercer, car elle dérange toute la maisonnée, elle se suicide. Je ne me consolerai jamais de sa mort.

Entre-temps, j'ai épousé Linda. Malgré cela, et malgré toute la bonté que me témoigne la famille, je ne vis pas dans l'appartement. Je n'y suis pas à ma place. Je couche dans le Jardin anglais et sous le pont de l'Isar. Je suis heureux de me retrouver à la belle étoile, car j'ai besoin du ciel au-dessus de moi pour ne pas crever.

Je vois Linda tous les jours. Elle m'apporte de la nourriture, des cigarettes et parfois quelques marks. Tous les trois ou quatre jours je vais voir ma fille, avaler quelque chose de chaud et me raser. Sinon je me lave dans l'Isar. Quand il pleut, je m'arrange un lit de feuilles et je me couvre de branches. Le tambourin de la pluie m'endort. Quand les nuits commencent à se rafraîchir, Linda m'apporte une couverture chaude.

Grimm, un metteur en scène, nous offre une vieille voiture d'enfant.

Je promène Pola au Jardin anglais. Comme le landau est en osier, je pique des pâquerettes dans les interstices, si bien qu'il a l'air d'une corbeille de fleurs.

C'est au Jardin anglais que je rencontre Wanda, la femme d'un Bulgare. Elle aussi promène son bébé. Deux heures plus tard, nous sommes couchés à l'abri des buissons. Tout en elle semble accueillant et maternel. A chaque coup de reins, nous nous enfonçons davantage dans la terre molle. Nous avons rangé les voitures d'enfants de manière à ne pas les perdre de vue.

Il fait nuit noire quand nous nous séparons, maculés de terre. Elle ne retrouve pas sa culotte. Je l'avais jetée au loin.

Je vais la voir tous les matins, sitôt son mari parti à la station de radio Europe Libre. Ils habitent une simple chambre meublée, imprégnée de l'odeur des couches éparpillées sur le sol. Je tète ses seins pleins de lait. Tout à nos débordements, nous finissons par oublier toute prudence, si bien que je dois me planquer dans le couloir, car nous n'avons pas vu le temps passer et le mari rentre de son travail.

Le photographe de mode H.V.N., à qui j'avais laissé le numéro de téléphone de Linda, m'appelle de Berlin. Il met son atelier à ma disposition pour les représentations de *La Voix humaine*. C'est un atelier immense qui fait partie de son appartement de dix pièces sur Kurfürstendamm. Plus d'interdiction possible. Le spectacle sera déclaré comme la manifestation d'un club théâtral.

Le soir même, je prends le train interzone pour Berlin. Pour me dépanner, Elsa a porté des objets au clou. Elle a épousé le directeur de l'usine à gaz de Bayreuth; il la couvre de cadeaux, mais ne lui donne pas beaucoup d'argent.

Sitôt le spectacle annoncé dans la presse, tout est loué pour un mois.

Je n'ai toujours pas de logement. Wartburg-strasse, Arne n'occupe que la chambre avec balcon et la salle de séjour. Pour travailler mon rôle, je m'installe dans l'ancienne chambre de ma sœur. Je vis de camembert, d'œufs durs, de miel, d'eau chaude et de citrons. C'est encore Sasha qui m'entretient. Il s'occupe aussi de meubler la scène.

Cette fois encore, il faut ajourner la première. J'attrape une jaunisse. A force de ne pas écouter les conseils des médecins, je suis jaune comme un canari et m'écroule en pleine rue. Je me rends à Tempelhof chez deux filles qui s'étaient occupées de moi autrefois et que j'avais plaquées parce que j'avais besoin d'être seul. Arrivé devant chez elles, je m'effondre dans le caniveau. Elles me portent dans leur lit et appellent un médecin. Le docteur Velena B.

Elle se penche au-dessus de moi pour m'ausculter. Le teint pâle, les plus grands yeux que j'aie jamais vus, sur ses tempes fragiles de fines veinules bleues, et une bouche merveilleuse, sensuelle. Je l'embrasse et ne veux plus la lâcher. Elle s'arrache à mon étreinte, gênée mais souriante. Elle rougit comme une jeune fille. La peau de son visage, de son cou, de ses bras est si jeune, si fraîche qu'elle me fait penser à Blanche-Neige s'éveillant dans son cercueil de verre après le baiser du Prince charmant.

Elle me fait transporter à l'hôpital.

170

Les deux filles versent des arrhes, car j'occupe une chambre individuelle. Lotte m'apporte toutes sortes de friandises auxquelles je n'ai pas le droit de toucher, et Velena me fait une visite quotidienne. Mais rien à faire pour l'attirer dans mon lit.

« Dans ton état, tu as besoin de repos et de rien d'autre », dit-elle avec douceur.

Elle a raison. Deux fois par jour, on me fait avaler un long tuyau et des litres de bile se déversent dans un seau.

Le soir, une bonne sœur m'apporte le thermomètre. Je l'attrape par les nichons. Ils m'effleurent la tête quand elle se penche au-dessus de moi pour décrocher la feuille de température. Elle fait comme si de rien n'était.

Elle revient. Quand je la pénètre, avec les doigts, je me rends compte que je ne suis pas le premier.

Huit semaines d'hôpital. De quoi me mettre les nerfs à vif. Je suis survolté, intenable. Je balance aux infirmières les compresses chaudes que je dois me poser sur le foie. Je n'ai même plus la patience de lire. Finalement, je demande du papier et un stylo, et j'écris un traité sur le crime parfait. L'idée m'en est venue en relisant une fois de plus *Crime et châtiment*. Dans le roman, Raskolnikov rédige une étude sur ce sujet, dont par la suite le juge d'instruction tirera argument contre lui. Le texte de cet essai n'est pas donné dans le roman. Je l'écris pour le cas où mon adaptation serait montée.

Cette nuit, je m'évade de l'hôpital. Je n'ai pas le droit de me lever, mais de toute façon je n'ai pas de quoi régler la note. Je file à Tempelhof et sonne à l'appartement de Velena. C'est là aussi qu'elle exerce.

Velena est yougoslave. Veuve depuis des années, elle n'a de liens qu'avec sa sœur, ophtalmologiste, laquelle a une fille de dix-sept ans, Gunja.

Une fois que j'ai gagné sa confiance, Velena m'emmène chez sa sœur. Moi je lui en suis reconnaissant! Elle, en revanche, se serait sûrement abstenue si elle avait su ce qui allait arriver entre Gunja et moi. J'annonce que je vais chercher des cigarettes, celle-ci m'accompagne. Il fait sombre et nous en avons tellement envie que lorsque nous passons devant un chantier, je la couche sur un tas de planches et la fais jouir avec la langue. Au bout d'une heure, nous rentrons main dans la main. Avec la meilleure volonté du monde on ne peut mettre plus longtemps à aller chercher des cigarettes.

Sa mère et Velena ne s'aperçoivent de rien. Pas davantage quand j'accompagne Velena chaque fois qu'elle quitte la pièce pour toucher rien que quelques secondes son abricot juteux. Ou alors c'est Gunja qui m'emboîte le pas quand je vais dans la salle de bain, et j'y vais souvent.

Je fais sans arrêt la navette entre les deux appartements. Un coup ici, un coup là. Dans la même nuit, je couche une fois chez Velena, une fois chez Gunja et sa mère. Quand cette dernière se rend à son cabinet, Gunja doit partir pour l'école. Je l'attends à la sortie, bientôt je vais même la voir pendant les récréations. Alors elle se précipite dans la rue et ne me lâche plus.

Quand elle sort de l'école, sa mère est déjà rentrée. L'après-midi elle ne donne pas de consultations. Gunja et moi n'y tenons plus.

Ce matin vers dix heures je vais à son école. Décontracté, je frappe à la porte de sa classe, et explique à son professeur que la mère de Gunja est malade et m'envoie chercher sa fille. Ce sont toujours les vieux trucs qui marchent le mieux ! Loin de s'inquiéter pour sa mère, Gunja a du mal à ne pas me sauter au cou en pleine classe.

A peine arrivés en haut de l'escalier, nous commençons à nous déshabiller. Quand nous entrons dans sa chambre, nous sommes nus.

Je contemple longuement son fruit délicat, y plonge doucement mes lèvres, puis m'allonge sur elle. Elle rejette la tête en arrière et commence à gémir. Zut ! Sa mère arrive ! Qui sait pourquoi ! Heureusement la chambre de Gunja est séparée de l'entrée par la chambre de sa mère, le salon, et la pièce où je couche, soit au total quatre portes vitrées. De plus, elle communique directement avec la salle de bain. Dès que nous entendons la clef, Gunja bondit dans la salle de bain. De mon côté je me passe rapidement la tête sous la douche, enfile un peignoir et vais à la rencontre de sa mère en me frictionnant les cheveux.

Je l'aide à porter ses filets à provisions dans la cuisine. Ce soir c'est Noël yougoslave, m'annonce-t-elle, et j'ai encore tout à préparer.

Ne cherchons pas à comprendre. Je continue à me frotter comme si mes cheveux ne voulaient pas sécher. Alors elle me prend la serviette des mains et se met à me frictionner le crâne. Et voilà que mon peignoir s'ouvre. Lorsqu'elle sent mon sexe en érection, elle s'imagine que c'est elle qui m'excite. Du coup, elle laisse tomber la serviette, s'agenouille sur le carrelage et me suce jusqu'à ce que je jouisse. Ce n'est pas difficile, je pense à sa fille.

Elle ne s'étonne pas de la présence de Gunja. Forcément elle ne pense plus qu'à moi. Gunja, de même. Et moi maintenant je pense à Gunja, à sa mère et à Velena.

Gunja a dû se masturber férocement dans la salle de bain, je ne lui ai jamais vu de pareils cernes. Elle n'a pas un regard pour sa mère. Ses yeux étincellent de fureur.

L'après-midi, arrive Velena. Toutes trois parlent yougoslave et je suis tranquille jusqu'au soir. Je reste allongé sur mon lit, me les imaginant toutes les trois nues : Velena, Gunja et sa mère. Les deux autres sont pas mal du tout, mais je préfère Gunja.

Moi qui pensais que les deux autres ne pouvaient être aussi voraces que Gunja ! Cependant, les festivités de Noël sont terminées et Gunja est allée se coucher en bâillant, quand Velena prend congé, car sa sœur lui déclare sans me demander mon avis :

« Ce soir, il dort ici. »

Je me doute de ce qui va se passer. Effectivement, à peine a-t-elle raccompagné Velena à la porte qu'elle entre chez moi, éteint la lumière, cherche ma queue dans l'obscurité, l'empoigne et m'entraîne dans sa chambre.

Jusque-là tout allait bien. Aucune ne savait ce

que je faisais avec les autres ni ce qu'elles fabriquaient avec moi. La bombe éclate quand la mère de Gunja découvre mes relations avec sa fille et tente de se suicider. Aussitôt Velena et Gunja ont compris. Et ça barde! Velena hait sa sœur et Gunja. Gunja hait sa mère et Velena. La mère de Gunja hait les deux autres, et toutes me haïssent.

La situation se complique encore. Les deux filles qui avaient appelé Velena à mon chevet piquent aussi leur crise de jalousie le jour où, venant consulter Velena, elles découvrent que j'habite chez elle.

Elles écrivent à Velena, prétendant qu'elles sont toutes deux enceintes de moi. Comme elles refusent de se laisser examiner, Velena les gifle.

En dépit de ce drame familial, Velena m'autorise à rester chez elle et continue même à me donner de l'argent. Lorsque l'orage s'est apaisé, elle daigne de nouveau écarter les jambes et prend un véritable goût à la chose.

Je me sens assez solide pour fixer la date de la première de *La Voix humaine* qui a lieu la nuit. La plupart des spectateurs viennent surtout par curiosité, ils n'ont jamais vu un homme jouer un rôle de femme.

« Moi, je ne suis venu que pour me moquer de lui! » avait annoncé je ne sais quel crétin. A la fin du spectacle, il disparaît en sanglotant la tête entre les mains. Un autre, qui avait déclaré à Velena : « Ce type ne recule vraiment devant rien », lui téléphone la nuit même : « Je retire tout ce que j'ai dit, et je m'incline. Transmettez-le-lui, voulez-vous. »

Au bout de dix jours, le spectacle est définitivement interdit. Un commando de flics débarque au beau milieu de la représentation. Ils ont beau se faire insulter par les spectateurs indignés, ils ne débarrassent pas les lieux avant que toute la salle soit évacuée.

Cocteau n'avait pas pu assister à la première de la pièce. En revanche, il vient à la première de son film *Orphée*. Je le rencontre à son hôtel et il me prie de jouer encore une fois, la dernière, *La Voix humaine* pour lui seul. A la fin il m'embrasse en disant :

Ton visage est celui d'un enfant et ton regard est mûr en même temps. Il change d'un instant à l'autre. Je n'ai jamais rencontré un tel visage[1].

Comme je n'étais pas complètement guéri quand je me suis enfui de l'hôpital, je souffre perpétuellement du foie. J'avale par erreur des médicaments trouvés dans le cabinet de Velena. Je me réveille dans la salle de réanimation de l'hôpital. Tout le monde croit que j'ai voulu me suicider. Quelle idée !

J'ai droit à un lavage d'estomac, quelques injections de pervitine achèvent de me ranimer, et me voilà fuyant par la fenêtre. Des infirmiers me rattrapent avant que j'aie le temps d'escalader le mur. Toujours tendres, les infirmiers m'arrachent

1. En français dans le texte.

du mur comme l'écorce d'un arbre et me ramènent de force.

Velena ne doit venir qu'à midi. En attendant, je suis livré à cette racaille. Je dis au médecin que je l'emmerde et que je suis libre de faire ce que je veux. Du coup il voit rouge. Il donne des ordres pour qu'on me surveille comme un détenu. Mais il n'a pas le temps de sortir que je lui balance le pot de chambre. On me ligote.

Là-dessus, il revient avec un flic chargé de me conduire au médecin de la santé publique.

Celui-ci voudrait des détails sur une certaine Velena dont j'ai prononcé le nom dans mes divagations pendant qu'on me ranimait. Il me demande si j'ai une liaison avec le docteur Velena B. Je lui crache au visage.

Sans l'apparition soudaine de Velena, il m'aurait volontiers expédié à l'asile de Wittenau.

Elle promet de subvenir à tous les frais si le médecin a la bonté de m'envoyer dans le service psychiatrique d'une clinique plutôt qu'à Wittenau. Si tant est qu'il tienne à me faire interner, bien sûr, mais elle ne peut l'en dissuader. Ce fumier est persuadé qu'il faut être cinglé pour cracher dans sa gueule de refoulé. Velena a aussi sa part de responsabilité. Crevant de trouille devant ce crapaud, elle refuse d'avouer qu'elle pieute avec moi. Elle affirme au contraire qu'elle me connaît à peine. Je lui fais pitié, c'est tout. Pauvre garçon, personne pour s'occuper de lui. Me voilà proscrit, condamné à l'internement. Jusqu'où peut aller la morale !

« Quel honneur d'avoir parmi nous un si grand

acteur! » susurre le médecin-chef du service psychiatrique de la clinique qui visite la section où les malades sont enfermés.

Je lui balance une chaussure à la tête.

« Wittenau! Qu'on l'embarque à Wittenau! » hurle la canaille qui se retire lâchement, couvert par deux gorilles.

La porte sans poignée se referme avec un déclic. J'examine la fenêtre grillagée qui donne sur la cour. Même si je réussissais à arracher le grillage, je ne pourrais pas sauter du troisième étage sans me briser les os.

La porte s'ouvre. Quatre gorilles se jettent sur moi et me ligotent dans une camisole de force. Puis on m'embarque dans un minibus VW maquillé en ambulance, qui nous attend dans la cour, portes ouvertes et moteur en marche.

Pendant le trajet, je ne peux pas voir grand-chose, les vitres sont en verre dépoli. Seules les fines bordures de la croix sont un peu transparentes et j'entr'aperçois la tour émettrice. Combien de fois suis-je passé ici pour aller voir Gunja ou sa mère, ou lorsque je les quittais pour Velena, qui vient de me laisser tomber si lâchement. Leur a-t-elle téléphoné? De toute façon, je n'ai rien à attendre d'elles, je les ai trop profondément blessées.

Wittenau. L'asile d'aliénés de Berlin, la honte! Arrêt. Contrôle. L'entrée est étroitement surveillée. A travers les bordures des croix j'essaie de repérer des détails. Mais ça va trop vite. Je devine seulement qu'il s'agit d'un complexe immense. Le nombre de prétendus fous! Routes goudronnées, blocs, quantité de baraquements plus ou moins

178

vastes, probablement les laveries, les cuisines, les dépôts à ordures, les morgues, le tout entouré de hautes murailles.

Le minibus s'arrête devant la réception. On me décharge directement dans le hall d'attente.

On m'enlève la camisole de force. Aussitôt je secoue et masse mes bras et mes poignets engourdis. Un des gorilles m'assied de force sur un banc. Il faut que j'attende. Longtemps.

Le hall. Haut de plafond et nu. Les murs. Laqués en caca-d'oie jusqu'à hauteur d'homme, comme dans les chambres à gaz. Fenêtres opaques grillagées. Partout des grillages. Partout des portes sans poignée. Sans cesse le cliquetis des trousseaux de clefs. Fermer, ouvrir, fermer, deux, trois, quatre fois de suite.

D'autres détenus passent devant moi conduits par des gardiens. On remarque les plus anciens. Ils suivent les surveillants comme des robots, en traînant la savate. Se laissent pousser, bousculer, diriger. Tout est mécanique, comme pour des exécutions. Les employés s'affairent, courant de-ci, de-là. Ils portent des blouses sales aux manches retroussées sur des bras de bourreaux. Leurs victimes sont attifées plus tristement que des bagnards : longues chemises de coton grisâtre, pieds nus dans des sortes de sabots.

Et puis les nouveaux, comme moi. Certains sont rétifs. On peut toujours les pousser, les bousculer, ils refusent d'avancer, il faut les porter. Quelques-uns sont accompagnés d'un parent ou d'une personne quelconque qui s'empressent de filer. La plupart sont seuls, uniquement encadrés par deux surveillants. Certains paraissent absents. D'autres pleurent. Une femme hurle. Ses cris me transpercent le cœur. Elle se jette sur le carrelage, donnant des coups dans le vide. Des portes sans poignée s'ouvrent, des infirmiers emportent la femme, ses pieds traînant sur les carreaux. Des ordres retentissent comme dans une cour de caserne. Tout se passe vite, sans accrocs.

Si au moins j'avais quelque chose contre mes maux de tête !

Un médecin m'assigne la division III. Elle se trouve juste en face du bloc voisin et nous faisons le court trajet à pied. Deux gardiens pour m'escorter. J'essaie de me repérer, de m'imprégner de tous les détails. Mais tout se ressemble. Blocs de béton, routes goudronnées, baraques en pierre. Nous y sommes.

Au premier étage, je suis livré à un autre gardien. Il ne lui vient même pas à l'idée que je pourrais lui résister. Au moins dix portes sans poignée sont retombées derrière nous. Il me jauge d'un œil expert, sans regarder mon visage, comme s'il calculait mon poids et ma taille. Pour l'uniforme ? Sûrement pas, plus tard il me jette un ballot gris, une paire de sabots, et n'attend pas de voir si les affaires me vont. D'abord il m'a ordonné de me mettre à poil. Il s'empare de mes vêtements et les balance dans un sac comme des ordures, l'air de dire « ça, tu n'en pas plus besoin ». Pesée — on me pèse comme une moitié de bœuf. Mensurations. Puis lavage au jet d'eau froide.

Dans ce boyau lugubre aux fenêtres grillagées sont alignées dix baignoires en fonte, comme des cercueils ouverts. On plonge les détenus dans ces baignoires remplies d'eau glacée. Il faut qu'ils y restent jusqu'à ce que leur « crise » soit passée. Si elle ne passe pas, électrochocs. Si les électrochocs ne servent à rien, les victimes sont bouclées dans des cellules individuelles. On leur enlève sabots et chemise, afin qu'ils ne la déchirent ou ne la déchiquètent pas pour se pendre ! On les laisse seuls dans leurs excréments. Pas de toilettes dans la cellule. Rien à manger. Inutile de les nourrir. La plupart sombrent irrémédiablement dans la folie, quand ils ne crèvent pas avant.

J'enfile la chemise et les sabots. On me conduit dans la salle où les surveillants prennent livraison de moi.

Cette salle, j'y suis enfermé avec environ quatre-vingts à cent codétenus. On y fait tout. Dormir. Manger. Pisser. Chier. Gueuler. Hurler sa rage, sa détresse. Gémir. Prier. Maudire. Menacer. Et puis il y a les coups, la torture, l'effondrement des suppliciés, la fin. La puanteur est indescriptible. C'est l'enfer ! Le véritable enfer, conçu par des hommes !

Quelqu'un hurle. Deux gardiens étouffent ses cris. On lui colle un sparadrap sur la bouche et on l'attache sur son lit.

Ne pas regarder ! Non, ne les regarde surtout pas ! Ne pas entendre ! Ne pas respirer l'odeur douceâtre, nauséabonde, comme celle des bouts de couenne gluants dans le bagne des enfants ! Mon Dieu ! Combien d'années depuis ! Et maintenant ! Maintenant l'enfer des adultes ! Mais je n'ai pas le droit de me lamenter ! Surtout ne pas céder au désespoir ! Ni même à la tristesse ! Cela atténue la haine! J'ai besoin de haine! Pas de mépris! Le mépris affaiblit! J'ai besoin d'une haine bien haineuse, perfide, implacable, vengeresse!

Je me parle. Ni trop fort ni trop doucement, juste assez haut pour me comprendre. Je me répète ma date de naissance, des numéros de téléphone, des numéros de rue, des noms. Surtout ne pas faiblir. Cette tragédie commence à m'embrumer comme une drogue. Il faut aussi que je reste en forme physiquement. Je me donne de l'exercice, flexions des genoux, torsions du buste. Bouger! Ne pas rester immobile, marcher! Mais où? Nous n'avons pas le droit de nous éloigner de nos lits.

Distribution des repas. Je ne touche pas à la tambouille. Quand les autres s'en aperçoivent, ils se jettent sur mon écuelle. Le surveillant le note dans son cahier.

Mes maux de tête deviennent insupportables. Au point que je demande un comprimé au gardien. J'ai beau répéter ma requête, il ne m'écoute pas. Ne pas céder à la provocation! Non, surtout pas! Simplement tourner les talons, m'éloigner, oublier que j'ai adressé une demande à cette brute. Oublier que je souffre à ce point.

La nuit, mes douleurs deviennent de plus en plus atroces. Tout les aggrave. Le cri d'un compagnon de misère, sa fureur, ses malédictions, la grêle de coups de poing qui s'abat sur ce Jésus-Christ. Et puis c'est une bouche bâillonnée, le raclement des pieds de celui qu'on traîne hors de la salle. Pleurs, lamentations, supplications, péter, pisser, chier, tout ça se fait dans la tinette au milieu de la salle...

Je prie Dieu. Oui! Je supplie Dieu d'augmenter mes souffrances. Toujours plus! Nous verrons bien si ma tête éclate. Le Christ a dû prier ainsi à Gethsémani : « Mon Dieu, si tu veux que j'endure toutes ces souffrances, donne-m'en la force! »

Il m'en donne la force. Je ne sombre pas dans la folie. Aujourd'hui, pour la première fois, j'ingurgiterai un peu de cette mangeaille, j'ai faim.

Je crois déjà avoir surmonté le plus dur, mais ce n'est pas si simple. Quand j'approche de la fenêtre grillagée, espérant apercevoir un lambeau de ciel, un gardien m'ordonne de reculer. Je me détourne et pleure. Un codétenu unijambiste me chuchote :

« Ne pleure pas. Si tu pleures, c'est que tu n'es pas en bonne santé. »

Devant ces grillages, à travers lesquels on ne voit que le mur gris d'un autre bloc, assis à une table, les gardiens notent tout dans un cahier. Si tu pleures. Si tu ris. Si tu ne manges pas. Si tu te tapes la ration d'un autre. Si tu parles. Si tu ne parles pas. Si tu t'approches des fenêtres grillagées. Si tu dors trop. Si tu ne dors pas. Tout est consigné, tout!

« Avec des avant-bras aussi musclés, tu dois être tourneur? » demande mon unijambiste.

Je ne peux pas lui répondre que je suis acteur. Il croirait que je me moque de lui.

« Oui, je suis tourneur », dis-je pour ne pas le décevoir.

Son histoire est si bouleversante que j'en oublie mon triste sort.

Prisonnier en Russie, une fois libéré il rentre

chez lui. Pendant sa captivité, sa femme, qu'il aimait par-dessus tout, avait appris par la Croix-Rouge qu'il était vivant mais qu'il n'avait plus qu'une jambe. Là-dessus elle le laisse déclarer mort. Mon unijambiste rentre donc sur ses béquilles et trouve sa femme au lit avec un autre. Naturellement, il leur fonce dedans avec ses béquilles. Puis il pique une crise de désespoir. Les deux tourtereaux le dénoncent comme fou dangereux et s'empressent de le coller à Wittenau.

« Je suis pour ainsi dire mort, conclut-il. Tout ce que je veux, c'est vivre assez longtemps pour sortir d'ici et les tuer, eux deux et ce salopard de la santé publique. »

Le médecin ne vient que tous les trois jours. Quand il me demande des nouvelles de ma santé, je lui tourne le dos pour ne pas lui sauter dessus. Aujourd'hui, comme je ne réponds toujours pas, il dit :

« Fort bien. Nous avons le temps. Tout le temps. »

Quand il tourne les talons, je hurle :

« Tout ce que je peux vous dire, c'est que je vous casserai la gueule ! »

Il ne m'adresse plus la parole pendant deux semaines. Puis il change d'avis. Je suis convoqué dans son cabinet. Je comprends pourquoi en découvrant Velena. Terriblement gênée, elle n'ose soutenir mon regard et se cantonne dans un coin près de la fenêtre grillagée. Je ne la salue pas. Le salaud me propose un siège, je reste debout. Il exige que je signe un papelard où je déclare que le docteur Velena B. n'est en rien responsable de mon internement, et qu'à l'avenir je m'engage à la laisser en paix, c'est-à-dire à ne pas me venger d'elle ni jamais l'approcher. Pas de signature, pas de libération. Je suis abasourdi. J'en oublie même cet ignoble chantage, me demandant ce qui a bien pu amener cet eunuque à jouer les avocats de Velena. Ce mollusque! Caché derrière ses lunettes noires, l'enfoiré! Elle lui a peut-être promis de coucher avec lui? Telle que je la connais, elle doit crever de trouille. Peut-être même qu'elle se l'est déjà tapé. Soudain j'éclate de rire. Il doit penser que je suis devenu cinglé pour de bon, car il raccompagne Velena en chuchotant. Ce qui me rappelle le papelard. Et comment que je le signe! Rien ne pourra m'empêcher de faire ce que je veux. Dès que je serai en liberté.

Le serpent à lunettes prend le papier comme s'il s'agissait d'une lettre d'amour de Velena, le plie méticuleusement et le glisse dans son portefeuille.

« En principe l'affaire est réglée. Cependant, j'aimerais avoir un petit entretien avec vous, vous m'intéressez. »

C'est trop fort!

« Moi je n'ai aucune envie de m'entretenir avec vous. Je veux foutre le camp de ce pourrissoir! Et tout de suite! »

Sans le surveillant en faction devant la porte depuis mon entrée, je ne vois pas ce qui me retiendrait de l'assommer avec le presse-papiers. Et encore! Il me suffirait de tendre la main pour attraper la douille de grenade. Mais je ne le fais pas, pas encore...

« Pourquoi s'énerver. Tout suit son cours. Je vous en donne ma parole! »

Sa parole! Quelle parole peut avoir un tel sadique? Une parole d'honneur? S'il me tendait la main, je lui chierais dedans.

« Qu'est-ce qu'on attend? Quand est-ce que je sors de ce dépotoir? Dites à vos ordures de larbins de m'apporter mes affaires!

— Doucement, doucement. Ce genre de problème ne se règle pas aussi vite. Il faut d'abord que j'aie une conversation avec monsieur votre frère. Le docteur Velena B. l'a prévenu, il sera là demain.

— Mon frère? Mon frère vous parler? Mais de quoi?

— J'aimerais qu'il me parle un peu de vous. Je vous l'ai dit, vous m'intéressez. Après tout, j'engage ma responsabilité en vous remettant en liberté. Or, vous ne me racontez rien.

— Quoi!...

— Tenez, par exemple, voyez vos mains quand vous parlez. Vous avez toujours fait cela? »

Je suis sûr qu'il est complètement aliéné. Comment pourrait-il en être autrement? Qu'est-ce qu'elles ont mes mains? Je gesticule évidemment, comme d'habitude, et comme tout le monde dans beaucoup de pays. Ce que je fais avec mes mains? Tu le verras, salaud, quand je t'étranglerai! J'ai cette réponse sur le bout de la langue, mais je me tais. Je n'ouvre plus la bouche. Je sors sans un mot et laisse le gardien me ramener dans la salle. Si vraiment Arne sait où je me trouve, il me tirera de là, devrait-il y laisser sa peau. C'est la seule certitude qui me reste.

Après une éternité dans l'enfer des adultes,

nous nous étreignons, et Arne m'emmène Wartburgstrasse dans sa belle Opel toute neuve. Il ne
me pose aucune question. Il est là, simplement,
chaleureux. Il devine que je ne suis pas en état de
donner des explications. Après avoir pris un bain
et mangé ce qu'il m'a préparé, je le remercie pour
tout, prends l'argent et les cigarettes qu'il glisse
dans ma poche, et lui donne un baiser d'adieu. Il
pleure.

Je vais à pied jusqu'à la Clayallee. La villa doit se trouver dans une rue latérale. Un jeune étudiant de l'Académie des beaux-arts m'avait proposé il y a longtemps de loger chez lui et sa mère. Une cabane en bois dans le parc de l'ambassade de Grande-Bretagne, où sa mère travaille comme femme de ménage. Je reste couché des journées entières, le visage enfoui dans les plates-bandes, et les premières nuits, je dors à la belle étoile. Je dois d'abord recommencer à vivre.

Pendant deux mois, je ne quitte pas la propriété, ne voyant personne que l'étudiant et sa mère. Je reste seul toute la journée. L'étudiant suit ses cours, sa mère travaille jusqu'au soir.

Je suis profondément convaincu d'avoir surmonté l'enfer des adultes, car j'ai également retrouvé mes forces physiques. Jusqu'au jour où, alors que j'écris des lettres assis à la table, le bourdonnement d'une guêpe sur la vitre me met les nerfs à vif. J'ouvre la fenêtre, mais elle ne s'envole pas. Un instant, tout retombe dans le silence. Puis elle recommence à bourdonner, se heurtant contre la vitre. Dans mon état d'hypersensibilité, ce bourdonnement me paraît tellement assourdissant que je suis obligé de me boucher les oreilles. Cela dure plusieurs heures. Chaque fois que j'écarte les poings de mes oreilles, la guêpe reprend son vrombissement, comme si elle me guettait et n'attendait que cela. J'ai beau me démener, mes coups ne l'atteignent pas. Elle se dérobe. Dès que je me rassieds, pensant que je l'ai tuée ou qu'elle s'est envolée, la torture recommence. Je me presse les poings contre les oreilles jusqu'à ce que je la croie lasse de me martyriser. J'écarte les poings, ça repart de plus belle. Je reste assis un moment sans me boucher les oreilles et fais semblant d'écrire, tout en la guettant du coin de l'œil. Soudain, j'arrache la nappe avec l'encrier et tout le reste, et assomme la guêpe avec. Elle est seulement étourdie. Alors je l'étrangle avec un bout de laine et la brûle sur la flamme du gaz.

Tandis que son corps crépite et qu'elle se calcine lentement, je me rends compte qu'elle n'est pour rien dans ce que j'ai subi à Wittenau, et j'ai honte de m'être vengé sur elle.

En dehors d'Arne et de mes deux amis, personne ne sait que j'ai été à l'asile. Surtout pas les journaux, qui ne manqueraient pas d'en faire leurs choux gras. Personne non plus ne sait que j'habite ici. Mais l'étudiant me transmet le courrier qui m'était expédié à l'adresse de H.V.N.

Dans leurs lettres, les gens me posent beaucoup de questions. Certains me demandent conseil. A moi! Moi qui en aurais tant besoin! Mais je réponds, à toutes les lettres, à toutes les questions. J'ai tout mon temps. Je n'accepterai aucun travail avant d'être capable de sortir et de rencontrer des gens.

Un garçon qui veut devenir acteur me demande dans sa lettre ce qu'il faut faire pour devenir comme moi. Je lui réponds : Priez Dieu qu'il vous en garde !

« Comment a-t-on osé me priver de lui pendant des années ? s'écrie Fritz Kortner à l'issue de notre première rencontre. C'est le seul comédien au monde dont la simple apparition me bouleverse ! »

Kortner veut que j'interprète *Don Carlos*. Lui-même jouera Philippe II.

Pour moi, son cri du cœur est un triomphe. Quatre ans plus tôt au Schlossparktheater on m'avait ri au nez quand j'avais annoncé qu'un jour je jouerais Carlos.

Kortner et moi sommes seuls. Nous ne répétons pas encore, nous discutons. Il m'explique sa conception de la pièce.

Les répétitions se poursuivant, j'en ai bientôt assez de Kortner. Au bout d'une semaine je plaque tout.

Une fille veut absolument que je l'épouse d'urgence, pour ne pas être enrôlée dans l'armée israélienne. Son père, qui tient un bistrot à Berlin, est ressortissant d'Israël. Sa fille aussi, bien qu'elle soit née à Berlin.

L'idée d'épouser cette petite juive ne me tente guère, et de toute façon je suis déjà marié avec Linda. Mais la baiser, ça volontiers. Nous allons dans la forêt du côté de Nikolassee.

Elle est vraiment très mignonne. Elle retrousse

sa jupe étroite sur ses cuisses barrées par des jarretelles noires, comme sa petite culotte, et va s'adosser à un arbre à environ deux mètres. Juste la bonne distance pour que je perçoive encore son odeur.

« Alors ? Tu m'épouses, ou bien je vais ramper dans le Néguev ? Ce ne serait pas dommage de cacher tout ça sous un pantalon d'uniforme ? »

Elle roule sa culotte comme un préservatif jusqu'au-dessus des genoux. Je veux me jeter sur elle. Mais dès que je fais la moindre tentative pour m'approcher, elle change d'arbre et veille à ce que je ne franchisse pas la distance autorisée.

« Tu as seulement le droit de flairer. »

Cette chasse se poursuit à travers toute la forêt jusqu'à la station de métro.

Paul est architecte et, comme il dit, à mes trousses depuis longtemps. Je comprends pourquoi quand je suis invité chez lui et que je rencontre sa femme Erni.

Paul caresse le projet d'ouvrir un bordel et de me construire un théâtre avec les bénéfices. Je refuse. Pas pour des raisons morales car, avec ou sans Paul, il y aura toujours des filles pour se vendre. Non, je suis convaincu que je n'ai pas besoin de ça. Et de toute façon je ne veux pas de théâtre.

Je me sens soulagé quand Paul et Erni partent pour Francfort, où Paul doit remplir un contrat de construction. Pas parce que j'étais obligé de trop baiser, je suis prêt à en tringler plusieurs par jour. Mais j'en ai marre de jouer les étalons. Trop peu d'argent et pas assez de nourriture.

J'ai besoin d'amour! D'amour! Continuellement! Et je veux donner de l'amour. J'en ai tant! Personne ne comprend qu'à travers cette fornication je ne cherche qu'à donner. Peu importe à qui, ma mère ou ma sœur, ma maîtresse, ma femme ou ma fille, une pucelle ou une pute, une femme, un homme, un animal. Je donne mon amour à qui le réclame, et je veux être aimé de tous.

Un camion m'emmène à Munich. Il me dépose à la sortie de l'autoroute avant Nymphenburg. Je continue en stop jusqu'au château. A partir de là, les voitures ne s'arrêtent plus, et je prends le tramway.

Quelques stations plus loin un contrôleur monte. Mon billet! Où ai-je bien pu fourrer mon billet! Pas moyen de le retrouver. Je l'ai peut-être jeté distraitement. Je demande au receveur de confirmer que j'ai bien pris un billet. Il s'en souvient, mais ne sait plus jusqu'où. Je ne veux pas payer une deuxième fois, je suis trop fauché. Le contrôleur fait arrêter le tramway et m'ordonne de descendre. Je m'insurge. Un type genre catcheur s'en mêle et m'attrape par le bras. Je m'arrache à sa prise. Bref, je descends et continue à pied. A l'arrêt suivant, je me trouve nez à nez avec le catcheur et je l'insulte. Passe un flic à qui il montre je ne sais quel papier et le flic me somme de l'accompagner.

Le catcheur était un policier. Il porte plainte pour outrage à agent et résistance à la force publique.

Après cet accueil cordial, je marche jusqu'à Bogenhausen. Il est minuit passé quand j'arrive chez Linda. Je trouve porte close. Tout le monde dort. Je suis transi et j'ai faim. Je crie tant et si bien que son père finit par me jeter la clef par la fenêtre. Lui s'est recouché. Je ne veux pas réveiller toute la maisonnée. Alors je vais dans la cuisine bouffer les restes froids que je trouve dans les casseroles, puis je me couche à côté du gros dogue noir et me réchauffe contre lui.

Le lendemain matin, j'entre dans la chambre de Linda. Je fais sauter joyeusement notre bébé en l'air. Linda m'annonce qu'un metteur en scène m'a cherché. Il veut reprendre *La Machine à écrire*. Je vais donc le voir et nous fixons les dates. Les répétitions doivent commencer dans dix jours. En téléphonant à Jutta S. à Berlin pour lui annoncer la nouvelle, j'apprends que E. E. est en traitement à Garmisch-Partenkirchen à la suite d'une attaque d'apoplexie.

Je prends le train pour Garmisch et vais voir E. à la maison de repos. Nous nous promenons et passons toute la journée ensemble. Elle a gardé son sourire de poupée, mais a infiniment de mal à s'exprimer, et je ne sais trop si elle me comprend. J'essaie de lui parler très doucement, en détachant chaque mot comme avec un petit enfant. Elle bredouille et ne réussit qu'à balbutier des phrases incohérentes, tout en m'implorant du regard comme pour excuser son état.

Quand je prends congé d'elle, car elle doit rentrer à la maison de repos, elle ne veut pas me lâcher. J'ai le sentiment que nous ne nous reverrons jamais et je crois qu'elle le partage.

Je joue *La Machine à écrire*. Mais pendant la scène d'amour, quand je suis dans les bras de Solange et que je ferme les yeux sous sa caresse, je pense que c'est E. Peut-être son ombre, qui sait, car E. est morte à Berlin.

A l'issue d'une représentation, Sybille Schmitz — que j'idolâtrais déjà lorsque j'étais un gosse des rues et que je la voyais à l'écran — me fait cadeau d'une lettre du grand acteur Josef Kainz. Je la serre dans mes bras et la remercie d'un baiser. La lettre, je la vends pour mille marks à Ebermayer qui fait collection d'autographes. Moi, qu'en ferais-je ?

Depuis la fin de la guerre, j'ai refusé plus de quarante propositions de films. Ou le scénario était stupide, ou les producteurs me trouvaient trop exigeant en matière d'argent. Je l'ai payé assez cher ! Aujourd'hui, je suis ravi d'avoir signé un contrat. Mise en scène de Paul Verhoeven. Je me rends sur le lieu de tournage à Wiesbaden. Verhoeven me demande de donner la réplique à une jeune comédienne qui tourne un bout d'essai. Deux jours après, on me règle mon cachet, avec pour tout commentaire :

« Monsieur Verhoeven dit que vous avez une tête trop expressive pour le cinéma allemand. »

C'est la meilleure ! Et puis merde ! Cet individu sera bientôt comme les autres, dans les oubliettes. J'ai le fric, c'est l'essentiel !

Je me fais faire un costume, m'achète des chemises, des mouchoirs et, surtout, des chaussettes. Je n'aurai plus à porter mes chaussures nu-pieds.

J'offre à ma fille des souliers vernis, de minuscules gants de cuir blanc, et lui fais faire un ensemble en velours bordeaux, avec poignets et col en dentelle de Bruxelles. Pour Linda, je me fais présenter le tailleur le plus cher chez un couturier. Sur ma lancée, j'embarque le mannequin longiligne.

C'est elle qui me met en relation avec la mère Maccabée qui dirige une maison de distribution de films et m'emmène à Salzbourg, aller et retour, au volant de sa grosse voiture. Elle répand un parfum capiteux mêlé de sueur. Et elle a des poils partout, sur les bras, sur les jambes, même sur les seins. Il lui en pousse dans la raie des fesses, ça sort de sa culotte, jusque sur le ventre.

Sur l'autoroute, il faut que nous cherchions un parking de toute urgence si nous ne voulons pas avoir d'accident. Quand nous repartons, c'est moi qui dois prendre le volant, car elle mouille tant et plus.

« Plus vite ! Plus vite ! »

Elle veut m'emmener dans son appartement, près du monument de Maximilien II.

Nous montons chez elle, je préfère me décharger dans l'ascenseur. Elle se penche en avant. Rez-de-chaussée, dernier étage, en haut en bas, quelques voyages et le tour est joué. Je la laisse descendre au dernier étage, la jupe retroussée, les fesses barbouillées et les bas déchirés, puis j'appuie sur le bouton du rez-de-chaussée. Je frotte les taches sur ma braguette avec de la salive. Comme ça au moins, pas besoin d'entrer chez elle.

Cette fringale, les premiers jours ! Je passais

mon temps à la ramoner. Même le matin au petit déjeuner, Sa Majesté s'installait sur moi le cul à l'air. Quand j'étais sur le trône, elle se plantait devant le lavabo et se maquillait toujours cul nu. Prenait-elle un bain ? Le cul hors de l'eau ! Faisait-elle la cuisine ? Son tablier lui laissait les fesses à l'air. Pire. Déjà à moitié harnachée, avec ses jarretelles, ses bas, ses chaussures, voire même un chapeau impossible sur la tête, elle me tendait encore la croupe. J'avais beau coucher dans la chambre voisine, pas question de fermer l'œil. Quand je croyais l'avoir enfin comblée et que je regagnais mon dodo tout flageolant, histoire de me souhaiter bonne nuit, elle revenait me faire un dernier câlin. Toujours la fesse tendue !

Distribution de films ou pas, c'est toute l'armée israélienne qu'il lui faudrait à cette mère Maccabée !

Lettres de tribunaux, commandements d'huissiers, assignations, etc., je n'ouvre pas. Je les jette soit à la poubelle, soit dans l'Isar. Aujourd'hui, perdu dans mes pensées, j'ai ouvert machinalement ce genre d'enveloppe, et qu'est-ce que je lis ? Je suis condamné par contumace à quatre mois de prison pour outrage à agent et résistance à la force publique. C'est ça, ou payer une amende de trois mille marks. Si je ne paie pas, il faut que je me présente à la prison de Stadelheim, avec du linge, un rasoir et une brosse à dents. Si je n'y vais pas, on viendra me chercher.

A la pension Erna habite un jeune avocat, maître Z. Il ne peut pas s'occuper de mon affaire, car son objectif est de faire carrière dans le monde du cinéma. Il préfère intenter des actions en divorce. Divorces entre comédiens et comédiennes. Le divorce, toujours le divorce, rien que le divorce! Il en est obsédé. Les contrats aussi l'intéressaient. Contrats de comédiens ou de producteurs! Qui plaide contre qui, il s'en fiche, l'essentiel est qu'il s'agisse de contrats, avec si possible de fortes exigences. On dit qu'il « monte » et tout le monde court le consulter. Moi je suis persuadé qu'il n'y connaît rien.

Bref, on comprendra qu'il ne puisse pas s'occuper de mon emprisonnement et heureusement pour moi, il me recommande maître A.T. Non seulement celui-ci devient mon meilleur ami, il ne me laissera jamais dans l'ennui, mais c'est le meilleur avocat que je puisse souhaiter. Il prend mon affaire en main. Résultat?. Plus de prison, plus d'amende. J'obtiens quatre ans avec sursis.

Je ne peux plus emmener le mannequin longiligne à la pension de Mama Erna, il nous faut trop d'espace. Or, j'habite un petit trou d'un mètre cinquante sur un, juste en face des toilettes communes. Il suffit d'être assis sur le trône pour l'entendre crier, et il y a toujours quelqu'un. Ça passe encore. Le pédé de journaliste du *Frankfurter Allgemeine*, St. A., le photographe de la revue et les autres pensionnaires ne râlent pas trop. Seulement quand on les empêche de dormir. Mais comme le salon de Mama Erna est contigu à mon réduit, elle ne peut plus commérer en paix. C'est plus grave. De toute façon, mon petit lit encastré entre quatre murs est beaucoup trop étroit pour les longues jambes de mon mannequin.

Je serais bien allé chez elle dès le début, mais nous avons trop de mal à nous séparer. Après je pionce toute la journée. Or, chez Mama Erna, pas question. Il faut être à l'heure pour avoir droit à son petit déjeuner! Alors on se réveille mutuellement.

Mon mannequin habite Leopoldstrasse, où il n'y a que des magasins. Si bien que le veilleur de nuit qui fait sa ronde est seul à entendre ses cris. En rentrant de son travail, elle apporte toujours une bouteille de champagne. Nous ne la buvons qu'au petit déjeuner. Elle s'allonge sur le dos, soulève son bassin comme pour faire la chandelle et s'ouvre. Je verse du champagne dans son vagin et en aspire une pleine gorgée que je lui recrache dans la bouche.

Alexandre le Grand est une pièce parfaitement abstraite et tout à fait inepte. Incompréhensible! Tant pis, j'ai besoin d'argent, je joue Alexandre.

J'ai trois partenaires féminines. Une de dix-huit ans, grande, sportive, une de quinze ans toute potelée, et une petite maigre de vingt-quatre ans. Je suis donc obligé de me partager.

La sportive, je ne lui fais que deux visites dans sa piaule Türkenstrasse. Elle manque d'imagination et ne cesse de pérorer sur son dentiste de Grünwald. Le dentiste des stars! Qui doit bricoler je ne sais quoi à ses ravissantes quenottes. J'essaie de ne pas écouter. J'abandonne l'intérieur de ses longues cuisses athlétiques pour remonter jusqu'à ses dents, qu'elle songe à troquer bientôt pour des jaquettes, et je commence ma petite séance sans interrompre son flot de paroles. Elle finit tout de même par oublier son dentiste et attaque le sprint final.

Celle de quinze ans n'a aucune idée de la façon dont ça se passe avec les hommes, mais elle est impatiente de le savoir. Mine de rien, sa mère, qui possède une fabrique de pâtée pour chiens, me laisse des soirées entières en tête-à-tête avec sa petite fille. Sa chambre est encombrée d'horribles bibelots. Je ne sais pas si c'est pour cela qu'à quinze ans cette gamine est encore vierge et tout effarouchée à l'idée de perdre son pucelage, ou si elle préfère tout simplement se faire lécher. En tout cas, je passe des heures la tête entre ses cuisses dodues. Ou bien je suce ses tétons bourgeonnants. Tout en la tripotant, j'ouvre ma braguette. Je suce, je suce, elle se laisse faire, mais dès que j'arrête, c'est à croire qu'elle reprend brusquement conscience. Chaque fois que je veux la grimper, elle se refuse. Il faut que je m'y prenne autrement. Je lèche son petit ventre pointu et lui chatouille le nombril du bout de la langue. En même temps, je joue avec ses seins, en caressant alternativement les tendres mamelons du bout des doigts. J'insinue ma langue dans son anus. Je la lèche, très délicatement. Entre les cuisses et les lèvres. Puis les lèvres. A l'extérieur. A l'intérieur. Puis je la suce comme un cornet de glace, de l'anus au clitoris, du clitoris à l'anus. Puis le clitoris. J'effleure le bouton, me promène autour, l'encercle, toujours plus vite. Aspire le bouton durci. Le tiraille entre mes dents. Le mordille. De sa datte éclatée suinte un suc sauvage. Vite j'aspire le liquide douceâtre, au goût de plus en plus capiteux à chaque orgasme. J'en ai la poitrine inondée. Quand je déchire son hymen avec la langue et que ses tétons durcissent davantage sous l'effet d'un orgasme particulièrement violent, je m'empresse de changer de position. Mes lèvres remontent vers sa poitrine, j'engloutis presque un sein dans ma bouche, et je l'empale avec mon sexe. Je la laisse crier tant qu'elle veut, j'ai poussé le son de la télévision au maximum. Sur l'écran passe une publicité pour Badedas.

Avec la maigrelette, je ne m'en sors pas à si bon compte. Sans dire un mot, nous tirons le matelas par terre, car dans sa chambre le lit menace ruine. Nous nous déshabillons dare-dare. Pas de complications. Elle écarte les cuisses et s'ouvre au maximum, tout en me lacérant la peau et en se collant à moi comme une pieuvre, cela sans que je l'effleure une seule fois de la bouche. Je ne la quitte que l'après-midi suivant.

Rien là de bien extraordinaire. Mais cette fille agit comme une drogue violente, un de ces poisons que l'on s'injecte dans les veines, comme la morphine ou l'héroïne. Je veux me débarrasser d'elle. Elle finirait par ruiner ma santé, et je ne peux pas dire qu'elle me manque. Mais rien à faire, je me surprends toujours en train de me diriger vers son logement où elle m'attend, déjà en peignoir, comme si elle savait que je reviendrais.

Elle ne me regarde même pas, tant elle est sûre de ma sujétion. Nous en arrivons au stade où je commence à franchement la haïr et ne lui adresse même plus la parole. Ce qui ne m'empêche pas de courir chez elle deux, trois, quatre fois par jour. Je finis par l'insulter, je vais jusqu'à la frapper. Elle reste impassible, se contentant de me regarder l'air triomphant, le regard fou. Il nous arrive de faire la cuisine chez elle, mais nous mangeons de moins en moins. De toute façon, elle n'est qu'un sac d'os. Nous avons l'air de deux drogués. Nos yeux fiévreux s'enfoncent dans nos orbites creuses. Nos cernes profonds descendent jusqu'aux pommettes. Nous avons la gorge desséchée par la soif. Notre pouls est anormalement rapide, nos veines gonflent. Plus nous nous sentons faibles, plus le désir nous tenaille. Mes orgasmes douloureux se répercutent jusque dans mon cerveau.

Le metteur en scène me tend une planche de salut. En notre absence, il n'a pas pu répéter pendant plusieurs jours et si ça continue, il menace de ne plus me donner aucune avance. Je ne lui avoue pas que je suis drogué, intoxiqué par la maigrelette. Je lui dis que je ne peux pas la sentir. Alors il s'arrange pour que je répète le moins possible avec elle. Il comprend parfaitement qu'il me sauve la vie.

K. Budzinsky, qui me connaît soi-disant depuis l'école, vient dans ma loge après la générale.

« C'est moi qui vais écrire la critique, m'annonce-t-il.

— Si tu es bien celui dont je crois me souvenir, tu n'es pas fichu d'aligner trois mots correctement, dis-je en l'écartant car il me gêne. Qu'est-ce que tu veux écrire, toi ? Tu veux me critiquer, moi ? Ou tu es soûl, ou tu es fou ? »

Je crois qu'il n'écrit rien du tout. Du moins je n'ai lu son charabia nulle part. Mais il revient, bien décidé à pondre un papier sur moi. Il débute comme scribouillard à l'*Abendzeitung*.

« Ce sera ton chef-d'œuvre, dis-je. Avec ça tu décroches tous les examens de passage haut la main ! Car c'est moi qui vais te dicter l'article ! Pour une fois, un journal ne publiera pas de connerie à mon sujet. »

Nous nous rendons ensemble à la rédaction de l'*Abendzeitung*, où il tape l'article sous ma dictée. Le texte ne paraît pas mot pour mot. En tout cas mon pisse-copie obtient de l'avancement, et il finira par se faire un nom à son journal.

La première d'*Alexandre le Grand* a lieu au Münchener Kammerspielen. Le lendemain, tous les journaux racontent que j'aurais jeté une lance dans la salle. Et on appelle ça du reportage ! J'ai simplement soulevé la lance face au public, puis tourné sur moi-même avant de la planter devant les pieds de mon partenaire. Cela fait partie de mon rôle. Bien entendu, je change ce détail tous les soirs. Les gens crient, mais ça j'y suis habitué.

A la fin de la première, le metteur en scène, sa femme et moi rentrons chez eux aux aurores. Lui et moi vidons le réfrigérateur. Sa femme vient partager notre festin en corset. Les yeux me sortent de la tête. Obnubilé par ses cuisses, je n'avais même pas remarqué qu'elle ne portait rien d'autre que son corset, qui lui descend jusqu'au bas-ventre et dont la couleur noire se confond avec celle, châtain foncé, de sa toison. Et puis je n'aurais jamais cru qu'il puisse exister au monde un aussi gros sexe.

Après la collation, elle se laisse attacher sur son lit. Nous la ligotons par les poignets et les chevilles aux quatre montants du lit en serrant de toutes nos forces.

Son ventre gonfle comme si elle était déjà enceinte. Nous commençons par lui chatouiller le corps du bout de la langue. Elle se cabre. D'ici que les cordes cèdent ! Puis nous nous succédons. Une fois lui, une fois moi. Quand le remplaçant en a marre de regarder, il lui fourre sa bite dans un autre trou. Elle n'en peut plus. Veut que nous la détachions. Mais nous refusons et nous rhabillons pour aller à la brasserie, car le réfrigérateur est vide.

En rentrant nous la retrouvons endormie. Il la prend. Son bassin ondoie mécaniquement dans son sommeil. A mon tour. Là elle se réveille et me crache à la figure.

L'après-midi, nous consentons enfin à la libérer. Elle reste dans la même position, écartelée, et nous dormons tous les trois jusqu'au lendemain matin.

« Je croyais que vous étiez partis en voyage », dit la belle-mère.

Elle était couchée avec la grippe. Comme elle est dure d'oreille, elle n'a rien entendu et s'est étonnée que personne ne s'occupe d'elle.

Les étudiants des Beaux-Arts de Munich peignent des affiches. Je pose pour eux dans la salle de peinture. Ils font tous mon portrait sur une grande feuille de papier d'imprimerie, avec, en haut et en bas, en lavis rouge et noir : KINSKI

RÉCITE VILLON. Chacune des affiches est une œuvre d'art. Nous les distribuons dans les bistrots du Schwabing, les boutiques, les facultés, les grandes écoles.

Je me retrouve donc dans un bistrot pieds nus sur une table. Cette fois, je prends 5 marks l'entrée. Je vide moi-même la caisse dans ma poche de pantalon.

Linda est partie à la campagne avec une amie. Pola est restée chez sa grand-mère.

Un jour, comme celle-ci refuse de me la confier, je la lui arrache des bras. J'emporte quelques vêtements dans un sac en papier. Nous passons la journée au Jardin anglais. Une promenade en fiacre, un tour de manège. Le soir je la ramène chez moi, j'habite une piaule dans un bordel de la Giselastrasse. La lave dans le lavabo et la couche. Puis je file au bistrot, et récite Villon.

Helga, la fille du pasteur de Berlin qui m'avait apporté mes premiers tournesols, n'a pas pu tenir. Elle est là parmi les spectateurs agglutinés jusque sur l'escalier.

Après le spectacle, comme Pola dort dans mon lit et qu'il n'est pas question de la réveiller, nous allons sur les berges de l'Isar. Je dépouille Helga de ses vêtements et je la contemple longuement au clair de lune avant de lui faire l'amour. Puis je me jette dans l'Isar où flottent encore des blocs de glace, et me sèche aux longs cheveux d'Helga. Ensuite, il faut absolument que je rejoigne ma fille qui peut avoir peur et risque de m'appeler.

Helmut Käutner vient aussi dans mon bistrot. Il me donne un texte pour les prises d'essai de

Louis II de Bavière. Je dois jouer le rôle du prince Otto. Qui était Louis II, je n'en ai pas la moindre idée.

J'apprends le texte au Jardin anglais, tandis que Pola se laisse griser par le vent du manège. J'ai beau me creuser la tête, je vois mal ce que je peux en tirer.

Pendant les prises d'essai, Käutner ne dit pas un mot. Je suis seul devant la caméra, affublé d'un uniforme. O.W. Fischer, l'acteur principal, est assis derrière la caméra et regarde. A la fin de la scène, il me serre dans ses bras. Bien sûr, le rôle est pour moi !

Les producteurs, Reinhardt et Molo, me font un contrat minable. Mais je touche une avance qui me permet de larguer le bistrot.

J'emmène Pola chez la sœur de Linda, qui la rend à sa grand-mère.

Pendant le tournage, Käutner, toujours aussi bête, me dit :

« Tu la refais comme pendant les prises d'essai. »

Il me parle, c'est déjà un progrès !

Un jour, comme je suis à sec et que je me promène avec O.W. du côté de la Bavaria, je lui demande de me prêter cent marks. Je lui promets de les lui rendre sur mon prochain acompte. Il peut même se faire rembourser directement par Molo. O.W. se lance dans un discours alambiqué, m'expliquant qu'en toute amitié il me dépannerait sur-le-champ mais qu'il n'a pas un rond sur lui et qu'étant étranger il ne touchera son cachet qu'à la fin du film, une fois de retour en Autriche. Je vais voir Molo, lui aussi pris à la gorge car on a dépassé le temps de tournage, et lui rapporte ma conversation avec Fischer.

« Qu'est-ce qu'il t'a raconté, ce cochon ? Fischer touche une fortune pour le film ! Il dispose de tout l'argent qu'il veut en Allemagne ! »

Là-dessus Molo plonge la main dans sa poche et me file 50 marks pris sur son argent personnel.

« Je ne peux pas te donner plus, mais je veillerai à ce que le caissier te verse le prochain acompte dès jeudi. »

Toute l'équipe loge à l'hôtel de Hohenschwanstein. Je n'ai pas la patience d'attendre que la petite serveuse de seize ans ait enfin un soir de congé. Je l'appelle à la porte de la taverne de l'hôtel. Elle sort et nous montons ensemble la côte enneigée. Elle n'a pas retiré son tablier de soubrette, quand je la déflore contre un sapin. Son sang coule dans la neige, y laissant les traces d'animal blessé. Puis nous roulons en bas de la pente, nous nous jetons des boules de neige, et elle recommence à servir les clients de la taverne qui s'impatientaient.

Je n'ai toujours pas de chambre. Comme il fait trop froid pour dormir dans un parc ou sous le pont de l'Isar, et que je ne veux pas habiter Mauerkircherstrasse, Linda m'emmène chez son amie Ruth. Ruth vit chez ses parents dans une villa de Bogenhausen. On me donne sa chambre de jeune fille, une mansarde. Ruth, qui a dix-sept ans, est fiancée à un violoniste de quinze ans qui passe sa vie en tournée.

Pendant le dîner avec son père, j'apprends que

l'honorable professeur est trappeur en Afrique. Il capture des bêtes sauvages qu'il livre au zoo de Munich. Ecœuré, je ne peux plus avaler. Je balance ma serviette dans la soupe :

« Et vous ne faites jamais de cauchemars ? Quand des lions, des gorilles, des panthères sont tombés dans vos ignobles pièges, et que vous les condamnez à perpétuité en les vendant aux prisons où ils crèvent à petit feu ! »

Là-dessus, je quitte la salle à manger et cours chercher mes affaires. Ruth me rattrape. Elle est tout essoufflée et tremble de tous ses membres. Alors j'attends le lendemain pour quitter la maison du trappeur. Je ne reverrai jamais l'honorable professeur. Ruth non plus, malheureusement.

TATIANA GSOVSKY, une Russe, maîtresse de ballet de l'Opéra allemand, me fait venir à Berlin pour le festival international de théâtre. Tatiana prépare une chorégraphie de *L'Idiot* de Dostoïevski. Je dois jouer le rôle principal, celui du prince Muichkine. L'ensemble est un mélange de danse classique, de pantomime et de théâtre. La première ballerine, les danseurs et le corps de ballet assurent la partie danse classique, tandis que je devrai m'initier à la pantomime. Pour le reste, mon rôle consiste en un long monologue.

Les répétitions ne commencent que dans trois mois. Tatiana m'envoie un contrat et me demande de me laisser pousser les cheveux et la barbe, pour que je ne sois pas obligé de porter une perruque ni de me coller un postiche.

L'époque de mes cheveux longs tourne vite au martyre. Pour un pope orthodoxe passe encore, sinon les gens n'y sont pas habitués. On m'apostrophe, on m'insulte, je n'ose plus sortir qu'à la nuit tombée. Non que j'aie peur, mais c'est insupportable. A la gare centrale de Munich, des gens me crachent dans la gueule. D'autres me jettent des pierres. Nous nous battons jusqu'au sang.

Linda et moi demandons le divorce. Nous sommes tristes de nous séparer, mais elle sait pertinemment que je ne pourrai jamais mener une vie rangée et qu'il vaut mieux que nous nous rendions notre liberté. C'est Linda elle-même qui me propose de divorcer, alors qu'elle renoncerait à tout par amour pour moi.

Comme je ne peux pas attendre l'ordonnance de conciliation, A.T. s'arrange pour que je puisse déposer plus tôt.

« De quand date votre dernier rapport sexuel avec votre femme ? demande une espèce de crétin.

— Même si je m'en souvenais avec la vie de baiseur que je mène, ce n'est sûrement pas à vous que je le confierais. »

Je prends tous les torts à ma charge, et c'en est fini de cette paperasserie.

A Berlin, j'habite chez Tatiana. Elle fait mon lit, range ma chambre, me prépare à manger, s'occupe de tout avec un soin jaloux. Or, elle s'entraîne jusqu'à quatorze, et même seize heures par jour.

La première ballerine, qui joue le rôle d'Anastasia, est une métis. Mi-hollandaise, mi-indonésienne. Ses cheveux platinés lui tombent plus bas que les fesses. Elle a le corps d'une danseuse-enfant balinaise, elle est juste un peu plus grande. Avec les nuits agitées que nous passons, je ne sais pas d'où nous tirons la force de subir un entraînement quotidien aussi intensif. Mais nous sommes habités de la même passion pour Tatiana. Un peu de nourriture, de la pervitine, et cela nous suffit pour rester en forme.

Yasmin, première ballerine de l'Opéra d'Oslo, n'a aucun rapport avec le ballet de Tatiana. Elle arrive tout droit de Paris. A vingt-deux ans, elle a dû renoncer à la danse à cause d'une blessure à la colonne vertébrale. Elle se présente à moi comme journaliste. L'interview qu'elle sollicite ne sera jamais écrite. Comme nous ne pouvons pas aller chez Tatiana à cause de la métis, elle loue une chambre d'hôtel.

Elle s'accroche à moi comme un singe! Je ne peux plus faire un pas sans elle. Elle va jusqu'à me brosser les dents, me laver dans mon bain, me tenir la queue quand je pisse. Je suis debout au téléphone, ses cuisses me tiennent enlacé. Les serveurs doivent déposer nos repas devant la porte. Quant aux femmes de chambre, elles n'ont rien à faire. Pendant que je travaille, Yasmin dort. Afin que la pancarte NE PAS DÉRANGER cesse de glisser de la poignée, nous la collons contre la porte.

Ramon, le danseur indien mondialement célèbre, débarque avec sa troupe. C'est un ami de Yasmin qu'il a connue à Paris. Un pédéraste. Il paie notre chambre d'hôtel.

Quand nous commençons à répéter au théâtre, Yasmin est toujours là. Dans ma loge, dans les coulisses, dans la salle, partout. Partout nous faisons l'amour. Dans les rues, dans le dernier métro, au cinéma, dans l'avion, surtout dans les forêts de l'Havel. Même quand elle a ses règles.

L'Idiot remporte un tel succès, que nous sommes invités au Festival de Venise.

A Venise, la troupe habite une petite pension du Lido, appartenant au neveu de la Duse. Il nous offre tout gratis. Les Italiens sont si hospitaliers, si cordiaux, si débordants de chaleur et de spontanéité, que je me fais l'effet d'un émigré de retour au bercail. Par ailleurs, comme tous les Méridionaux, ils sont d'une curiosité effrénée. Où que je me trouve avec la première ballerine, place Saint-Marc, sur le Grand Canal, ou même dans une gondole qui se faufile à travers les canaux les plus reculés, il se forme tout de suite une véritable mêlée. Les gens parlent, gesticulent, nous interpellent, rient, se bousculent pour nous approcher, nous palpent comme des plantes exotiques, voulant à tout prix nous faire comprendre qu'ils nous aiment et que nous sommes les bienvenus chez eux.

La représentation a lieu au théâtre de la Fenice. Ici, des habilleuses aux machinistes et aux éclairagistes, tous nous témoignent la même chaleur spontanée. Seulement, comme nous arrivons au dernier moment et qu'aucun de nous ne parle italien, impossible de faire comprendre aux machinistes les innombrables et très délicats changements de décor qu'ils doivent opérer depuis les cintres hauts de vingt mètres. Tatiana essaie de s'expliquer en espagnol. En résultent des malentendus qui ont bien failli me coûter la vie. Le soir de la représentation, un machiniste détache un panneau du décor trop tôt, le montant de fer, pesant une centaine de kilos, auquel il est fixé s'abat sur mon dos. Je roule sur la scène en me tordant de douleur. Puis je me relève et continue comme si de rien n'était.

Le rideau tombé, trois mille Italiens nous acclament pendant plus d'une heure. Ils n'ont pourtant pas compris un seul mot de mon monologue. Les machinistes m'étreignent, m'embrassent et sanglotent sans fausse pudeur.

Le lendemain matin dans les rues, des gens, des petits enfants nous offrent des fleurs. Je te serre dans mes bras, merveilleuse Italie !

Là-dessus notre troupe est invitée en Amérique, et Tatiana projette une tournée jusqu'au Japon et en Australie. Mais l'atmosphère devient si pesante que ce magnifique ensemble se désagrège. Dans la troupe, tout le monde a couché avec tout le monde. De plus, à Venise nous nous sommes encore disputés pour le cachet dont un régisseur allemand nous a piqué la moitié. De Venise, je ne gagne pas directement Paris où m'attend Yasmin, mais je m'envole pour New York avec une danseuse qui doit se produire dans le New York City Ballet. Six semaines plus tard, je reprends l'avion pour Paris.

Entre-temps, Yasmin a travaillé dur. On lui a proposé un numéro de strip-tease. Elle a refusé, trop mal payé.

« Raconte.

— Quoi ?

— Les hommes. Ceux avec qui tu as couché pendant ces six dernières semaines ? »

Elle rit.

« Tu en as eu combien ?

— Il faudrait que je compte !

— Je veux dire, par jour ? Tu as fait la pute, non ?

— Oui. J'étais call-girl.

— C'est-à-dire ?

— Eh bien, ça se passe par téléphone. On met les filles en contact avec des clients. Des hommes d'affaires, des diplomates, des ministres, des vedettes de cinéma. Nous sommes maquereautées par une femme, Madame Claude, une ancienne prostituée. Tout passe par son bureau, les rendez-vous, les comptes, tout. Nous n'avons à nous occuper de rien. Elle prend trente pour cent, le reste est pour nous. J'ai économisé 20 000 F. Nous pourrons habiter où ça te plaira. Si tu y tiens, je continuerai. Autant que tu voudras. Tu es fâché ?

— Non. Mais je ne veux pas que tu continues. Pourquoi fais-tu tout cela ?

— Pour toi.

— Pourquoi ?

— Quelle question ! Parce que tu me rends heureuse. »

Elle s'approche de moi en rampant et me chuchote à l'oreille :

« Toutes les femmes ont un idéal de queue. Tu es mon idéal. Si tu m'aimes toujours, moi je ne suis pas jalouse. Tu m'aimes ?

— Oui. »

Je vais voir ma fille à Munich. Yasmin, elle, prend l'avion pour Berlin afin de se mettre tout de suite en quête de l'appartement. Quand j'arrive à Berlin, elle est morte. Elle a été happée par une voiture qui passait en trombe Clayallee. Fracture du crâne. Elle est morte sur le chemin de l'hôpital. Elle est à la morgue. Je pourrais la voir, mais je n'y vais pas. Je serais incapable de le supporter.

JE retourne à Paris et reloue la chambre d'hôtel où Yasmin m'avait parlé de Madame Claude.

Une fois que je n'ai plus de quoi payer l'hôtel, je couche sous les ponts de la Seine. Au début, les clochards me fichent la paix. J'ai l'impression qu'ils m'acceptent. Mais bientôt ils n'admettent plus de me voir coucher à côté d'eux. Ils me chassent à coups de tomates pourries.

Il fait froid. Sous les ponts, les clochards avaient des braseros, je pouvais au moins me réchauffer un peu. Je passe deux jours à errer. Epuisé, je finis par me recroqueviller dans le premier coin venu et sombre dans un profond sommeil. J'entends le grondement d'un métro tout près de ma tête. Qui sait comment j'ai atterri ici ?

Le jour n'est pas encore levé. Je me fais racoler par un pédé qui m'emmène chez lui. Tout ce que je veux, c'est dormir. Je le lui dis et nous avons beau coucher dans le même lit, il ne me touche pas. L'après-midi, avant de partir, il va me chercher une baguette et me prépare du café au lait. Puis je me rase, me lave et repasse mes vêtements. Avant mon départ, il me demande en quoi il pourrait encore m'être utile. Je lui explique que j'ai besoin d'argent pour aller à Marseille. J'ai l'intention de m'engager comme matelot sur un bateau partant pour des mers lointaines. Pour le Japon si possible, ou l'Australie, ou Tahiti, ou les îles Fidji. Il me donne de quoi prendre un billet de troisième classe. Je le rembourserai bien un jour, dit-il. Incroyable, mais vrai. Tout ça parce qu'il était pédé? Non, je ne pense pas. Simplement, il existe des gens de cette espèce, pas beaucoup, mais il en existe.

Il me demande de rester encore un soir, pour le réveillon de Noël. Mais je prends le train de nuit pour Marseille.

Je suis content tout seul dans le compartiment, je peux m'allonger sur la banquette en bois.

A Marseille montent des parachutistes de la Légion étrangère. Ils arrivent tout droit d'Indochine. Le train repart directement pour Paris. Je n'ai pas le temps de descendre qu'ils envahissent tout le train. Me donnent à boire et à fumer et m'obligent à rester jusqu'au départ. Les compartiments et les couloirs sont pris d'assaut, au point que nous nous asseyons sur les genoux les uns des autres. Je ne comprends pas tout ce qu'ils disent car ils parlent argot. Mais quand ils arrachent les insignes de leurs uniformes pour les piétiner comme de la vermine, et qu'ils font semblant de se torcher le cul avec la lettre de remerciement d'un général en chef, je n'ai pas besoin de traduction. Après ça, ils pètent en chœur en entonnant *La Marseillaise*.

Le train s'ébranle. Il faut que je descende! Les paras me passent par la fenêtre.

A Marseille, je me rends directement au quartier arabe pour brader mon costume. Comme ça j'aurais de quoi acheter des vêtements de marin, peut-être même quelque chose de chaud à manger. Les Arabes me dépouillent littéralement et offrent quarante francs. Ils sont fous! Un costume qui m'a coûté six cents marks! Je tente ma chance au mont-de-piété. Le bureau n'est pas encore ouvert qu'il y a déjà une queue interminable devant la porte. Quand arrive enfin mon tour, c'est l'heure de la fermeture. La face de rat derrière le guichet m'offre le même prix que les Arabes. Alors je retourne les voir et conclus le marché. Dans une échoppe, je choisis des bleus de travail et une veste d'occasion. Je laisse l'Arabe payer pour moi, vais avec lui me changer dans une pissotière et empoche le reste du fric.

A force de cavaler, je finis par me retrouver à sept kilomètres de Marseille. Je m'arrête dans une gargote qui fait aussi hôtel. Je mange des frites et bois un verre de vin. Là-dessus je m'écroule sur la banquette.

Je ne pense plus qu'à trouver un embarquement, et le plus vite possible. Pas facile. Des flics avec des mitraillettes surveillent les installations portuaires. On n'a pas le droit d'entrer dans le port sans une autorisation spéciale, et les bureaux d'embauche sont pleins de matelots au chômage qui font la queue pour obtenir un embarquement. Personne ne m'adresse la parole, pas même un coup d'œil. Je tente ma chance auprès des compagnies anglaises et américaines, mais elles n'engagent que des Anglais ou des Américains. Alors j'essaie de me faire embaucher comme docker. Pendant onze jours je coltine des sacs avec les Africains. Avec l'argent, je vais voir les putes. Ces filles-là n'ont pas le choix. A se taper les matelots, les manœuvres et tous les immigrés des quatre coins du globe, elles doivent tout attraper. Il n'empêche que je les baise sans préservatif. Mieux, je les lèche. C'est de la folie, je le sais. Mais je veux leur faire l'amour, je veux qu'elles sentent que je les aime et que j'ai besoin d'amour. Besoin à en crever !

« Tu as une bouche de pute, me dit l'une d'elles avant que je la quitte sur un baiser.

— Je sais. »

Je pourrais prendre le tram pour retourner à ma gargote, il en passe un toutes les quarante minutes. Mais je préfère économiser l'argent et je fais les quatorze kilomètres aller-retour à pied. Ça ne me fatigue pas. Surtout à l'aller, quand je vais voir mes putes.

Pas de travail aux docks pour le moment. Alors je bricole à droite et à gauche. Pendant une semaine, je ramasse les ordures. Puis l'Algérien qui était tombé malade reprend son boulot, et il faut que je laisse la place. Avec ce que je gagne, je n'arrive pas à joindre les deux bouts. De toute façon, j'en refile la plus grande part aux putes, et, comme je n'ai plus de quoi payer ma chambre, on me donne mon congé. On ne peut pas appeler cela une chambre. Un débarras, plus petit qu'un cachot, sans fenêtre, avec un lit en fer rouillé sans sommier ni matelas à même le ciment. Mais il faut payer !

Pour manger, je travaille dans la cuisine à préparer les steaks, les frites, la salade et les crèmes caramel pour les manœuvres. Je leur sers à bouffer, je récure la cuisine et toute cette foutue gargote, y compris les chiottes pleines de merde. Je coupe des tas de bois, me coltine des tonneaux de pinard. En échange, j'ai droit à un repas par jour, frites, salade et quelquefois un verre de vin. La chambre n'est pas comprise. Il faut que je gagne du fric en plus, sinon on m'éjecte.

Les hommes que je sers à table, des Algériens, travaillent tous dans la mine de soufre, pas loin du bistrot. Ils dépensent toute leur paie pour manger et boire. Les jours de congé, ils s'envoient bien dix Pernod avant le déjeuner. A chaque repas, ils descendent tous leur litre de vin. La mine, ils y laissent leur peau. Ils le savent, c'est pour ça qu'ils ne mettent pas un sou de côté. Ils peuvent bien porter des masques à gaz, ça ne les empêche pas de crever au bout de quelques années. Un de mes copains, de ceux qui partagent leurs gauloises et leurs derniers francs avec moi, a trente-cinq ans et en paraît soixante. Il m'offre un châle arabe de toutes les couleurs. Je le porte tous les jours. Quand je dessers, au lieu de tout rapporter à la cuisine, où je mange, j'avale tout ce qu'ils ont laissé dans leur assiette. S'il reste des petits morceaux de viande, je les cache sous ma veste. Les frites, je les fourre dans ma poche, enveloppées dans du papier journal.

L'Algérien qui m'a offert le châle a un œil de

verre. Un jour, il ne vient pas manger. Les autres sont silencieux, abattus. Cette commère de taulier me déballe toute l'affaire. Son amie le trompait, il l'a poignardée en pleine rue. Puis il s'est barricadé dans son baraquement, près de la mine. Quand il a entendu les sirènes de la police, il s'est enfoncé le canon de sa vieille carabine dans la bouche et a appuyé.

J'écris à Cocteau pour lui demander de l'argent. A Paris je n'ai pas eu l'idée d'aller le voir. Il répond :

> *Mon cher ami,*
> *J'aimerais partager avec toi tous mes biens. Malheureusement rien ne m'appartient. Je vis de la générosité des autres. Je suis malade et j'ai déjà un pied dans la tombe. Je t'envoie ce dessin que certainement tu pourras vendre* [1].

Il a joint à sa lettre un de ses dessins caractéristiques, mon portrait. Il m'a dessiné une bouche de nègre et des yeux comme des étoiles. Ce ne sont pas les mineurs qui vont me l'acheter. Alors je le garde, Ebermayer sera content.

Vent de force dix. Personne dehors. Je suis assis sur la falaise d'où je regarde toujours s'éloigner les bateaux. La mer est déchaînée, les vagues montent à plus de quinze mètres. Les embruns me fouettent le visage. Le ciel s'ébranle sous les coups

---

1. En français dans le texte.

de tonnerre, les éclairs jaillissent tout autour de moi. Je n'ai jamais été aussi heureux de ma vie.

La taulier perd patience. Il prétend me coller de force à la mine. Je refuse. Alors il me flanque dehors. Désormais, je couche au bord de la mer dans un blockhaus bombardé.

Plus question de chercher du boulot. J'ai un abcès dans la gorge à cause d'une angine. Il grossit de plus en plus. Je ne peux plus avaler, à peine respirer.

Mes copains, les ouvriers, m'apportent des pierres brûlantes que je me pose sur le cou. Toutes les nuits, l'un d'eux reste près de moi, mais le jour je suis seul. Ils m'apportent aussi des citrons. Je me presse le jus directement dans la gorge. Trente citrons à la suite. Cela ne sert à rien, sinon à me donner des crampes d'estomac.

Je ne veux pas aller voir un médecin. Les toubibs se font payer d'avance, or les mineurs n'auront plus un rond avant la prochaine paie. Pas question non plus d'aller à l'hôpital. Je ne sais pas si cette canaille de taulier m'a dénoncé. En tout cas, si on me demande mon adresse, je serai coincé. Et je ne veux pas me faire expulser pour vagabondage.

Les mineurs ont organisé une collecte et me traînent de force chez un médecin du voisinage. Il me fait une injection de pénicilline, que les braves gens paient au comptant.

Ça ne va pas mieux. Du coup, je me rends à Marseille, à la recherche d'un spécialiste. Je lui demanderai de me secourir. J'ai peur d'étouffer. Je cours les rues, maison par maison, épluchant toutes les plaques. J'ai beau demander où je pourrais trouver un otorhino, personne n'est capable de me renseigner.

Je passe toute la journée à arpenter les rues. Il me faut chaque fois plusieurs minutes avant de pouvoir avaler ma salive.

Sept heures du soir. Je trouve enfin un spécialiste. Son cabinet est déjà fermé et il est prêt à partir. Mais il m'examine, très complaisant. D'accord, il m'opérera gratis. Je dois revenir le lendemain matin.

Je rentre à mon blockhaus, dix kilomètres à pied, et passe la nuit avec des pierres chaudes qui me brûlent le cou et le menton.

Le lendemain à huit heures, je retourne à Marseille. J'ai encore plus de mal à déglutir. Je me rends d'abord au consulat d'Allemagne. Comme je ne peux plus parler, j'écris sur un bout de papier : « J'ai un abcès dans la gorge et dois me faire opérer d'urgence. S'il vous plaît, donnez-moi de l'argent. Je n'ai pas un sou. Je rembourserai en Allemagne. » Je montre mes papiers et on me remet deux cents francs, plus de quoi prendre un billet pour l'Allemagne où je n'ai pas l'intention de rentrer.

Une heure plus tard, alors que je me rends chez le médecin, ça recommence. Impossible d'avaler. Cette fois je n'y arrive plus. J'ai tout essayé, rien à faire. Je me retiens à un réverbère en me disant que c'est la fin. Et là, miracle ! L'abcès crève ! Je crache un demi-litre de pus dans le caniveau. Délivré ! Je ne souffre même plus.

Je pourrais rester à Marseille. Avec l'argent du

voyage plus les deux cents francs que j'ai en poche, j'aurais de quoi me maintenir à flot un bon moment. Je pourrais m'installer dans un petit hôtel, m'offrir un repas chaud tous les jours, et attendre bien tranquillement d'avoir trouvé un embarquement. Mais j'ai d'autres projets. M'embarquer comme matelot sur un pétrolier puant, tout ça pour me faire botter les fesses ? Non ! Je gagnerai assez d'argent pour me faire construire un voilier. Alors je prendrai la mer pour ne plus jamais revenir. Pour le moment, il faut donc que je rentre en Allemagne. Là ou ailleurs, l'important est que je tourne des films.

Je ne retourne pas chez le médecin. Je ne dis au revoir à personne, même pas à mes putes.

Je prends un billet pour Munich. Le train part à dix-huit heures. A midi je m'installe dans un bon restaurant, me compose un menu très étudié, vide une bouteille de beaujolais, laisse un pourboire royal et commence à m'assoupir. Je demande au garçon de ne pas me déranger, sauf si je dors au-delà de cinq heures.

O.W. Fischer a remué ciel et terre pour me retrouver. On m'a cherché partout.

« J'ai besoin de tes yeux ! » me déclare-t-il.

Pour moi, ce n'est pas vraiment une raison valable, mais j'accepte le travail, mieux payé, cette fois. Tant pis si mes rôles ne me font pas bander, ce n'est pas pour ça que je tourne.

Mon cachet me sert à louer un appartement dans un immeuble moderne. Avec vide-ordures ! La première chose que j'y balance est le scénario du film.

Et puis je m'offre ma première voiture. A crédit ! Un cabriolet Cadillac.

Dans la cour des studios de la Bavaria, la secrétaire de production monte dans ma décapotable gris perle. Malheureusement il pleut à verse et il faut recapoter.

En arrivant à un carrefour sans feux j'accélère, comme je le fais toujours avant les croisements. Un camion débouche de la droite. Boum ! Pourtant solide, le pare-chocs de la Cadillac vole en morceaux. Le camion n'a pas grand-chose, son chauffeur non plus. Juste une légère contusion au genou. Quand nous descendons, nous avons l'impression de sortir d'une auto tamponneuse. Nous rentrons en taxi, il faut remorquer la Cadillac.

Cet accident de voiture, pourtant anodin, a des conséquences. Me voilà sur le banc des accusés. A.T. passe son temps à me faire asseoir, je n'arrête pas de bondir et d'interrompre le procureur.

« Non. Prénom. Date de naissance. Adresse.

— Vous n'avez qu'à lire, c'est écrit dans le dossier.

— C'est à vous que je pose la question. »

Toujours le même sadisme. Je veux me lever. D'une pression A.T. m'oblige à rester assis.

« Bon, très bien. Je suis Monsieur Un Tel, né le tant, à Pétaouchnok, domicilié rue Tartempion.

— Situation de famille?

— Qu'est-ce que c'est que ça encore?

— Marié? Célibataire? Divorcé?

— Divorcé.

— Date du mariage?

— Je ne sais plus.

— Date du divorce?

— Sais plus.

— Vous devriez avoir honte!

— Quel rapport avec la Cadillac?

— Ici c'est moi qui pose les questions! Avez-vous déjà été condamné? »

Je me tourne vers A.T.

« J'ai été condamné?

— Oui.

— Oui.

— Motif?

Je me tourne vers A.T.

« Motif ?

— Pour outrage à agent et résistance à la force publique.

— Pour outrage à agent et résistance à la force publique.

— Tiens donc !

— Quoi, tiens donc ?

— Si vous prenez encore une fois la parole sans qu'on vous ait posé de question, je requiers la peine maximum !

— Mais, bon Dieu, de quoi m'accuse-t-on ? Le chauffeur du poids lourd n'a rien eu et c'est ma compagnie d'assurances qui paie les réparations. Quant à ma Cadillac, elle est foutue ! La seule victime, c'est moi !

— Vous êtes un asocial ! Sous prétexte que vous faites du cinéma et que vous gagnez beaucoup d'argent, vous vous croyez tout permis au volant !

— Si vous saviez pourquoi je tourne des films et pourquoi j'étais si pressé le jour de l'accident ! Mais de toute manière, vous n'y comprendriez rien !

— Encore une insolence et je vous fais mettre en prison ! »

Je me tourne vers A.T.

« Il peut me faire arrêter ?

— Mais non ! Laisse-le dire et rassieds-toi.

— Ecoutez, donnez-moi donc le maximum et fichez-moi la paix ! »

A.T. est devenu cramoisi d'énervement. Je lui dis que ce radoteur me dégoûte et que s'il ne se décide pas à m'infliger le maximum et à me laisser partir, je vais me retrouver au cachot.

« Maître, vous avez entendu ce qu'a dit votre client ?

— C'est-à-dire... ?

— Lui-même réclame la peine maximum. Est-ce exact ?

— En effet, cependant...

— Pour moi, l'affaire est close », coupe le procureur en se tournant vers le juge.

J'écope du maximum, dix mille marks ! Tout ça parce que j'ai bousillé ma Cadillac. Ah ! j'oubliais. C'est ça ou trois cents jours de prison.

LE tournage d'*Hanussen* n'est pas terminé que Laslo Benedek m'engage pour son film *Des enfants, des mères et un général* que produit Erich Pommer à Hambourg.

Je ne loge pas à l'hôtel Bellevue avec toute la clique du film. Là-bas, ça baise à tout va et même si on a envie de dormir, on ne peut pas fermer l'œil. Je m'installe dans une petite pension au coin de la rue. A six heures du matin, les flics me tirent du lit. Un ordre de recherche était lancé contre moi, mais ils n'auraient jamais fait le rapprochement si j'avais rempli correctement ma fiche. J'avais écrit : né avant Jésus-Christ. Domicilié : au fond des mers. Profession : le plus vieux métier du monde. Je dormais déjà que la taulière, pas du tout satisfaite de ces renseignements, m'avait apporté une autre fiche. A mon tour d'être mécontent ! Si bien que j'avais dessiné recto verso des caractères chinois imaginaires. Là-dessus elle avait appelé les poulets qui avaient repéré mon nom.

Pourquoi cet ordre de recherche ? Parce que le tribunal avait oublié de prévenir la prison de Stadelheim que ma condamnation pour outrage à agent et résistance à la force publique avait été commuée en sursis. A Stadelheim, on s'était étonné de ne pas me voir débarquer avec brosse à dents et rasoir, et on s'était adressé au service des recherches qui s'était empressé de m'inscrire.

Bref, on m'arrête, on m'embarque au commissariat du coin, puis, menottes aux poignets, on me colle dans le panier à salade avec d'autres détenus et on nous transporte au dépôt. Là-bas, grand coup de pied au cul, j'atterris dans la cellule tête la première.

Le lendemain matin, pas moyen d'en savoir plus.

« Ta gueule ! »

Les flics n'ont que ce mot-là à la bouche. Menottes, panier à salade, et me voilà en détention préventive.

Penche-toi. Ecarte les fesses. Décalotte. Mensurations. Photos Attribution d'un numéro. Empreintes des dix doigts. Remise de la ceinture et des lacets.

« T'as des puces ? me demande un putois en me jetant à la tête une loque censée me servir de couverture.

— Pas encore, morpion. Mais tire-toi ou je sens que je vais choper toute la vermine du monde. »

La couverture pue la sueur et la merde. Je la flanque par terre et l'écarte d'un coup de pied.

Apparemment, je n'ai tout de même pas gueulé dans le vide. J'avais exigé qu'on téléphone à A.T. à mes frais. Il me tire de là. Une regrettable « erreur ».

Je m'installe à l'hôtel Prem où loge aussi la Guenon. Une fille qui est comédienne et chansonnière, et si laide que je ne la baise que dans le noir, car sinon je devrais lui mettre une serviette sur la tête. Mais son corps! Jeune, ardent, passionné. Je crois que le Bon Dieu l'a faite ainsi pour punir ceux qui ne sont attirés que par un joli minois.

Mais, aujourd'hui, je ne suis bon à rien. J'ai attrapé une bronchite dans cette espèce de cachot moyenâgeux. J'ai donc acheté des gouttes de codéine, mais impatient comme je le suis, j'ai avalé tout le contenu du flacon. Quand la Guenon entre dans ma chambre, je reste prostré sur une chaise, incapable de bouger. Je plane comme si j'avais pris du LSD. J'ai l'impression que la Guenon flotte, qu'elle se balade au plafond la tête en bas. Elle se déshabille quand même. Du coup, j'ai des hallucinations encore plus excitantes que toutes mes visions érotiques dans mes rêves les plus hardis.

Quand la Guenon s'en va au bout de deux semaines, je vais faire un tour dans la rue des bordels de Hambourg. Les filles sont assises jambes écartées dans des vitrines à l'éclairage parcimonieux, ou s'allongent sur un divan dans des poses lascives pour attirer les mâles.

Je m'arrête, fasciné. Les jeunes prostituées prennent la silhouette et les traits de toutes les filles, de toutes les femmes à qui j'ai pu faire l'amour. Même phénomène chaque fois que j'étreignais une femme ou une gamine. Leur visage et leur corps prenaient l'expression et les formes des femmes que j'avais aimées, ou que je désirais, même de celles que j'avais envie de rencontrer sans les connaître encore.

Les filles me font signe. Mais les commentaires obscènes des hommes qui se pressent en groupe devant les vitrines me retiennent. Je m'éloigne. Je ne peux supporter d'entendre insulter celle à qui je vais faire l'amour dans la minute qui suit. Par gestes, je fais comprendre aux filles que je vais revenir.

La rue n'est pas éclairée. Comme cela, il me suffit d'aller et venir ou de me cacher dans une encoignure de porte, si je veux éviter les groupes d'hommes.

Je me réveille au point du jour, assis dans le caniveau. Les lanternes rouges sont éteintes. Une vieille prostituée m'interpelle d'une fenêtre du premier étage. Je monte la rejoindre.

Elle parle sans arrêt. Je ne réponds pas, je me contente de sourire. Non parce qu'elle est vieille et usée et qu'elle ne m'excite pas le moins du monde, mais simplement parce que je suis ailleurs.

« Je parie que tu es un fils à papa arrivé sur un beau bateau, vrai ou faux ? »

J'acquiesce. Pourquoi détruire son rêve de jeune homme riche débarquant d'un yacht somptueux.

« Alors tu ne dois pas être radin... »

Je secoue la tête. Je n'ai pas envie de parler. Si elle continue à me poser des questions, je serai obligé de lui mentir. J'appréhende toujours un peu d'avouer que je suis comédien. Ça m'attriste d'être ici. Mais je ne veux pas repartir, ce serait trop simple ! Ni la blesser.

Elle se déshabille et attend que j'en aie fait autant. Puis elle m'enfile un préservatif, et comme je bande plutôt mou j'ai droit à une petite pipe. Une fois que la capote est bien tendue, elle me savonne le gland au savon de Marseille. Sans doute comme lubrifiant ou comme désinfectant au cas où le préservatif glisserait.

Je m'allonge sur le dos, passif, et elle grimpe sur moi, jambes écartées. Dès qu'elle commence à me chevaucher, elle se met à pousser des halètements de volupté, fait semblant de gémir. Un truc de putes pour faire croire au client qu'elles vont jouir. Ça excite les types et ils déchargent plus vite.

Je suis irrité. Pas par ses gémissements bidons ni son perpétuel refrain « Viens, mon grand, donne à ta maman. Vas-y, vide-toi, donne-moi tout. » Non, ce qui m'irrite c'est qu'elle n'ose plus espérer l'attrait de quelqu'un et qu'il y a beau temps qu'elle-même ne prend plus de plaisir à baiser. Ce n'est pas le client qu'elle essaie de duper avec ses gémissements, mais elle-même. Sa chair est froide. Son corps est délabré. Ses seins, son ventre pendent, comme étrangers à son propre corps. Ses cuisses sont envahies par des paquets de cellulite gélatineuse. Ses fesses flétries se recroquevillent comme un chien battu. Ses grandes lèvres distendues, malmenées par des milliers d'hommes, restent béantes. Je pourrais y enfoncer mon poing.

Je suis saisi par la rage et la douleur. Furieux

qu'on ait rejeté ce clown de l'amour comme une épave. Atterré qu'elle soit obligée de continuer parce qu'elle n'a pas le choix.

Et soudain je la vois telle qu'elle a dû être, semblable aux jeunes putes dans les vitrines des maisons voisines. A l'époque où elle pouvait encore être fière de son corps, car elle savait que les mâles bandaient en la regardant. A l'époque où ses gémissements n'étaient pas de la frime, car elle sentait les hommes en elle et jouissait pour de vrai. Dans l'orgasme, toutes les femmes croient à l'amour.

Je la renverse sur le dos, arrache le préservatif, et la tringle avec une telle violence qu'elle se met à transpirer. Son corps se réchauffe rapidement, devient brûlant. Sous ses paupières à demi closes, ses yeux prennent un éclat fiévreux. Elle répond à mes coups de boutoir comme si ses ovaires étaient encore féconds et qu'elle voulait recevoir ma semence.

Je lui donne plus d'argent qu'elle n'en gagne en dix passes. Je veux qu'elle s'accorde une journée de congé.

« Je vais faire les courses et nous prenons le petit déjeuner ensemble, d'accord! » dit-elle en s'empressant de couvrir sa nudité pour ne pas détruire l'illusion.

Je la remercie tout en désignant ma montre.

« Je comprends. Ton bateau va partir, il faut que tu retournes au port. »

J'acquiesce. Et je pars après un baiser d'adieu sur ses lèvres flétries.

Le producteur Pommer vient au studio tous les jours et, par lâcheté devant la vérité, émascule le texte du magnifique scénario.

A l'hôtel Prem, je donne rendez-vous aux deux jeunes femmes de chambre de mon étage. Pour que le portier ne les voie pas entrer à l'hôtel le soir, elles sont obligées de s'enfermer dans ma chambre jusqu'à mon retour du studio. Au moins, le lendemain, elles sont à pied d'œuvre pour faire le lit.

Cette nuit avec elles, la fête ! Je leur apprends à faire l'amour ensemble et en trio avec un homme. Elles sont très douées et comprennent tout immédiatement. Hélas ! je ne sais pas qui me l'a passée, la Guenon, la vieille, ou les deux gamines, mais j'attrape une nouvelle chaude-pisse. Décidément, j'attrape plus souvent des maladies vénériennes que d'autres un rhume.

Jessica Y. ne me lâche plus. Depuis qu'elle a vu mon spectacle Villon au Palais des congrès de Berlin, elle ne cesse de me fixer de ses yeux de braise, bridés comme ceux d'une Mongole.

Elle habite avec son fils Olympischestrasse, chez sa mère. Je couche sur un divan bancal aux coussins rapiécés. Jessica travaille avec sa mère pour l'Association germano-polonaise. En son absence c'est moi qui garde son fils. Je lui prépare à manger, l'assieds sur le pot, joue à colin-maillard, le mets dans son parc. Quand il dort, je m'allonge sur le divan bancal et songe à mes entreprises futures.

C'est sur ce fichu divan (dès que je ferme les yeux je roule par terre) que je rumine mes projets de tournées. C'est là que pour la première fois je lis Rimbaud, Oscar Wilde : *Les Contes* et *La Ballade de la geôle de Reading,* Tucholsky, *Le Mécréant de Soana* de Gerhardt Hauptmann, Nietzsche, Brecht et Maïakovski.

Au début, je me produis dans les salles de cinéma de Berlin. Puis à l'université. Jessica vend les billets au restaurant universitaire. Elle récolte l'argent dans une boîte à cigares qu'elle me remet le soir. Puis c'est la Kommödie, la Volksbühne, l'immense salle du Palais des congrès, le palais Titania, la Nouvelle Philharmonie.

Un imprésario me transmet une proposition pour le Carnegie Hall de New York. Je devrai dire *Les Contes* d'Oscar Wilde en anglais. Le texte est facile, et si je travaille je devrais y arriver. A l'aéroport de Tempelhof, alors que je m'apprête à monter dans l'avion, on m'arrête. Toujours un de ces fameux ordres de recherche. J'avais complètement oublié de payer les 10000 marks d'amende pour l'accident de la Cadillac. Du bureau de police de l'aéroport, j'appelle maître St. en lui demandant de prévenir A.T. à Munich. Entre-temps on m'embarque en prison.

Penche-toi. Ecarte les fesses. Décalotte. Mensurations. Photos. Empreintes. Remise de la ceinture et des lacets.

A Munich, A.T. court chez Stella et lui demande d'avancer une partie de la somme, deux, trois mille marks. A lui seul il ne peut pas réunir la totalité. Stella répond :

« Laissez-le donc derrière les barreaux. Au moins je saurai où il est. »

A.T. prend une hypothèque sur son appartement et apporte l'argent le jour même au tribunal de Munich. Je suis libéré sur un télex du ministère public.

Stella J. ne me donne jamais d'argent. Pas un rond. Même quand je viens de signer un contrat. Même quand le tournage est commencé. En revanche, on m'a à peine versé un premier acompte qu'elle s'empresse de déduire ses dix pour cent. Ses activités se limitent à donner deux ou trois coups de téléphone. Et uniquement quand on l'asticote et que ça ne coûte pas trop cher. Même en cas d'urgence, elle préfère écrire, et bien entendu elle affranchit les lettres au tarif normal. Jamais d'exprès ni de recommandés.

Elle me présente à un écorcheur qui me propose le marché suivant. Il avance une certaine somme à un jeune comédien, en général ce sont plutôt des comédiennes, moyennant cinquante pour cent de ses cachets sur tous les films qu'il tournera pendant les années à venir. Et bien sûr il s'empresse de récupérer son avance. Il ne manque pas de culot. Pour commencer, il me déclare :

« Fini les chemises excentriques. Il faut vous acheter des chemises et des costumes de confection.

— Pour la voiture, poursuit ce crétin, pas de Cadillac, une Volkswagen. »

Je le laisse débiter ses inepties. Il valait mieux

que je me taise, sinon j'aurais tout gâché et c'était cinq mille marks qui me passaient sous le nez. Je signe le soi-disant contrat. Sans me faire le moindre souci. Jamais, au grand jamais, je ne lui donnerai le moindre sou sur mes cachets. Il ne se doute pas qu'il a affaire à un ancien gosse des rues, encore plus redoutable que lui. Dès que j'aurai gagné du fric, je le rembourserai et je l'enverrai se faire pendre ailleurs.

KORTNER m'emmène à Vienne pour le tournage de *Sarajevo*. Je joue le rôle du chef des conjurés. Erika est ma partenaire à l'écran. Au lit également. Nous faisons l'amour avec une telle frénésie que pendant le tournage je dors debout. Quand il m'approche, Kortner parle tout bas. Il s'imagine que je médite sur mon texte.

Cette fois, il me traite d'ailleurs avec courtoisie. Les autres le paient et font les frais de ses complexes. A ses yeux, et chez lui c'est une obsession, ceux qui n'ont pas émigré, comme lui, sont tous responsables de son départ d'Allemagne nazie et du fait qu'il a perdu douze ans de sa carrière.

Fehling avait rencontré Kortner à son retour d'Amérique et lui avait proposé de jouer le roi Philippe dans *Don Carlos*. Kortner ayant accepté, Fehling lui avait expliqué sa conception de la mise en scène.

Fehling : « Le palais de l'Escurial. Une salle gigantesque avec des portes partout. Philippe veut entrer dans la salle. Il secoue une porte. Elle est fermée. Il en secoue une deuxième, une troisième. Fermées. Toutes les portes sont fermées, si bien qu'il ne réussit pas à pénétrer dans la salle. Il ne peut donc pas non plus entrer en scène. »

Kortner : « Mais alors, quand et comment j'entre en scène ? »

Fehling : « Jamais. »

Il avait monté ce scénario pour bafouer Kortner. Là-dessus tous les deux s'engueulent au point que leurs rugissements résonnent dans tout le quartier. C'est à qui a le plus souffert pendant ces douze années !

Fehling avait rouvert des plaies qui ne devaient plus jamais se refermer.

Pendant le tournage de *Sarajevo*, Kortner s'imagine que tout le monde sabote son travail et râle du matin au soir.

Il est vrai que ses assistants, comme le reste de l'équipe, ne sont pas d'une minutie absolue. Mais ils ne le font pas exprès, ils ne cherchent pas à saboter le film. Au contraire même, ils se décarcassent. Kortner, lui, est un travailleur acharné et très méticuleux, un perfectionniste. Mais ce n'est pas toujours un avantage.

Me sachant un bourreau de travail, il va jusqu'à m'attribuer certaines phrases de mes partenaires. Car ses comédiens aussi sont des saboteurs, et sans talent ! Cela me gêne et il ne me rend pas service. Au contraire, j'ai toujours demandé aux metteurs en scène d'élaguer mon texte au maximum. Il m'est même arrivé de vendre différentes phrases de mon rôle à d'autres comédiens. La plupart se battent pour en avoir le plus long possible.

Dans la scène de l'attentat, les figurants sont de vrais flics viennois affublés de l'uniforme impérial. Ils doivent se jeter sur moi dès que j'ai lancé la bombe.

Kortner me prend à part :

« N'hésitez pas à cogner ! »

A croire qu'il veut se venger ainsi des Viennois.

« Je ne vais pas expliquer la scène aux flics. Je les lâcherai au bon moment. Je veux avoir leurs véritables réactions. Alors cogne, donne des coups de pied, mords, défends-toi comme si tu te battais pour sauver ta peau. »

Moi, je me fiche de Kortner. Mais je suis ses indications uniquement pour qu'on ne puisse pas dire une fois de plus : « Ce Kinski, qu'est-ce qu'il est difficile ! »

Au début, les flics ne comprennent pas du tout ce qui se passe. Ils sont hésitants. Forcément, ils se prennent pour de vrais acteurs de cinéma, ils ne veulent pas faire de mal à un « collègue ». Mais bientôt, ils oublient qu'il s'agit d'un film pour rentrer dans leur peau de flic. Deux d'entre eux doivent être transportés à l'hôpital. Quant à moi, il faut que je me remplisse la bouche de sang de bœuf pour avoir l'air de saigner pour de bon quand les poulets me tombent dessus.

J'ai rendez-vous avec Erika au château de Schönbrunn. Dans le métro, un type monte avec un berger allemand. Le chien monte le premier sans attendre le commandement de son maître et s'assied bien sagement devant la porte arrière. Le maître, indigné par l'indépendance de l'animal, lui flanque un coup de fouet sur la tête. Le chien glapit, mais ne bronche pas.

Alors je demande au maître :

« Voulez-vous me passer votre fouet ?

— Pour quoi faire ?

— Pour que je vous en flanque un grand coup sur la gueule comme vous l'avez fait à votre chien. »

Le maître le prend de haut. Du coup, un flic, qui voyage dans le même wagon, s'en mêle. Pour prendre la défense de qui, je vous le demande ?

Tout d'un coup, je crie au flic :

« Vous ne savez pas qui je suis ! Je suis Kinski ! »

Je n'avais rien trouvé de mieux. Mais le flic en reste bouche bée. Il s'affaisse sur sa banquette, et jusqu'au terminus reste figé dans une attitude si servile qu'arrivé à Schönbrunn je demande à Erika ce que j'ai bien pu dire. Elle rit aux larmes :

« Tu ne sais pas qui est la famille Kinsky ? Tu ne connais pas le célèbre palais Kinsky ?

— Non. »

C'est vrai, je n'en ai jamais entendu parler. Je ne me doutais pas que j'avais de si nobles ancêtres.

A Munich, je vis chez Erika, dans une chambre meublée Widenmaierstrasse. Heureusement que nous sommes en chômage, car nous n'arrêtons pas de baiser. Mais ce n'est pas cela seul qui nous nourrira. C'est pourquoi Erika doit bientôt accepter toutes les occasions d'aller dîner avec toutes sortes de gens, qui se font passer pour des producteurs ou des amis de producteurs. Dans le lot, un certain Monsieur R. est particulièrement agressif et se croit très séduisant, avec ses vêtements voyants et les platitudes qu'il débite. Un jour j'ai dû lui dire que je ne le trouvais pas du tout irrésistible, ou pire encore. En tout cas, il ne me porte pas dans son cœur. Et pas uniquement parce que c'est moi qui dors dans le lit d'Erika.

En général, je ne vais jamais chercher Erika, pas plus que je ne la dépose. Aujourd'hui, c'est différent. Je l'attends devant la piscine du Prince-Régent, où elle est allée nager. Comme j'ai retrouvé du travail, nous ne nous reverrons pas de la journée et je suis incapable de rester si longtemps privé d'elle.

Elle me manque trop, je veux au moins l'embrasser.

Dès qu'elle sort de la piscine, je l'embrasse. A ce moment-là, une voiture-radio de la police passe près de nous très lentement. Je l'observe du coin de l'œil. Je comprends tout de suite que les flics n'ont rien à faire et s'ennuient. Encore un baiser, un deuxième, un troisième.

La voiture revient et tourne autour de nous au ralenti.

« Pourriez pas faire vos cochonneries à la maison ? » lance un des flics.

Je ne me suis pas trompé, ils cherchent la bagarre. Sans compter qu'ils ont de quoi être jaloux, parce que Erika est très attirante.

« Il doit parler tout seul », dis-je tout fort à Erika et je l'embrasse encore une fois.

Ne pas céder à la provocation. Je me suis juré de ne plus jamais me laisser provoquer par des flics. Un dernier baiser, puis Erika se dirige vers sa Ford, moi vers mon Austin Healay. La voiture-radio me suit. Comme une vipère. Elle est sur mes talons.

« Vos papiers ! »

Je réussis à me contenir.

« Okay, je vais les prendre dans la voiture. »

Un des flics saute de la Coccinelle, maintenant à ma hauteur, et me coince contre la portière. Je lui balance un crochet. Du coup, les deux autres (prudents, ces sales rats, ils se promènent toujours par trois) s'en mêlent. Ils savent se battre. Seulement moi, quand je me mets en colère, je cogne comme une brute. Et là je ne suis pas en colère, je suis fou furieux, déchaîné !

Entre-temps, les flics ont appelé une seconde voiture-radio. A six ils parviennent à me maîtriser. Il y en a tout de même un à qui j'ai écrasé les couilles, et, entre les coups de poing et les coups de savate, les autres ont dégusté. Je me retrouve par terre. Deux flics me tordent les bras, un troisième m'enfonce sa botte dans les reins, un quatrième m'immobilise les jambes. Si Kortner avait tourné sa scène de *Sarajevo* avec les flics de Munich, il aurait jubilé.

Les flics me coincent dans la bagnole et ils profitent de ce que je ne peux pas me défendre pour continuer à me tabasser. Ils attendent que je sois en sang pour me relâcher.

Le jour même, A.T., un photographe et moi nous rendons en délégation à la préfecture de police pour prendre le nom des responsables et porter plainte avant qu'ils n'aient le temps de le faire eux-mêmes. Naturellement, les flics refusent de se laisser photographier et de donner les noms des six brutes.

Et comme de bien entendu, je suis accusé de résistance à la force publique et convoqué pour examen médical. Il faut être anormal pour oser se battre contre une demi-douzaine de flics !

A.T. s'adresse directement au préfet de police et obtient gain de cause.

Erika doit tourner à l'étranger. Rester ensemble serait absurde. Il n'est pas question que je la suive et que je l'encombre. Je sais bien qu'elle couchera avec d'autres, c'est la vie. Mais j'avoue que je suis jaloux. Jaloux au point que je suis très content quand je peux à mon tour quitter Munich, dernier nid de nos amours.

Magda, la femme d'un richissime fabricant de bonneterie autrichienne, m'a écrit une longue lettre qui m'est transmise par Stella. Magda me propose son aide. Je ne sais pas ce qu'elle entend par là, mais j'en ai toujours besoin. Je l'appelle au Bayerischen Hof à Munich, et nous nous donnons rendez-vous à Salzbourg où elle possède une maison.

Elle vient me chercher à la gare. Nous nous cloîtrons pendant deux semaines. Elle a eu la prévoyance d'acheter des provisions, la maison est complètement isolée.

Magda me fait découvrir une nouvelle forme d'érotisme. Sans être vraiment sadique ni masochiste, elle nous inflige à tous deux des souffrances de plus en plus aiguës, qui nous provoquent de plus en plus.

Elle m'enfonce ses poings osseux sous les aisselles, dans les côtes, dans l'aine. Me mord partout. Insinue sa langue dans tous mes orifices et exige le même traitement. Nos cris bestiaux ne s'arrêtent que lorsque nous émigrons de Salzbourg à Vienne.

C'est Magda qui paie tout. Moi je n'ai pas un sou, je n'ai même pas eu le temps de vendre ma voiture. Son mari a décidé de lui couper les vivres tant qu'elle ne rentrerait pas au bercail, mais elle refuse. Une fois que ses réserves sont pratiquement épuisées, le problème devient épineux. Provisoirement, nous nous en sortons en déménageant sans arrêt, mais ces meublés sont de plus en plus déprimants. Elle finit par me coller dans un asile de vieillards, une baraque toute délabrée. Je me dissimule dans un réduit derrière la porte dérobée de la bibliothèque, pendant qu'en l'absence de son mari Magda va voler des victuailles dans la villa où habitent également sa fille et sa belle-mère.

Elle connaît tout le monde et tout le monde est à ses pieds et la respecte. Les commérages vont bon train. Bientôt toute la ville a compris pourquoi elle est débordée et refuse toutes les invitations, car elle ne se gêne pas pour s'afficher avec moi dans tous les lieux publics, cafés, restaurants, salles de concerts, théâtres, partout où on cancane.

Un organisateur de revues me fait une proposition. A l'occasion de son cinquantième anniversaire, l'amicale des croque-morts viennois organise une matinée, paraît-il un spectacle de variétés. Il me demande d'y participer. Je dois déclamer un monologue de *Grandeur et décadence du roi Otakar,* dans lequel, sur le champ de bataille, un chef d'armée ou je ne sais quel guerrier se lance dans un bla-bla-bla sur l'honneur et la patrie.

J'achète le texte et lis le passage en question. Au début, je ne comprends strictement rien. Je m'installe dans un café pour remanier le texte, mais j'ai beau le triturer, ça reste un charabia sur l'honneur et la patrie.

Je ne me vois pas déclamant une connerie pareille, même pour les croque-morts.

« Dans ce cas proposez autre chose, me dit le manager tout à fait conciliant.

— Le monologue d'*Hamlet* dans la scène du cimetière, je suggère.

— Trop macabre.

— Le monologue de *Faust.*

— Trop long.

— Laissez-moi faire. »

Je coupe des passages entiers. Le jour du spectacle, tout est expédié en deux temps trois mouvements.

« ... la terre me reprend. »

Je lance la dernière phrase dans un sanglot, quitte la scène au galop et empoche 10 000 schillings. Les croque-morts et les fossoyeurs installés dans la salle Mozart n'ont même pas encore compris qu'ils viennent d'entendre le monologue de *Faust* le plus court de tous les temps.

J'ai de quoi subsister pendant quelque temps, mais je ne peux tout de même pas attendre le soixante-quinzième anniversaire de l'amicale des croque-morts.

Alors je récite Villon. Retour à la salle Mozart. Puis c'est la salle Beethoven et la Grand-Salle des concerts. Après Villon je récite Rimbaud. Puis Villon et Rimbaud dans le même programme. Je joue *Le Roi se meurt* au théâtre du Fleischmarkt, puis le rôle du paralytique dans *La Première Légion*. Puis je dis de nouveau *Le Mécréant de Soana*. J'enfile une soutane, bien décidé à déclamer l'histoire de l'abbé italien depuis la chaire de la cathédrale San Stefano. Refusé !

Puis Villon, Rimbaud et encore Villon.

Maintenant, je suis capable d'entretenir Magda. Son mari reste sur ses positions, pas d'argent si elle ne revient pas. Or Magda ne veut pas rentrer. Elle ne passe à la villa que pour piller le garde-manger et voir sa petite fille, dont elle est privée par ma faute. L'enfant, qui a maintenant six ans, réclame de plus en plus souvent sa mère.

Nous filons toujours avant l'échéance du prochain terme. Schönbrunn, Gœthedenkmal, Kärntnerring, Naschmarkt, je ne peux me fixer nulle part. Quand Magda est auprès de sa fille, je flâne à travers la ville. Ville d'amour, la chanson a bien raison. Mille fois raison ! Les Viennoises sont adorables, toutes, des fillettes aux femmes mûres en passant par les putes de la Kärntnerstrasse.

Je sors de la Grand-Salle des concerts où je viens de régler les éclairages pour un nouveau spectacle. Cartable sous le bras, une gamine de quatorze ans tout au plus, marche sur le trottoir opposé et me regarde en riant. Je réponds à son rire. Nous nous dirigeons dans la même direction, chacun sur son trottoir. Au bout d'un moment, elle traverse et marche à côté de moi, toujours en riant. Nous arrivons devant chez moi. Là elle me demande un autographe.

« Monte chez moi, j'ai des photos. »

« Une vraie phrase de satyre », me dis-je. Du coup cette gamine commence à me rendre fou pour de bon. Apparemment, ça l'excite aussi, car elle me suit.

Ce meublé de Naschmarkt est lugubre. Magda l'avait loué en hâte quand j'avais quitté le dernier appartement en abandonnant tout pour prendre une chambre d'hôtel. Je n'y couche que lorsque j'y amène une fille ou quand Magda y vient. Elle profite de ce que son mari est en voyage pour passer plus souvent la nuit auprès de sa fille.

« A dada sur mon bidet... »

Je bêtifie avec la gamine, la fais sauter sur mes genoux. Elle se laisse peloter les fesses et embrasser, me glisse sa petite langue dans le cou, tout cela en riant. Je lui retire sa petite culotte. Son duvet est si doux que j'ai l'impression de caresser un moineau. Elle me laisse aussi mordiller ses boutons. Mais interdiction de lui ouvrir le minou. Là, rien à faire. Quand je lui touche le clitoris, elle bondit :

« Uniquement si tu m'épouses ! »

Et de rire, avec tant de charme, tant d'impertinence que ne pouvant plus me contenir j'essaie de lui écarter les cuisses de force.

« Tu sais que je peux te faire mettre en prison, je n'ai même pas quatorze ans !

— Boucle-la, petite allumeuse ! »

Elle me donne le vertige, cette gamine. Je lui donne la photo promise et la fiche à la porte. Puis je vais chez les putes.

Magda n'est pas venue depuis deux jours. Je lui ai donc téléphoné. Rendez-vous à cinq heures dans un café proche de la villa. En attendant, je décide d'aller à Schönbrunn flâner dans le parc du château, un de mes lieux de promenade favoris. A deux heures, je m'apprête donc à descendre dans le métro quand je vois une petite fille monter dans un tramway. J'arrive à sauter dans le tramway juste sous le nez d'une voiture. Je ne sais pas où descend la petite, mais de toute façon le tramway ne va pas au bout du monde. Et quand bien même! Cette gamine me fait perdre la tête. Elle a un tablier par-dessus sa robe et des bottines à lacets comme en portent à Vienne les vendeuses et employées contraintes à de longues stations debout.

Le tramway est bondé. J'ai du mal à me frayer un passage et nous dépassons plusieurs stations avant que je ne retrouve la petite sur la plate-forme arrière où l'a poussée le flot des voyageurs.

Nous voici face à face. Je la dévisage, fasciné, me jurant bien de ne plus la quitter des yeux et de la coincer dans l'angle où elle s'est elle-même prise au piège. Nous sommes si près l'un de l'autre que je sens son haleine. Mais une autre odeur me fouette les narines. L'odeur de toutes les adolescentes qui n'utilisent ni parfum ni déodorant.

L'odeur de crevette. Elle sent si fort qué j'essaie de la dissimuler par jalousie, de peur que les autres voyageurs ne puissent en profiter et m'en volent quelques bouffées. Elle est petite et robuste, mais bien proportionnée. Très brune de peau, elle a des sourcils touffus, un léger duvet au-dessus de sa lèvre supérieure gonflée. Bien qu'elle porte une blouse à manches longues et des bas, je devine que son corps doit être très velu. Aucun rapport avec la bonne femme de la maison de distribution autrichienne que j'ai connue à Munich, qui avait le poil hirsute et dur comme du crin. Non, celle-ci a le poil doux, soyeux, comme si le vent avait soufflé sur son corps et son visage une poudre noire qui se serait en partie envolée, ne s'attachant qu'aux emplacements les plus excitants.

Elle sent que je la fixe comme un sphynx et répond à mon regard. Puis elle me tourne le dos, intimidée.

Dans la bousculade, on me pousse encore plus près d'elle et je sens ses fesses bien fermes contre mon pantalon. Mais je n'ose ni la toucher ni lui parler. Je me contente de fixer sa nuque. Je ne sais pas si elle perçoit mon début d'érection ou si elle sent mon regard sur sa nuque, mais elle tourne la tête et me jette un coup d'œil presque menaçant. Peut-être a-t-elle compris qu'elle ne peut plus se défendre. A moins qu'elle n'en ait même plus envie. Ma queue durcit encore et ma braguette se gonfle à tel point que je profite de ce qu'une femme, prise dans la cohue, me bouscule sur le côté pour plonger la main dans mon pantalon et la remonter afin qu'elle ne fasse plus une bosse aussi proéminente.

A présent la femme se trouve coincée contre moi et la gamine. Par chance, elle est maigre et ne me bouche pas la vue. Déjà ma petite fille me cherche des yeux. Cette fois, elle soutient plus longtemps mon regard, mais finit par détourner la tête.

Un voyageur me donne une telle bourrade que je suis projeté contre la femme. J'en profite pour retrouver mon ancienne place. Cette fois, nous échangeons un regard encore plus appuyé. Puis à nouveau elle se détourne, comme si elle essayait de voir combien de temps elle peut tenir.

Elle se retourne de plus en plus souvent, avec des coups d'œil de plus en plus intenses, comme pour me faire comprendre qu'elle a abandonné toute résistance, qu'elle consent à se laisser déshabiller des yeux. Plus je la dénude, plus sa respiration devient haletante.

Il y a une bonne demi-heure que nous sommes dans le tramway quand je fais enfin glisser en pensée sa petite culotte. Nos yeux sont enlacés comme des corps dans l'amour. Son visage se convulse dans l'orgasme, puis se détourne. Encore trois stations. Alors elle descend sans tourner la tête.

Je la suis. Plusieurs fois, elle se retourne vivement et accélère le pas. Finalement, elle se met à courir et disparaît sous une porte cochère.

Je commence par dépasser la maison pour ne pas me faire remarquer. Puis je pénètre sous le porche. Là, deux escaliers, l'un à gauche, l'autre à droite. Pas trace de la gamine. Je fais les cent pas devant l'immeuble. A l'entresol, un rideau s'écarte. Derrière la fenêtre la petite m'observe mi-curieuse mi-craintive, en compagnie d'autres filles portant un tablier identique (sans doute aussi les mêmes bottines). Quand nos regards se croisent, le rideau tombe. Si j'en juge par les plaques à l'entrée de l'immeuble, la fenêtre doit être celle d'un bureau, voire d'un entrepôt. Trois heures passées. Elle n'est pas près de sortir de son travail.

Magda est devenue très méfiante depuis qu'elle a surpris les putes de la Kärntnerstrasse à m'adresser des signes. Aussi hésite-t-elle de plus en plus à me laisser seul. Elle est en train d'aménager un appartement Judengasse, où elle a l'intention de s'installer complètement avec moi. J'ignore quel marché elle a conclu avec lui, mais c'est son mari qui paie.

Pour le moment, j'habite encore officiellement dans le lugubre meublé de Naschmarkt, mais dans la journée je préfère baiser à l'abri des buissons. Il m'arrive aussi d'emmener les minettes à l'extérieur jusqu'à d'Ottakring.

Me sachant à Vienne, O.W. Fischer écrit au directeur du Wiener Burgtheater : *... obtiens qu'il ne se conduise pas comme Mozart avec l'archevêque de Salzbourg et qu'il joue comme Mitterwurzer... Il est peut-être le seul génie d'entre nous... Kinski est le seul prince de droit divin...*

Je me débecte, mais ça marche.

Magda qui, de son côté, s'emploie auprès des gens les plus influents, enfonce donc des portes ouvertes avec le directeur du Burgtheater, car la lettre de Fischer est déjà arrivée.

La voilà tambourinant contre la porte dérobée de la bibliothèque de l'asile de vieillards, pour m'informer que Rott, le directeur du Burgtheater, m'attend.

Entre Rott et moi s'engagent d'interminables palabres sur le projet de contrat qui doit me lier pour cinq ans au Burgtheater. J'exige le cachet maximum. Mais cinq ans ! De quoi frémir ! Pour le moment, je ne pense qu'à mon premier rôle : *Torquato Tasso* de Gœthe.

Comme la pièce est depuis pas mal de temps au répertoire du Burgtheater, Rott m'autorise à donner de Tasso une interprétation toute personnelle. Il me demande seulement de me mettre en rapport avec le metteur en scène, Raoul Aslan, pour lui exposer mes idées.

Aslan m'invite chez lui. Ses commentaires sont d'une stupidité ahurissante. En me raccompagnant, il conclut sur ces mots :

« Et songez-y, Tasso est semblable à Toni Sailer dévalant une piste à cent à l'heure ! »

A l'avenir Rott me fait grâce des « directives » de ce pauvre type. Il met à ma disposition la scène aménagée dans les greniers du Burgtheater. J'y répète pendant un mois sans être jamais dérangé, sinon de temps en temps par l'assistant d'Aslan, qui m'explique les mouvements de mes partenaires. A part ça, il la boucle.

Mes partenaires eux-mêmes ne participent

jamais à mes répétitions et je m'habitue aux chaises qui les remplacent.

Je modifie certains passages du texte de Gœthe, je le simplifie pour que le public, les jeunes surtout, comprenne le combat de *Torquato Tasso* et puisse le transposer à l'époque actuelle. Rott pousse des hauts cris mais n'ose pas me contrarier. Plus tard, on me traitera de profanateur de la Culture.

Rott s'est mis en tête de me présenter au public comme le nouveau Kainz. Aussi veut-il que je porte le costume dans lequel Josef Kainz a joué Tasso, actuellement sur le dos d'un mannequin en fil de fer au musée du théâtre. Mais, bien que j'aie sensiblement la même stature que Kainz, je n'en veux pas. De toute façon, il est mangé aux mites.

On me confectionne un costume en soie naturelle, copie fidèle de l'original, et on me forge une épée dorée. Qu'est-ce que ça doit coûter! Mais Rott touche des subventions annuelles de plusieurs millions, que de toute façon il gaspille avec ses mises en scène lamentables. En l'occurrence, il est bien décidé à ne lésiner sur rien.

« Tout le répertoire du Burgtheater sera centré sur vous, me déclare-t-il lors d'un essayage. Suivent bon nombre d'autres sottises du même ordre. Il est convaincu qu'avec moi il s'est offert le nouveau Kainz. Une idée fixe! Au point qu'entre les répétitions il lâche à mes trousses une meute de photographes qui me traînent tantôt devant le monument, tantôt devant le buste de Kainz, où je dois prendre la pose. Toute cette foire me dégoûte. Quand les imbéciles du Burgtheater ont commencé à s'incliner bien bas devant Kainz, il était déjà atteint d'un cancer et n'en avait plus pour longtemps à vivre. »

Le jour de la répétition générale, les autres comédiens, mes futurs partenaires, entrent en scène petit à petit. Dans l'ensemble, ils ne se donnent pas beaucoup de mal, donc des comédiens arrivés. De mon côté, je m'étais si bien habitué à mes chaises que je suis tout surpris d'avoir affaire à des êtres en chair et en os.

A la fin de la générale, Aslan lève les bras au ciel. Son rêve du champion du monde de ski Toni Sailer est bien mort.

Kortner m'envoie un télégramme à Vienne :
Je vous demande de jouer le prince Heinz dans « Henri IV » de Shakespeare.

Magda et moi sommes inséparables. En tout cas, nous ne nous séparons pas. Nous louons une villa à Nymphenburg. Chaque matin, je me rends aux répétitions en tramway. La nuit nous nous battons. Depuis qu'elle a découvert mes relations avec les putes viennoises, il est impossible de la détourner de la conviction que si je ne peux pas la baiser des nuits entières, c'est que pendant la journée je gaspille mes forces avec d'autres femmes. Elle refuse de comprendre que ce qui me crève, ce sont les répétitions laborieuses et assommantes dans l'atmosphère confinée et poussiéreuse du théâtre.

Horwitz, le directeur, joue le rôle de mon père, le roi Henri IV. Il a mauvaise haleine et tousse pendant une scène cruciale. En voyant son père sur son lit d'agonie, le prince Heinz est convaincu qu'il est déjà mort. Alors il prend la couronne et se la pose sur la tête. Juste à ce moment Horwitz (le mort) tousse.

« Prenez de la codéine! lui dis-je pendant l'entracte.

— Je ne prends jamais de médicaments! » répond-il l'air suffisant.

Il a gâché la scène, surtout pour le public, mais apparemment il s'en moque.

Pendant la période des répétitions, Kortner organise pour Horwitz une séance de nuit supplémentaire car le temps presse et il désespère d'en tirer quelque chose. Il me demande d'y assister également car il s'agit surtout des scènes entre Horwitz et moi. Une heure, deux heures, trois heures du matin. Pas d'Horwitz.

« Nous répétons sans lui!

— Mais la répétition était organisée spécialement pour lui! dis-je.

— Nous lui expliquerons demain les idées que nous avons eues. Fais-moi plaisir, reste. »

Je reste, maudissant en moi-même cet Horwitz que de toute façon on ne peut pas aider.

Arne doit être opéré à Berlin d'une tumeur maligne. Je me fais payer d'avance et lui envoie la majeure partie de mon cachet. A plusieurs reprises, Kortner, qui est au courant, me remet de l'argent en cachette de sa femme.

Le jour de la première, un mandat d'arrêt est lancé contre moi, et les flics sont déjà en route. Toujours le même cirque. J'ai oublié de payer je ne sais quelle amende, si tant est que j'étais au courant. Comme j'ai déjà dépensé mon cachet et que la somme est élevée, Kortner téléphone d'abord au ministre de la Justice pour qu'on diffère mon arrestation, puis au ministre des Finances à cause de la somme en question. A.T. intervient également, il a une idée géniale.

Tous les gouvernements, tous les Etats, toutes les fédérations, toutes les villes ont ce que l'on appelle un fonds secret. On n'y a recours que dans les cas d'exception. Or, il est sans exemple, du moins pour un théâtre d'Etat, que l'acteur principal d'une pièce soit arrêté le jour de la première. Si les représentations devaient être annulées, l'Etat subirait un dommage beaucoup plus important que si mon amende était payée sur le fonds secret.

A.T. obtient ce qu'il veut. Mon amende est payée. Ainsi l'Etat a payé l'Etat avec les deniers de l'Etat ! Parfaitement !

Magda et moi sommes retournés à Vienne. A Munich elle a voulu s'ouvrir les veines en pleine rue, je l'ai giflée. Notre appartement Judengasse est prêt, et nous nous reposons de toutes les fatigues accumulées. Magda en a subies encore plus que moi. Quand elle s'est calmée et qu'elle croit de nouveau à mon amour, je pars pour Berlin.

A la frontière autrichienne, on m'arrête. Toujours ces fameux ordres de recherche ! Qu'est-ce que j'ai encore bien pu fabriquer ? En tout cas, je ne sais quel tribunal me demande quatre mille marks.

A la gare centrale de Salzbourg, un salopard de

flic me laisse sortir pour téléphoner à Vienne. Je sais qu'Erika tourne un film là-bas, et que si j'arrive à la joindre, elle m'enverra l'argent. Il est quatre heures du matin quand je la réveille en l'appelant à son hôtel.

Elle s'habille, file au service des télégrammes et m'envoie un mandat télégraphique qui arrive à Salzbourg une demi-heure plus tard.

Ne te laisse pas abattre! a-t-elle ajouté.

J'embrasse le télégramme.

« A PRÉSENT, il a la folie des grandeurs ! Il prétend remplir le Palais des sports de Berlin ! » écrit un crétin de journaliste.

Eh bien, je le remplis ! Et si quelqu'un a la folie des grandeurs, ce n'est pas moi !

4 800 déchaînés applaudissent quand je récite en argot berlinois *Les Mains de nos mères* de Tucholsky.

J'ai compris depuis longtemps que l'on ne peut pas toujours choisir ses films, surtout quand on est comme moi perpétuellement à court d'argent. Inutile de réfléchir, ou de tenter une sélection. Il n'y en a pas un qui soit meilleur que l'autre et tous sont aussi inacceptables. Je ne peux rien faire d'autre que d'essayer de tirer le maximum de ce merdier.

A l'époque des premiers films, Magda est encore présente. Puis ma nature reprend le dessus : les figurantes, que je baise dans les loges et les toilettes. Mes partenaires, que je baise juste à côté de la chambre où m'attend Magda. Les femmes de ménage, elles, je les grimpe carrément dans notre lit. Magda repart pour Vienne.

Le tournage terminé, je vais la rejoindre. Mais je ne m'installe pas Jüdengasse, j'habite à l'hôtel. Je vais regagner Berlin quand une photographe me téléphone. Elle veut faire des photos de moi.

Par précaution, quand elle arrive le soir, je la reçois à poil. Je pourrai toujours la renvoyer. Mais je ne la renvoie pas, et je lui dis que je ne me laisse photographier que nu et qu'elle doit commencer par enlever sa robe. Ahurie, elle s'exécute sans protester. Seulement la fermeture Eclair se prend dans ses cheveux, si bien qu'elle reste les bras en l'air et la tête enfouie dans sa robe. Au lieu de l'aider, j'en profite pour la regarder. Je baisse sa culotte et la guide jusqu'au lit comme une aveugle. Jusqu'à l'orgasme, je ne vois que ses grosses fesses et son sexe béant et humide, tandis qu'elle hurle sous la robe qui l'étouffe.

A Berlin, je loue un appartement de six pièces Uhlandstrasse. Un coup de badigeon blanc sur les murs. Jessica est là pour m'aider. La question de l'ameublement est vite réglée. J'achète une table, une chaise, quelques lits, et les ustensiles de cuisine indispensables.

Dès que mon adresse commence à être connue, je suis assailli par des cohortes d'huissiers. Je jette une de ces fripouilles dans l'escalier et lui balance ma seule et unique chaise. Jessica a été de bon conseil, la chaise tient le coup, c'est du solide.

Quand Jessica n'est pas chez moi, mon appartement se transforme en un vrai bordel. Des tas de types, que j'ai dû rencontrer un jour, viennent sonner et me tirer du lit en pleine nuit. Ils amènent toujours deux ou trois nanas. Comme je ne me donne plus la peine d'allumer, je ne vois même pas leurs têtes. On s'échange les filles dans le noir et personne ne sait qui baise avec qui.

A cause de la serveuse, une gamine encore mineure, je bois un tord-boyaux dans un bistrot à l'angle du Kudamm. Dès qu'elle me voit arriver, elle m'apporte toujours la bouteille entière. Le bistrot appartient à son père. Si tu t'attaques aux filles de patrons de bistrot, tu risques de finir ivrogne, me dis-je.

Je le deviendrai certainement si je n'arrive pas à entraîner cette petite bonne femme excitante, qui paraît avoir seize ans, dans mon lupanar.

Dimanche matin. Nous y voilà. Je suis arrivé vers dix heures, car je sais que le coup de feu ne se déclenchera pas avant une heure. Elle m'avait dit d'acheter des préservatifs. Je les lui montre sous la table. Du coup plus d'objection, elle se rend libre. Son père ne peut rien dire, car elle travaille jusqu'à minuit.

« Enfiles-en deux l'une par-dessus l'autre », dit-elle nue sur le lit, alors que j'en suis encore à manipuler la première capote.

Moi je déteste ces machins, parce que je ne sens rien.

« Une suffit bien !

— Mets-en deux ! On ne sait jamais, ça peut craquer. Si je me retrouve enceinte et que je dis qu'il est de toi, tu te retrouveras en cabane. »

Encore une qui me menace de prison ! Alors qu'elle s'est fait dépuceler il y a déjà un an par un officier américain.

« Il en a mis deux aussi, dit-elle comme s'il s'agissait d'une loi de l'occupation américaine.

— Okay, okay, cesse de me parler de ton Amerloque ! Je veux bien en mettre trois si ça peut te calmer.

— Pas trois, c'est idiot ! Deux ! Dépêche-toi, je n'en peux plus ! »

J'ai l'impression d'avoir la bite emmitouflée pour l'hiver. Mais cette petite poufiasse me fait bander comme un démon. J'étais si impatient que je décharge dès qu'elle se met à gueuler : « Vas-y ! Plus fort ! » Il est une heure. Nous n'avons tiré que deux coups. Forcément je n'avais acheté que cinq préservatifs, et il n'y a pas moyen de la convaincre qu'avec la qualité actuelle un seul suffit.

Ingo joue de la guitare comme un gitan. Nous répétons les ballades et les chansons de Brecht que j'ai inscrites à mon répertoire car j'ai l'intention de me produire au palais Titania et à la salle des fêtes de Vienne. Brecht est mort. Je demande à Hélène Weigel de me procurer certains textes introuvables en librairie. Ernst Busch me prête les partitions.

La Weigel est une vieille envieuse qui fourre son nez dans tout ce qui ne la regarde pas.

« Je vous composerai un répertoire Brecht, dit-elle, comme si Brecht l'avait investie de cette mission avant sa mort.

— Merci, madame, mais je compose mon spectacle moi-même. »

Butée comme elle est, elle ne me pardonnera jamais cet affront.

A Vienne, Ingo et moi habitons chez la photographe. La fille à la fermeture Eclair récalcitrante. Elle a un magasin avec son propre laboratoire, si bien qu'elle n'est pas chez elle de la journée. La nuit, Ingo, qui couche dans la chambre à côté, est bien obligé de subir nos ébats. Il y a des années qu'elle a divorcé et elle prétend n'avoir couché avec personne depuis. Maintenant elle se méfie des fermetures Eclair, elle se déshabille toujours dans la salle de bain avant de se mettre au lit. A l'hôtel, sa robe avait étouffé ses cris. Ici ses hurlements résonnent dans tout l'appartement et Ingo ne ferme pas l'œil de la nuit. Mais ça ne le dérange pas. Il prend sa guitare, son unique maîtresse, et joue *forte* quand elle gémit entre deux orgasmes : « Tu m'aimes ? Tu ne m'aimes pas au moins un tout petit peu ? » Et il joue *piano* quand je lui réponds : « Non. » Puis ça repart de plus belle.

La photographe doit se lever tôt et prend son petit déjeuner sans nous. Ingo et moi dormons jusqu'à midi, nous sommes libres de répéter aux heures qui nous conviennent.

Quand nous sommes de bonne humeur nous prenons un bain de mousse en inondant toute la salle de bain. Nous nous aspergeons de parfums, car la photographe en possède toute une collection, et nous nous préparons à manger. Puis nous allons aux répétitions parfumés comme deux poules de luxe et habillés comme des hippies. A l'époque nous sommes des précurseurs.

A la salle des fêtes, nous jouons à guichets fermés. Notre public, des adolescents, des curés, des bonnes sœurs, des écoliers, des étudiants, des ouvriers, des flics, des militaires, des bourgeois, des prostituées. De tout !

Trois disques sont enregistrés pendant la représentation. Ils ne pourront pas être commercialisés ! Hélène Weigel refuse de céder les droits. Un héritage est un héritage, en tant que légataire la Weigel doit savoir ce qui est bon et mauvais, ce qui est brechtien et ce qui ne l'est pas. Mais la Weigel finira bien par mourir et les héritiers de l'héritière seront peut-être d'un autre avis. Ça ne me tracasse pas outre mesure.

Avant de rentrer à Berlin avec Ingo, je passe voir Magda. Maintenant sa fille habite avec elle. Elle la met debout dans son lit et me la montre nue. Cette petite promet d'être ravissante.

« Si tu restes avec moi, elle t'appartiendra un jour, qui n'est pas si lointain. Je te regarderai la baiser. »

Le moment n'est pas encore arrivé. Je baise Magda.

Berlin. J'entre chez le marchand de gants du Kudamm, proche de la charcuterie. Je n'ai pas l'intention de m'acheter des gants. Mais quand je me suis arrêté sur le trottoir pour manger le salami que je venais d'acheter, j'ai aperçu à travers la vitrine une minette blonde aussi sexy que Brigitte Bardot, en train d'enfiler des gants aux clients qui lui tendent les mains. Moi aussi j'ai très envie de m'en faire enfiler une paire. J'essuie mes doigts gras sur mon jean, vérifie que je n'ai pas les ongles sales et entre.

Pendant qu'elle continue à servir les clients, j'ai le temps de l'observer de plus près. Elle doit avoir dans les dix-sept ans. Tout en elle est gracieux, pudique, mais au lit je soupçonne cette charmante minette de se transformer en tigresse. Il faut absolument que je la voie nue, dès aujourd'hui, tout de suite! Que je voie ce que me laissent deviner sa jupe étroite légèrement élimée et son mini-pull tricoté à la main et beaucoup trop juste pour elle. Ses petits seins qui se contentent de frémir à chacun de ses mouvements comme s'ils savaient qu'ici ils doivent se tenir convenablement. Son ventre légèrement bombé. Son petit cul provocant. Le creux profond de ses reins. Sa taille est si fine que je pourrais en faire le tour à deux mains. Elle a les jambes minces, frêles, de vraies jambes de gamine, couvertes d'un duvet doré presque invisible. Elle a les yeux gris-vert comme un chat. Ses lèvres vermeilles sont gonflées comme la bouche d'un nourrisson assoiffé.

Quand elle lève les yeux sur moi, elle rougit légèrement.

« Quel genre de gants désirez-vous, monsieur?

— Les plus étroits possible, de n'importe quelle couleur. »

J'aurais pu trouver autre chose, mais trop tard. Elle reste un instant perplexe, et je suis désolé de l'avoir plongée dans un tel désarroi. Enfin elle me regarde comme si elle avait compris que je n'ai pas la moindre envie d'acheter des gants, puis elle baisse les yeux en souriant.

J'appuie le coude gauche sur le comptoir et tends la main. Elle commence par m'enfiler le gant. Puis elle fait glisser le cuir comme si elle me massait chaque doigt, l'un après l'autre, de haut en bas.

Au tour de la main droite. J'appuie le coude sur le comptoir et tends la main, sans pour autant déplacer ma main gauche.

Je sens la chaleur de ses doigts à travers le cuir. A fleur de peau, comme si je n'avais pas de gants. Je ne la quitte pas des yeux. Elle ne me regarde pas, mais il me semble qu'elle éprouve la même sensation. C'est la première fois, j'en suis sûr, qu'elle masse réellement les doigts d'un client. A quoi pense-t-elle? Je me le demande. Moi en tout cas j'imagine que mes doigts sont des verges qu'elle masse l'une après l'autre. Mais je ne peux pas rester ici éternellement avec mes dix verges en érection.

« Voulez-vous venir avec moi? Habiter chez moi? Rester chez moi? Cesser d'enfiler des gants? »

Elle ne me regarde toujours pas, mais continue à me masser les doigts.

« Quand?

— Tout de suite. »

Sa patronne surgit de l'arrière-boutique.

« Monsieur est satisfait?

— De votre vendeuse, oui. Je l'emmène immédiatement. Vous pouvez lui régler son dernier mois, elle ne reviendra pas. »

La vieille en reste bouche bée. Elle ne s'est pas encore remise que Gitta et moi sommes déjà sortis.

Gitta ne touche pas sa dernière paie car elle n'a pas donné son congé dans les règles. De toute façon, elle n'a pas besoin du salaire de misère que lui versait la vieille mégère. J'ai signé des contrats pour plusieurs tournées et Gitta aura tout ce qu'elle désire.

Nous envoyons un télégramme à sa mère qui s'inquiéterait de ne pas la voir rentrer :

SUIS CHEZ MON FUTUR MARI. STOP.

TE LE PRÉSENTERAI BIENTÔT. STOP.

NE T'INQUIÈTE PAS POUR MOI. STOP.

Ta Gitta

Dès que je laisse Gitta s'arracher un instant à mon étreinte, elle s'occupe de l'appartement. Pour le moment, nous ne roulons pas sur l'or, mais elle a été élevée dans un milieu modeste. Elle est ravie de la moindre fleur achetée au marché. Elle embellit tout ce qu'elle touche. Quelques meubles, deux ou trois bibelots, et ce grand appartement froid et impersonnel devient un nid d'amour où elle se sent au chaud.

Je lui offre la garde-robe élémentaire. Le moindre bout de chiffon lui va à ravir. Elle ne choisit jamais le plus cher, s'inquiète toujours des prix. Moi, il me faudra des années avant d'acquérir une telle sagesse.

Puis commence le cycle infernal des tournées. De la folie furieuse ! D'abord Berlin, de nouveau le

Palais des sports. Puis Munich, Francfort, Hambourg. Toutes les grandes villes allemandes. Cent fois. Mille fois.

Gitta m'accompagne partout. Elle se charge de tous les problèmes dont je ne peux m'occuper, car toute mon énergie est prise par la scène. Chaque soir, Gitta assiste au spectacle. Pendant l'entracte, elle vient dans ma loge essuyer mon visage et mon corps en sueur. Elle supporte tous mes excès, me soutient avec un dévouement et un amour inlassables.

J'ai acheté une grosse Jaguar, mais nous voyageons aussi par le train, en avion. Nous dormons à peine, souvent nous repartons la nuit même. Au cours de la première tournée, je me produis cent vingt fois de suite. Un week-end, je donne cinq représentations en vingt-quatre heures. Et la cadence s'accélère. Je fais chaque fois salle comble. Il faut que je gagne de plus en plus d'argent, car je le jette par les fenêtres.

Je touche d'abord cinq cents marks par soirée, puis mille. Mon cachet finit par atteindre dix mille marks. Nous descendons dans les palaces, habitons les suites princières, nous offrons des repas fastueux.

Gitta n'a rien à se refuser. Mais elle ne change pas. Une rose lui fait plus plaisir qu'un bijou somptueux.

Je demande à mon imprésario combien de jours il y a dans une année.

« Trois cent soixante-cinq, pourquoi ?

— Alors, organisez-moi au moins trois cent soixante-cinq représentations par an. »

Lui, heureusement, a les pieds sur terre. Il refuse, comme il dit, de participer à mon suicide.

Gitta en est maintenant au neuvième mois de sa grossesse. Elle m'accompagne toujours. Nous filons sur Francfort. La neige fondue rend l'autoroute dangereuse. Il n'empêche que l'aiguille du compteur ne descend jamais au-dessous de 200. Pas question de lever le pied si nous voulons arriver à l'heure pour la représentation.

Une VW déboîte sous mon nez sans mettre son clignotant alors que je roule pleins phares. J'essaie de ralentir. La voiture dérape et l'aile gauche de la Jaguar emboutit le rail de sécurité qui sépare les deux parties de l'autoroute. Continue, roule !

Quand nous arrivons, les spectateurs déjà installés attendent le lever de rideau. Je me précipite sur scène sans prendre le temps de me changer. Puis nous repartons.

Direction Hambourg. Le lendemain matin, je dois enregistrer des disques pour la Deutsche Gramophone. J'ai beau rouler prudemment, la Jaguar dérape sur une plaque de verglas. J'arrive à la contrôler. Mais pour éviter un huit tonnes je suis obligé de donner un grand coup de volant à gauche et nous nous retrouvons sur la partie opposée de l'autoroute.

Une voiture arrive droit sur nous à environ cent cinquante mètres. J'aurais le temps de me rabattre sur la voie de droite, mais une troisième voiture débouche d'une bretelle et se rapproche à toute allure. Elle fonce droit sur nous. Je n'ai plus le choix, je suis obligé de braquer à droite. La Jaguar chasse de l'arrière et nous partons en tête-à-queue. Plus moyen de contrôler la voiture qui va se retourner dans le fossé.

Les dossiers de nos fauteuils sont cassés, mais nous sommes toujours attachés. Quand je reprends conscience, j'entends Gitta gémir. Les portières sont bloquées. Je réussis à démolir une vitre à coups de pied. Je me faufile dehors et extirpe Gitta avant que le réservoir n'explose. Le coffre a sauté et nos valises ont été éjectées.

Gitta ne peut plus marcher que sur une jambe, et sous le choc elle divague. Je la prends dans mes bras en sang. Nous n'avons plus de manteaux. Alors je la serre contre moi pour la protéger du froid mordant.

Des voitures s'arrêtent. Quelques instants plus tard, les pompiers et la police débarquent sur le lieu de l'accident.

Moi, j'ai seulement quelques blessures aux bras et une énorme bosse sur le front. Gitta s'est ressaisie. Dans son ventre, notre enfant gigote impatiemment.

Une fois que nous avons rempli les formalités avec les flics, une voiture de police nous emmène jusqu'à la localité la plus proche et nous continuons jusqu'à Hambourg en taxi.

J'enregistre cinq disques. Pendant ce temps, Gitta se repose enfin. Puis j'achète de la layette, des chaussures de bébé en cuir bleu clair avec des incrustations blanches, un ours géant monté sur roulettes que j'amène devant le lit de Gitta. Le surlendemain, nous prenons l'avion pour Berlin.

Le soir même les douleurs de Gitta commencent. Je l'emmène à la clinique que nous avions choisie. On me permet d'assister à son accouchement.

J'avais déjà vu une chatte accoucher en pleine rue. Une chienne mettre bas dans une décharge publique. J'avais vu naître un agnelet sur la plate-forme d'un camion. Un poulain au milieu d'un pré.

Notre enfant est une fille, nous l'appelons Aglaïa. Je passe la première nuit à la clinique dans la chambre de Gitta. Avant de rentrer Uhlandstrasse, je dévalise tous les fleuristes du Kudamm, achète des milliers de roses, couvre l'appartement d'un tapis de fleurs. Les premiers temps, Aglaïa dormira dans sa voiture d'enfant. Je l'ai fait venir d'Angleterre. C'est un landau juché sur de hautes roues qui ressemble au carrosse de la reine. Je l'ai choisi exprès gris perle avec une capote blanche, les couleurs de notre Jaguar, car Aglaïa a parcouru 14 000 kilomètres dans le ventre de sa mère.

C'est la mort dans l'âme que j'abandonne Gitta et Aglaïa, mais il faut que je reparte. Je dois honorer mes contrats.

Au bout de quatre mois et demi, j'arrête les tournées. J'y laisse ma peau. Et puis je ne peux pas rester si longtemps privé d'Aglaïa.

Nous louons une villa à la lisière de la forêt de Grünewald. Sept pièces, trois salles de bain, un garage et un grand jardin avec du sable pour Aglaïa. La maison a été construite dans le plus pur style rococo, avec des petits angelots sur le toit et un escalier extérieur menant au jardin où fleurissent des cytises, des rhododendrons, des lilas et des roses.

Je dévalise pour Aglaïa la moitié d'un magasin de jouets. J'offre à Gitta des vêtements, des fourrures, des bijoux, les parfums les plus coûteux. Je me fais tailler des costumes sur mesure, des chemises et des sous-vêtements en soie, des gants, des chaussures. Je fais faire des draps en batiste avec des nids d'abeille et de la dentelle, des coussins, des édredons remplis des duvets les plus fins.

Gitta et moi apprenons à jouer au tennis. J'achète deux chevaux.

Chaque journée passée ensemble est un enchantement. Une fête pour nous trois. J'achète à profusion, la table de la salle à manger croule sous les victuailles, on croirait la table d'un roi dans un palais médiéval. Il faut des heures pour servir et desservir. Ce sont des fleurs, des montagnes de fruits, toutes sortes de vins, des alcools, des liqueurs dans des carafes en cristal taillé, des rôtis entiers, des oies, du gibier, de la pâte d'amande, des confiseries...

Nous mangeons dans la porcelaine la plus fine avec des couverts en or.

Le rêve du gosse des rues s'est réalisé. Mais tout ce luxe ne m'intéresse déjà plus. Il y a longtemps que j'ai dépassé ce genre de désir. Et puis je sais que ce bonheur idyllique ne durera pas. Je suis d'une jalousie extrême et sans fondement et je n'ai encore jamais trompé Gitta. Mais ma nature reprend le dessus et je rechute.

L'apprentie du magasin où nous avions acheté des vêtements pour Aglaïa vient nous livrer à domicile après la fermeture de la boutique. Gitta est en train d'allaiter Aglaïa. C'est donc moi qui ouvre. La gamine a soigné sa tenue, elle porte une robe ultra-courte et s'est maquillé les lèvres d'un rouge épais et foncé. Je prends le paquet et lui demande d'attendre dans l'antichambre, tandis que je vais chercher un billet de 10 marks.

Quand je reviens, elle me regarde droit dans les yeux. Je lui tends le billet sans qu'elle y prête aucune attention, ce n'est pas du tout ce qu'elle attend. J'agis comme en état second. Les toilettes des invités sont à ma droite. J'ouvre la porte, attrape la fille et la pousse dedans. Puis je referme la porte.

Le tout a été expédié en moins de dix minutes. Après quoi, j'apporte le paquet à Gitta, et nous passons tout l'après-midi à essayer les vêtements à Aglaïa.

Si Gitta m'espionnait, me soupçonnait seulement, j'aurais au moins des remords. Mais elle m'accorde une confiance aveugle, ne me demande jamais où je vais ni pourquoi il m'arrive si souvent de rentrer à l'aube.

« Je sors... »

Elle acquiesce. Pas de question, rien. Pourquoi est-ce que je la trompe? Pourquoi mes escapades se multiplient-elles? Je ne comprends pas. Car j'aime vraiment Gitta et je la désire toujours autant, sinon davantage.

Je reçois une lettre portant les armoiries d'une comtesse anglaise. Elle me demande si j'accepterais de déclamer le monologue d'*Hamlet* dans l'un de ses châteaux. Pour elle seule. Dix mille marks par soirée. Elle doit venir à Berlin et me téléphonera pour que je lui donne ma réponse de vive voix.

Elle appelle une semaine plus tard. Je lui donne rendez-vous au Tiergarten, le grand jardin public. On ne sait jamais. Nous faisons une longue promenade en parlant d'*Hamlet* et ce dialogue me casse les pieds. Elle n'est pas particulièrement jolie, mais si je peux lui donner tout de suite ce pourquoi elle veut me traîner en Angleterre, tant mieux.

Il commence à bruiner. Je l'entraîne dans les fourrés. Quand je la mets à poil et la couche sur la terre humide, elle est un peu gênée. Elle a ses règles, mais cela ne m'arrête pas.

La nuit est tombée depuis un long moment et je dois partir. Elle reste encore sous les buissons. Je fais un bout de chemin sous la pluie pour me débarrasser de son odeur — l'odeur du sang. Une horloge indique minuit. Alors je hèle un taxi.

A la maison, tout le monde dort. Je me déshabille dans le dressing-room et découvre que ma braguette est pleine de sang. Je vais laver les taches dans la cuisine et suspends le pantalon au-dessus du radiateur. Puis je me glisse dans le lit près de Gitta, et je jouis en elle tandis qu'elle m'enlace dans son sommeil.

Quinze jours plus tard, coup de téléphone de Scotland Yard. On me demande si je sais où se trouve la comtesse. Elle n'est pas rentrée en

Angleterre et n'a laissé que mon adresse. Je réponds que je n'ai eu qu'une brève conversation avec elle, qu'elle devait me rappeler mais n'a plus donné signe de vie. Ainsi donc la comtesse a disparu. Grand bien lui fasse.

Aujourd'hui, Gitta est allée voir sa mère chez qui elle doit passer la nuit avec Aglaïa. Je téléphone à Jessica en lui demandant de venir. Nous baisons sur le divan du salon devant le feu de cheminée. Je me couche au petit matin, une fois Jessica partie. Vers onze heures, quand Gitta rentre avec Aglaïa, je l'attire dans le lit sans lui laisser le temps de se déshabiller.

Je tourne sans arrêt, un film après l'autre. Je ne lis même plus le scénario pour ne pas être complètement écœuré avant le début du tournage.

Fuite sans retour se tourne à Vienne. Plus exactement à la frontière hongroise, mais nous habitons à Vienne. Magda a mis son appartement à notre disposition. Elle tient à nous accueillir. Elle aime beaucoup Gitta et Aglaïa. Gitta et Aglaïa le lui rendent bien. Ma fille a presque un an et se met au lit toute seule. C'est moi qui guide ses premiers pas.

Je passe le plus clair de mon temps sur le lieu de tournage, un petit village frontalier à soixante-dix kilomètres de Vienne. J'y couche quelquefois, quand les routes sont enneigées ou que je suis trop fatigué pour rentrer à Vienne. Mais il y a une autre raison qui me retient dans ce village célèbre pour ses nids de cigogne et son vin enivrant.

J'ai pour partenaire Sonia Landrowska. Dès le

premier jour, nous nous ruons l'un sur l'autre avec une telle impétuosité que nous réveillons tout ce vieil hôtel branlant. Tout le monde nous entend. Nous ne pensons à rien d'autre et finissons par être complètement vidés. Nous devons prendre des fortifiants. Entre les prises de vues, nous restons prostrés sur nos fauteuils. Nous n'avons même plus la force de manger.

Pendant le tournage, ces idiots ont bien failli me faire brûler vif. Le scénario prévoit un incendie. Alors on asperge les roseaux de quatre-vingts litres d'essence et on met le feu. Seulement le vent tourne et je me retrouve cerné par les flammes. Je casse la croûte de glace qui recouvre les nappes d'eau marécageuses, et après avoir bien mouillé mes cheveux et mes vêtements, je fonce dans le mur de flammes tête baissée comme un taureau. Je tombe plusieurs fois et les roseaux coupants comme des rasoirs m'entaillent les bras. Je suis couvert de sang.

« Magnifique! » s'écrie le metteur en scène.

Quel con!

Personne n'a prévu de sparadrap. Il faut que je déchire ma chemise pour me faire des pansements.

Tous les jours, le même cirque depuis que nous tournons dans les plus immenses marécages d'Europe. Pour ne pas s'embourber il faut circuler sur des chenillettes. Mais ni mes bras bandés ni ce travail abrutissant ne m'empêchent de passer des nuits blanches avec Sonia. Et de réveiller tout l'hôtel.

Il faut qu'elle aille à Vienne se faire remplacer

une dent. Moi, pendant ce temps, je dois tourner sans elle. Pour n'être pas séparé d'elle, je me casse une incisive à coups de marteau. Je ne peux pas tourner avec une dent cassée! Nous partons dans la voiture de Sonia.

Il nous faut toute la journée pour faire soixante-dix kilomètres. Nous nous arrêtons à chaque occasion. A Vienne, je ne passe même pas Jüdengasse. Nous allons à l'hôtel. Après notre visite chez le dentiste, nous téléphonons au directeur de production. Nos dents ne seront pas prêtes avant trois jours, et c'est vrai!

Au retour, pareil, nous nous arrêtons dans tous les chemins de terre. Quand nous sommes à bout de forces, nous reprenons la route. Quelques kilomètres et nous guettons déjà le prochain chemin. La nuit tombée, nous ne prenons même plus la peine de chercher, nous nous arrêtons tout simplement à quelques mètres de la route sur un champ verglacé. Nous bouclons les portes et nous nous déshabillons. Dans l'orgasme, un pied de Sonia appuie sur le klaxon. Un gendarme arrive et braque sa lampe sur les vitres embuées. Je démarre si brutalement que le flic doit s'écarter d'un bond.

Nous avons quelques jours de repos. Mais il faut que Sonia tienne compagnie à son mari fraîchement débarqué de Berlin. Gitta est partie pour la montagne, à Mondsee, avec Aglaïa, Magda et sa fille. Elle m'a téléphoné en me demandant de la rejoindre.

Les clefs de l'appartement Jüdengasse sont chez la concierge. Sonia ne peut pas se libérer, tant pis, je donne rendez-vous le lendemain à dix heures à Bärbl U. Elle joue le deuxième rôle féminin du film. Jusque-là, je n'ai pas eu l'occasion de la sauter à cause de Sonia.

De toute façon, pas question que je m'attarde à Vienne. En l'attendant, je prépare les affaires que je compte emporter pour ces quelques jours à la montagne. Mon train part à 15 h 10.

Bärbl sonne à dix heures précises. Nous n'avons que quatre heures devant nous et elle le sait. Bärbl est une de ces dévoreuses, excitantes alors même qu'elles sont tout emmitouflées et qu'on ne voit pas leurs formes. Elle est bien en chair et charpentée. De plus, elle accumule le désir depuis plusieurs semaines.

L'heure de partir est arrivée. A force de la besogner, je suis à bout de forces. Nous n'avons même plus le temps de nous laver. J'espère que l'air frais de la montagne chassera sa forte odeur de femelle. J'en ai la peau et les cheveux imprégnés.

Aglaïa sort de la ferme où elles habitent et court à ma rencontre. Je la soulève et la fais tournoyer jusqu'à ce qu'elle étouffe de rire et soit tout étourdie. Arrive Gitta avec Magda et sa fille. La fille de Magda a maintenant dix ans. Elle me serre si fort que je suis obligé de lui faire lâcher prise car Gitta n'a pas l'air d'apprécier. Elle m'embrasse sur la bouche, me couvre de baisers humides en répétant avec ardeur :

« Je t'aime... je t'aime... je t'aime... je t'aime... »

Moi, je veux bien, mais Gitta n'est pas du tout d'accord. Magda ne dit rien, elle se contente d'arborer un sourire futé.

A Berlin, je retrouve Sonia. Comme par un fait exprès, nous sommes réunis pour plusieurs films. Pendant le tournage à Spandau, nous profitons de la pause de midi pour aller sur les rives de l'Havel. Quand le temps presse, je me contente de baisser sa culotte, et elle se penche en avant en s'agrippant à un arbre. Quand nous ne recommençons pas à tourner tout de suite après le déjeuner, nous nous enfonçons dans la forêt et prenons le temps de nous déshabiller. Puis nous tournons à Tempelhof. Le soir au retour nous passons par Grünewald. En général nous baisons dans la voiture. Toujours à poil.

Le film suivant se tourne à Hambourg. Nous partons dans la voiture de Sonia qui passe me prendre à la maison. Gitta et moi nous nous sommes battus. C'est la première fois que nous en venons aux mains. Depuis ma rencontre avec Sonia la tension s'est accrue, nous avons fini par échanger des injures, et aujourd'hui des coups. Gitta n'est sûrement pas au courant de ma liaison avec Sonia, du moins elle n'a pas de preuves. Mais elle, d'habitude si enjouée, est souvent triste, absente. Seule Aglaïa, d'une gaieté communicative, l'aide à surmonter sa dépression.

Sonia n'est pas entrée. Elle m'attend dans la voiture depuis une demi-heure. Gitta est là, qui ne cesse de pleurer. Je suis en plein désarroi, car je sais que la femme avec laquelle je vais de nouveau la tromper m'attend devant la porte. Il faut pourtant que je parte, nous devons être à Hambourg en fin d'après-midi. Alors j'abandonne Gitta dans cet état effroyable.

Quand je monte dans sa voiture, Sonia ne me pose pas de questions.

Malheureusement, elle subit le contrecoup de cette tension. A Hambourg, comme je refuse de descendre avec elle à l'hôtel Bellevue car je préfère le Prem, elle se méprend et claque la portière avec une telle violence que la vitre vole en éclats. Par la suite, elle partage tout son temps entre le studio et ma chambre. Quand nous avons faim, pour ne pas perdre de temps, nous allons manger au restaurant chinois juste en bas. Mais nous n'habitons pas ensemble.

Nous allons à Travemünde passer le week-end au bord de la mer. Elle vient me chercher complètement ivre. Je me propose pour conduire. Rien à faire. Sur l'autoroute elle roule à 180, sa Mercedes ne va pas plus vite. Or, au lieu de surveiller la route, elle m'embrasse dans l'oreille.

« Regarde devant toi si tu es bourrée !

— Ça te dérange ?

— Non, mais que tu conduises à 180 dans cet état, oui.

— Tu as peur ?

— Je n'ai peur de rien. Mais je préférerais te baiser que de finir à la morgue ! »

Sa jupe est retroussée très haut. Quand elle s'aperçoit que je la fixe, elle écarte les jambes sans pour autant lâcher l'accélérateur. Je commence par lui caresser le clitoris. Elle jouit si fort que je suis obligé d'attraper le volant de la main droite. Puis je glisse ma tête entre ses cuisses. Elle donne des coups de pied dans le vide, lâche l'accélérateur. Je lui repose le pied sur la pédale, et elle continue à conduire secouée par de violents orgasmes.

A Travemünde, nous essayons de nous promener quelques heures sur la plage pour nous remplir les poumons. Mais dès qu'elle s'assied dans le sable le ventre à l'air, nous réintégrons l'hôtel et ne quittons plus le lit jusqu'au lundi matin.

La première de *Fuite sans retour* a lieu à Hambourg. Les distributeurs nous demandent d'en être les invités d'honneur. A la fin, nous monterons sur scène pour saluer le public et signer des autographes. Pendant la projection, nous sommes installés dans une loge. Quand on nous prie de monter sur scène, elle a l'air de sortir tout droit du lit. Moi, tout barbouillé de rouge à lèvres et les jambes flageolantes, je ne vaux guère mieux.

Les dernières séquences du film en cours se tournent sur un transatlantique la nuit dans le port de Hambourg. Sonia a terminé à une heure et est rentrée car elle avait absolument besoin de dormir un peu. Entre les prises de vue, je m'occupe d'une jeune Américaine.

Neuf heures. Quand je rentre à l'hôtel, Sonia m'attend depuis une heure.

« Tu es le roi des salauds ! » dit-elle seulement, et nous partons pour Berlin.

Depuis Travemünde, Sonia est enceinte. Pas moyen de nous quitter, nous nous retrouvons le plus souvent possible dans la forêt de Grünewald. Mais cette grossesse la tourmente. Son mari, chef d'un grand orchestre, la voit rarement. Alors il comprendra que l'enfant n'est pas de lui. D'autant que nous avons passé sept semaines à Hambourg.

Dernier rendez-vous avec Sonia. Nous essaierons de ne plus nous revoir. Elle m'avoue qu'elle s'est fait avorter. Moi, quand une femme m'explique qu'elle a interrompu sa grossesse ou perdu son enfant, j'éprouve toujours la même tristesse.

Pendant toute une période, je ne tourne pratiquement que pour Horst Wendtland. Autrement dit pour les productions Rialto et Constantin. Quand je lui demande une avance plus importante, Wendtland me répond :

« Mais naturellement, mon petit, passe à mon bureau demain. »

J'arrive à son bureau, il a déjà préparé un nouveau contrat. Toujours le même refrain. Tu signes, tu as le fric. Et je me retrouve encore vendu pour un an. Je ne sais même pas ce que j'ai signé, je joue dans n'importe quel navet. C'est à vomir, mais au fond je m'en fous.

Encore un tournage à Hambourg. Les badauds s'attroupent sur le port pour nous regarder. Parmi eux, une gamine que j'avais connue avec sa sœur deux ans plus tôt. Moi, je lui avais tout de suite mis la main aux fesses. Elles étaient si dures que je n'avais même pas pu les pincer. Je lui avais donné rendez-vous. Prévoyant, j'avais emporté une bâche dans la voiture, et je l'avais étalée au clair de lune, dans les parages d'une usine. Mais au dernier moment elle avait eu peur.

La revoilà. Je me plaque contre un mur en tirant sur les flics, derrière les bateaux tirés au sec. « Coupez! » La môme m'attend au bout du mur. Le metteur en scène m'appelle. Elle a tout juste le temps de m'écrire l'adresse où je dois la retrouver ce soir.

Le soir, quand j'arrive à l'adresse indiquée, tout est prêt. Le copain de sa sœur met sa chambre à notre disposition. La sœur prépare le lit. Elle veut assister au dépucelage, du moins au début. Elle maintient sa petite sœur quand je commence à m'introduire très lentement dans sa fente minuscule. Je me suis allongé sur le dos pour qu'elle puisse diriger la pénétration. Dès qu'elle pousse un cri terrifiant, j'arrête. Je me redresse pour m'allonger sur elle. En changeant de position, il faut que je fasse très attention pour ne pas sortir d'elle... Heureusement, la sœur me prête une main secourable, caressant son visage convulsé. Puis c'est la petite qui chasse sa sœur pour rester seule avec moi. L'autre, rassurée, se retire après m'avoir chuchoté :

« Attention, ne lui fais pas d'enfant. »

Facile à dire.

Je gagne plus d'argent qu'un ambassadeur ou un P.-D.G. Mais j'ai beau travailler, plus je gagne de fric, plus j'en dépense.

« Pourquoi joues-tu dans ces merdes ? Tu faisais autre chose avant ! » me crie un éboueur de l'autre côté de la clôture en passant vider les poubelles un matin.

Je frotte mes doigts : le pognon !

« Vu ! »

Moi-même, j'en ai assez de tous ces navets allemands. Pas seulement parce qu'ils sont tournés n'importe comment, mais c'est toujours la même chose. N'empêche que Wendtland devient millionnaire et reçoit pour chaque film, en plus des recettes normales, une prime de l'Etat; à partir du trois millionième spectateur. Il faut croire que ça plaît. Ou plutôt que les gens n'ont rien de mieux à se mettre sous la dent.

Festival du théâtre de Munich. Je me moque de jouer le Dauphin dans *Sainte Jeanne*, mais j'ai envie de rester un peu à Munich. D'abord, je pourrai revoir Pola. Ensuite je suis très bien payé. Enfin, à la même époque, je dois tourner un film pour la Télévision. Bref, je fais d'une pierre trois coups.

Pendant les répétitions et le tournage de la dramatique télévisée, je me contente de la scripte qui m'emmène chez elle pour me montrer ses maillots de bain.

Les répétitions de *Sainte Jeanne* sont mortelles.

Comme je n'y ai pratiquement pas participé, je laisse libre cours à ma fantaisie. Mes partenaires en sont sidérés. Tous les soirs, j'improvise. Passionnant! Et puis c'est la seule façon de supporter les élucubrations fumeuses de George Bernard Shaw.

Gitta m'a rejoint à Munich avec Aglaïa et nous avons loué un appartement. Gitta peut emmener Aglaïa à pied se promener au Jardin anglais, et Pola peut très bien passer la nuit chez nous. Le soir, quand je rentre, mes filles dorment déjà, mais au moins je les vois. Si je ne suis pas obligé de partir trop tôt, nous prenons notre petit déjeuner ensemble.

Après le festival, je dois aller enregistrer des disques à Vienne. Gitta et Aglaïa restent à Munich.

Les enregistrements n'en finissent pas. J'en ai marre ! Marre d'être enfermé dans un studio, marre de parler aux murs. Quitte à prostituer mes sentiments, que ce soit au moins devant des êtres vivants. Comme toujours, je me suis fait payer d'avance. Vers trois heures du matin, ça suffit. J'annonce dans le micro :

« Faites trois petits disques à la place des trois grands ! Pour moi, c'est fini ! Vous déduirez mon avance sur les prochains enregistrements. »

Ma nymphette ! Elle a peut-être quatorze ans, je ne sais pas. En tout cas, depuis quatre ans, chaque fois que je me suis produit à Vienne, elle m'a attendu devant la porte. Je l'ai toujours vue à la sortie, et j'ai souvent caressé ses cheveux blond doré. Jamais un mot, jamais un sourire, elle se contentait de lever sur moi son regard limpide.

Ce matin, c'est mon ange gardien qui me l'envoie. Ayant appris par un entrefilet dans le journal que j'étais à Vienne pour enregistrer dans tel studio, elle m'a attendu dans la rue toute la nuit. Je l'embrasse comme mon sauveur, et elle m'emmène chez elle.

Son père est parti en voyage et elle n'a pas de mère. De connivence avec elle, sa petite sœur a tout arrangé avec soin. Et moi qui étais confiné dans mon studio empuanti ! Pour une pucelle, ma nymphette témoigne d'un étonnant savoir-faire.

Son petit fruit s'ouvre très vite comme s'il s'était promis de ne pas faire de difficultés.

Trois jours, trois nuits d'amour. Sa petite sœur attend patiemment dans la pièce à côté, dans l'espoir que vienne son tour. Elles ne sont pas jalouses, si j'en crois leurs étreintes et leurs baisers. Je suis même obligé de les séparer. Les ébats amoureux de mes fillettes me rappellent mon enregistrement de *L'Après-midi d'un faune*. L'une m'embrasse ou me lèche les mamelons pendant que l'autre s'active plus bas. Hélas! ce jeu prend fin. Trop vite. Mais j'ai promis à Gitta d'être de retour dans trois jours. Et puis le père des petites va revenir, et avec lui, il ne faut pas badiner.

Plus tard, mes nymphettes m'écrivent qu'une voisine m'a vu entrer ce fameux matin. Sale commère, elle s'est empressée de le raconter à leur père. Alors cette brute, qui en plus avait découvert des taches sur leurs petits lits, a retiré sa ceinture, et, une fois que les deux petites ont été nues, il les a rouées de coups, espérant leur faire avouer le nom de leur faune. Son adresse aussi. Mais les fillettes étaient coriaces, elles ne m'ont pas trahi.

Il faut que je reparte en tournée, pas moyen d'y échapper. Mes managers veulent que j'honore des contrats que j'ai signés autrefois. Je déclare que je vais rédiger une version revue et corrigée du *Nouveau Testament*. Je serai prêt dans deux mois. Mais ils ont peur et préfèrent un programme classique. Par exemple les grands monologues. Ce qu'a fait Gielgud, le célèbre acteur anglais, à Londres et lors de sa tournée en Amérique. Seulement, moi, je veux les mettre en scène et changer de costume pour chaque rôle. Je compose un programme : *Hamlet, Othello, Roméo, Franz Moor, Karl Moor, Tasso, Faust, Danton, Richard III*. Je sélectionne au total vingt monologues. Pour les intermèdes musicaux, pendant que je me changerai, je choisis la *Pathétique* de Tchaïkovski. Le spectacle durera environ quatre heures.

J'apprends les textes dans la bibliothèque de notre villa. Je ne me lève que pour manger et pisser. Je passe un mois à marmonner en silence. Tous ces monologues sont truffés de cris de désespoir et d'envolées lyriques, mais je ne prononce pas un mot à haute et intelligible voix, je n'ébauche pas le moindre geste. Je me connais, je sais que mon registre vocal est illimité. Le reste est une question d'instinct, de situation et de spontanéité.

En un mois, je ne découche pas une seule fois. Mais cette vie me met les nerfs à vif, car je m'impose un travail intense et j'exige un silence absolu autour de moi. Gitta en subit les conséquences. Pourtant elle et Aglaïa sont heureuses de m'avoir auprès d'elles. Elle a maintenant trois ans et demi, et est si adorable, si prévenante que j'ai honte de mon attitude et que j'ai envie d'envoyer cet « Art » au diable. Gitta redouble de dévouement et d'abnégation. Elle est toujours prête à me tendre la main, me protège des importuns. Les nuits nous apartiennent et nous croyons voir renaître notre amour flétri.

Première tournée : cent représentations dans

les plus grandes salles allemandes. Suivront une deuxième et une troisième tournée à travers l'Europe, l'Australie et l'Amérique. On me donne un technicien, à la fois éclairagiste et ingénieur du son, un habilleur, qui me servira en même temps de valet de chambre, et un chauffeur. La première a lieu au Palais des sports de Berlin.

Le spectacle dure deux heures de plus que prévu. A la demande du public, je reprends certains monologues deux fois, trois fois de suite. Ce sera la tournée la plus éprouvante de ma vie.

Francfort. Ma photo en pied dans le rôle d'Hamlet paraît sur une demi-page à la une d'un quotidien. Juste à côté de la photo d'une ravissante stripteaseuse. Elle a choisi pour accompagner son numéro mon premier enregistrement des poésies de Villon. Rien ne pouvait me faire plus plaisir !

Après le spectacle, je vais me balader dans le quartier des putes du côté de la gare. Ces petites chéries se font signer des autographes sur les seins, le cul, l'une sur la chatte. J'aime les putes du monde entier ! Mais il faut que j'économise mes forces, et pas seulement pour les prochains spectacles. Une petite fille m'écrit qu'elle veut me rencontrer. Elle ajoute qu'elle étudie la danse classique et précise son âge. Très tendre. Elle m'annonce sa visite pour demain minuit, car elle doit accompagner sa mère à la gare à vingt-trois heures trente.

J'ai beau adorer les putes, quand je les embrasse c'est encore vers cette blanche colombe que volent toutes mes pensées ! Même si je ne sais rien d'elle. Ni de quoi elle a l'air ni comment elle baisera. Cette nuit-là, je me couche tôt et ne me lève que le lendemain après-midi.

Je sors de scène en sueur, grimpe dans la voiture sans prendre le temps de m'essuyer, et nous filons au Frankfurter Hof. Je prends un bain à toute vitesse, commande des œufs crus et du miel, puis fume cigarette sur cigarette en épiant tous les bruits et sans quitter la pendule des yeux.

Minuit. Coup de sonnette. Je manque de tomber en me précipitant pour ouvrir : elle a de longs cheveux châtain foncé qui lui descendent jusqu'aux hanches, et encadrent un visage d'enfant très pâle. Ses yeux noirs brillent sous de longs cils soyeux. Sa bouche est comme une plaie ouverte. Elle est juchée sur des talons hauts et sa démarche de ballerine la rend encore plus provocante.

Je l'entraîne vers le lit. Je lui déboutonne son chemisier et commence à l'adorer... Le téléphone sonne. Le directeur de l'hôtel m'ordonne de renvoyer certaine jeune personne. Il prétend que toute visite est interdite à partir de dix heures du soir.

« Alors je préfère foutre le camp de votre caserne de fachos ! »

Mon habilleur couche deux chambres plus loin. Je le préviens de mon départ, c'est tout, je le rappellerai plus tard.

Quand nous sortons, des gardiens sont déjà postés aux deux bouts du couloir.

Pas facile de trouver un hôtel, elle n'a pas de papiers. Je me souviens d'un hôtel près de la gare où mes pourboires ont dû laisser un excellent souvenir au personnel. Je ne m'étais pas trompé. A la réception personne ne demande les papiers de « ma femme », et le portier, à qui je glisse un billet de cent marks, susurre :

« Madame désire-t-elle quelque chose ? »

Je lui fais signe de la fermer.

J'entraîne ma colombe au milieu de la chambre et commence à la déshabiller. Lentement. Très lentement. Un peu comme un numéro de striptease, mais particulièrement raffiné. Je vais de surprise en surprise, savourant chacune de mes découvertes avec émerveillement, j'ai l'impression de voir le corps féminin pour la première fois. Il me faut une heure pour la dénuder...

J'effleure sa vulve à travers le nylon de son slip. Elle transpire d'abondance, tout son corps est moite. Je tourne autour d'elle, m'allonge sur le tapis pour la contempler d'en bas, lui demande d'aller et venir, de m'enjamber. Quand je la flaire, je reçois une bouffée de chaleur en plein visage. La sueur ruisselle sous ses bras. Un tressaillement parcourt tout son corps.

Quand je glisse un doigt sous les lèvres de son sexe j'ai l'impression de plonger dans un pot de miel. Elle lâche un pet et se dépouille elle-même de sa culotte. Des petites touffes de poils frisés montent jusqu'au nombril. Elle s'allonge sur le lit, frissonne...

Prochaine étape Hambourg. Une émeute. Les spectateurs se battent jusqu'au sang. Cinq cars de flics cernent le théâtre. Collin, l'organisateur, est dans les coulisses, il est au bord des larmes.

« Des gens qui se battent pour un comédien!
Mais vous devriez être content! Même Jésus
n'était pas aimé par tout le monde! »

Le rideau tombé, les flics me demandent de
m'éclipser par la porte arrière. Pas question!
Quand nous traversons la cour du théâtre, des
filles rompent le cordon de police et couvrent de
baisers les vitres de ma voiture.

Quatre-vingt-dix-neuf représentations, quatre-
vingt-dix neuf émeutes. Partout un public en effer-
vescence, des gens qui applaudissent, se battent,
hurlent, pleurent, poussent des cris d'hystérie. La
majorité m'aime. Ils m'aiment pour le don que
j'ai d'exprimer leurs sentiments les plus secrets,
les plus brûlants, de mettre leur âme à nu. Les
rares qui ne m'aiment pas me haïssent de révéler
ces mêmes sentiments.

La dernière représentation a lieu à la grande
salle des fêtes de Vienne. Huit mille spectateurs. A
la fin du spectacle, un huissier arrive dans ma
loge et commence à fouiller toutes mes poches.
On me demande encore de l'argent! Je ne veux
même pas savoir qui. J'attrape l'huissier et le mets
dehors. Comme la porte de ma loge n'est pas fermée, des milliers de spectateurs peuvent m'entendre l'injurier.

Comme je suis lié par contrat avec la Constantin, on peut m'envoyer n'importe où du jour au
lendemain, comme un commis voyageur. Mais
royalement payé!

Mon premier voyage de représentant m'emmène au Pakistan et en Inde. C'est aussi mon premier film italien.

Gitta a décidé de rester à Berlin avec Aglaïa. Magda s'est installée chez nous pour quelque temps. Elle aide Gitta à tenir la maison et s'occupe aussi d'Aglaïa qu'elle adore.

Je me fais vacciner à l'Institut de médecine tropicale, et prends l'avion pour Rome où m'attend l'équipe italienne. Le jour même, nous embarquons à bord d'un avion pakistanais. Première étape : Karachi.

Flavio, le pédé qui a dessiné les costumes du film, a jeté son dévolu sur le siège à droite du mien. Les signaux NO SMOKING et FASTEN SEATBELTS ne sont pas éteints qu'il pose sa main sur ma cuisse. Il est très gentil, je ne veux pas le brusquer, mais je crève de chaleur et je ne vais pas supporter jusqu'à Karachi sa grosse patte qui pèse facilement un kilo. D'autant qu'il n'en restera pas là.

Je me lève aussi souvent que possible. J'ai repéré une hôtesse pakistanaise, mince, mais avec des grosses fesses. Chaque fois que je passe devant la cuisine pour aller aux toilettes, je lui lance un regard insistant. Elle a des yeux immenses, noirs comme le charbon. De ma place, j'épie tous ses gestes, je l'appelle sous tous les prétextes, et je fais exprès de parler bas pour qu'elle soit obligée de se pencher vers moi.

Comme le couloir est étroit, je laisse pendre mon bras par-dessus l'accoudoir, et lui caresse les jambes à la dérobée quand elle passe près de moi. Chaque fois que je l'aperçois au bout du couloir, je me lève pour la rencontrer là où elle ne peut m'éviter. Bref, je ne lui laisse plus une minute de répit. Elle doit deviner ce que j'attends d'elle.

Avant l'atterrissage à Karachi ! J'ignore si c'est pour cela qu'elle sourit. En tout cas, plus je me fais pressant, plus elle arbore un sourire séduisant.

L'éclairage de la cabine est réduit au minumum. Tout le monde dort, masque noir sur les yeux. Flavio a cessé de me tripoter et ronfle dans son fauteuil inconfortable. Les hôtesses dorment également. Toutes, sauf la mienne. Mais où est-elle ? Je parcours le couloir plusieurs fois de suite. Me penche au-dessus des hôtesses endormies pour ne pas réveiller n'importe laquelle ! Le couloir est désert. Elle ne peut se trouver que dans le cockpit ou aux toilettes. Commençons par les toilettes.

Je retire mes chaussures pour ne pas faire de bruit. En tête d'avion, les toilettes de droite sont libres, mais sur la porte de gauche le signal OCCUPIED fait place à VACANT. La porte ne s'ouvre pas. J'adresse une prière à toutes les divinités indiennes et pakistanaises et je fonce ! L'hôtesse n'a pas le temps de se retourner que je referme la porte et tourne le verrou. OCCUPIED.

Elle ne semble pas particulièrement surprise. Juste un léger tressaillement. Puis elle plonge ses yeux dans les miens. Un trou d'air déporte l'avion sur l'aile gauche et nous sommes projetés l'un contre l'autre. Je me retrouve presque couché sur elle.

Dans ces toilettes exiguës, l'odeur est suffocante.

Reste le problème du déshabillage. Les hôtesses de la PIA portent, au-dessus d'un large pantalon, une sorte de tunique qui leur descend presque jusqu'aux genoux. Elle sait mieux que moi comment s'y prendre. Elle commence par retirer son pantalon. Puis elle se penche et lève les bras pour atteindre la fermeture Eclair de sa tunique. Je l'aide. Elle se redresse, je relève sa tunique. Elle se penche de nouveau et s'en débarrasse en un tournemain. A son tour de m'aider. Le pantalon d'abord. Puis j'arrache les boutons de ma chemise qui volent dans la cuvette des waters et le lavabo en inox. A ce moment-là, un nouveau trou d'air déporte l'avion sur l'aile droite et nous sommes propulsés contre la porte.

J'ai la verge si raide qu'elle me fait mal en s'écrasant contre moi. Mais elle réagit aussitôt. Elle place ses mains comme un bouclier devant ma queue et mes couilles, pour le cas où nous serions projetés par une nouvelle rafale. Mais l'avion se redresse. Les divinités m'ont entendu...

Elle me donne son adresse à Karàchi en m'apportant mon petit déjeuner. Je ne peux rien en faire. Après deux heures d'escale, nous embarquons dans un bimoteur et pendant huit heures nous sommes ballottés au-dessus des contreforts de l'Himalaya. Enfin nous survolons notre premier lieu de tournage. Mais un cyclone fait rage au-dessus du terrain d'atterrissage. Deux heures plus tard, quand nous réussissons à nous poser, la carlingue est remplie de dégueulis. Pas de climatisation à bord. Pour ne pas vomir il fallait avoir l'estomac vide comme moi.

Comme d'habitude, je m'empresse de me débarrasser des autres. Je dépose mes valises dans ma chambre, puis devant l'hôtel je me laisse aborder par un chauffeur de taxi. J'ai compris.

Le médecin italien attaché à l'équipe m'a remis un petit tube en m'adjurant de prendre un comprimé tous les jours. Contre le choléra. Avant notre arrivée, une épidémie a fait près de cinq mille morts. Alors j'avale le comprimé. Dix mille victimes ont également succombé à la dernière épidémie de variole. J'ai beau être vacciné, je ne suis sûrement pas complètement immunisé. Mais pour le moment j'ai d'autres soucis en tête. Plus importants.

Nous roulons sur des routes non goudronnées, des chemins de terre pleins de trous et d'ornières. La vieille Buick bringuebalante n'est plus qu'un tas de ferrailles soudées par la crasse. Les sièges sont recouverts de plastique. Pour peu qu'on y pose la main, elle y reste collée. Bientôt plus une habitation, plus une voiture à l'horizon, seulement une caravane de chameaux que des aigles survolent par centaines. Le disque sulfureux du soleil se liquéfie derrière les glaciers verts de l'Himalaya. Je demande au chauffeur pourquoi il faut aller si loin pour trouver une pute.

« Spécial ! »

Il grimace un sourire dans le rétroviseur, découvrant une monstrueuse dent en or. Enfin il met le cap sur une bicoque en brique, complètement isolée.

« *I waiting...* »

J'espère que mes souffrances sont terminées pour les heures à venir. L'air est frais, extraordinaire. Je me remplis les poumons. Vite, encore quelques bouffées. La porte s'ouvre, sur le seuil apparaît une jeune femme gigantesque. Elle est même obligée de se courber. Une véritable géante !

Elle mesure au moins deux mètres. Une carrure de poids lourd. Des seins en obus, de vrais pis de vache. Ses bras sont au moins aussi gros que mes cuisses. Ses mains pourraient m'étrangler comme un rien. Ses cheveux, d'un étonnant blond cendré, lui descendent jusqu'aux reins en une natte aussi épaisse qu'un python. Sa croupe et ses hanches sont celles d'une jument. Elle doit bien chausser du 60. Son pubis est aussi gros que ma tête.

Mais elle a un corps harmonieux, parfaitement proportionné. D'une beauté à couper le souffle. Une statue de Maillol.

Elle a la peau hâlée, mais pas foncée. Et saine comme celle d'une jeune paysanne. Ses traits aussi sont paysans mais d'une merveilleuse beauté. Elle n'a rien d'une prostituée. Son expression est rêveuse, mélancolique. Elle sourit timidement.

Ses caresses ne sont pas du tout calculées. Elle n'y met aucune hâte. Comme si le temps s'était arrêté, aboli par l'amour.

Maintenant j'en ai la certitude : je ne suis pas venu dans son pays pour tourner je ne sais quel navet et me vider les couilles dès que j'ai un moment, mais pour me donner à cette géante de l'amour, pour lui donner jusqu'à mes dernières forces. Ses yeux brillent de sensualité. Mais elle est patiente et douce, attentive à mes désirs. Nous nous comprenons par des sourires, des signes de tête. Par de légères pressions des mains, je lui indique quelles positions je veux qu'elle prenne. Elle est souple et fait attention à bien répartir le poids de son corps pour ne pas m'écraser.

D'abord nous sommes allongés l'un en face de l'autre. Je dévore sa langue. Couvre ses lèvres de baisers, les écrase, lèche ses dents aiguës étincelantes de blancheur, auxquelles je m'écorche le visage et le corps. Et je lèche ses grosses mains, chaque doigt l'un après l'autre. Ses pieds, ses orteils.

Elle se couche sur le côté, soulève une cuisse, et je me déchaîne en elle. Son vagin n'a rien de gigantesque, il se resserre étroitement autour de moi.

Je suis épuisé, vidé. En jouissant, elle balbutiait et souriait avec reconnaissance. Je plonge tout mon visage dans sa toison qu'elle m'offre comme une coupe pleine à déborder dont je me repais.

Quand j'ai repris des forces, je me lève et lui fais signe de venir devant la glace. En effleurant l'intérieur de ses cuisses je lui fais comprendre qu'elle doit écarter les jambes. Je tapote son épaule du bout du doigt, elle se penche en avant. D'elle-même elle tend la croupe en prenant appui des mains sur ses cuisses comme pour jouer à « saute-mouton ».

Malgré sa position, le dos de la géante est aussi haut que celui d'un pur-sang. Une bonne occasion de mettre mon expérience à profit. Chez les cosaques, j'ai appris à sauter sur un cheval, sans étriers et sans selle, uniquement en saisissant sa crinière. Alors, j'attrape la natte de la géante et me hisse d'un bond. Elle n'a même pas tressailli. Mes jambes entourent difficilement ses hanches.

Juché à cette hauteur, il faut que je fasse très attention à ne pas glisser. Si je tombe j'en serai quitte pour remonter.

Je me cramponne des deux mains à sa tresse et la chevauche comme un jockey. Elle tremble. Ses flancs frémissent comme ceux d'une cavale de race. Pas sous mon poids, mais parce qu'elle jouit. Je m'aplatis sur son dos. C'est le sprint final. Seuls mes reins s'activent frénétiquement. But ! Je mords sa tresse, secoué de frissons sur son dos tremblant.

Je me suis endormi sur elle. Quand j'ouvre les yeux, elle n'a pas changé de position, elle est toujours courbée devant la glace. Encore un galop. Puis je mets pied à terre.

Je règle les questions d'argent avec le chauffeur de taxi. Quand la vieille Buick aux sièges poisseux s'éloigne en cahotant et que nous tournons le dos aux glaciers de l'Himalaya, une main de géante se lève en signe d'adieu.

Le tournage est indescriptible. Je suis censé jouer un Indien fanatique qui soulève la population contre les Anglais. Un maquilleur me tartine une espèce de fond de teint chocolat et me colle une barbe de Père Noël. L'opération dure quatre heures tous les matins ! Là-dessus, Flavio m'enfile une chemise qui me pique comme une armée de fourmis rouges, et il en profite pour me peloter dans tous les coins. Puis il me passe une ceinture dorée et me drape un turban. En voyant cela les Indiens secouent la tête, compatissants.

Je n'ai pas lu mon rôle. Et pour cause, personne ne m'a donné de scénario, et on n'a même pas pris la peine de me l'expliquer. En plus le metteur en scène ne cesse de gueuler, et comme il ne parle qu'italien je ne comprends rien. Alors moi tout ce qui m'intéresse c'est de me protéger des nuages de poussière qui nous enveloppent du matin au soir. La chaleur infernale nous brûle les tripes. Nous n'avons que de l'eau bouillie à boire. Pour manger, on nous remet un paquet enveloppé dans un papier gras. Comme les paquets sont préparés à notre hôtel, je ne veux même pas savoir ce qu'ils contiennent. Moi je n'ouvre jamais le mien. Quand quelqu'un s'y risque, il n'a pas le temps de dire ouf qu'il est déjà noir de mouches ! Il n'a plus qu'à jeter le paquet. Alors autant ne pas l'emporter.

À l'hôtel, impossible de trouver le repos. Je ne peux ni dormir ni rester dans ma chambre, d'abord parce que le ventilateur fait un boucan de tous les diables, mais surtout je suis obsédé par ma géante. Je ne retrouve pas le chauffeur de taxi qui m'a conduit chez elle. Je ne me rappelle plus son visage et la dent en or n'est pas un indice suffisant car tous les chauffeurs de taxi en ont. Je les interroge tous sur la géante, mais aucun ne connaît l'immense femme que je décris.

Je n'ai pas le choix. Je me laisse transbahuter n'importe où. Dans des taudis sordides puants l'urine et la merde où on m'amène des putes aux visages vérolés. Dans des fermes labyrinthiques cachées derrière de hauts murs, où on m'enferme pour que je ne puisse pas partir sans payer. Je me retrouve dans des cabanes en torchis, et en tâtonnant dans l'obscurité je trébuche sur des femmes allongées par terre complètement nues. Je les baise avec fureur sans jamais les voir. Je sais que c'est dangereux, pourtant je n'attrape ni la peste, ni le choléra, pas même une chaude-pisse. Mais tout cela ne me console pas de la perte de ma géante.

De retour à Rome, où nous tournons les dernières séquences dans je ne sais quelles catacombes, je ne l'ai toujours pas oubliée. Je dois recommencer la scène où je soulève la population. La première fois, dans le temple indien, j'avais gueulé sans comprendre un traître mot de mon texte. Cette fois la caméra est placée assez loin, le metteur en scène veut seulement prendre des mouvements. Comme je peux crier ce que je veux, je hurle :

« Ecrabouillez-moi toute cette racaille, espèce d'eunuques ! Et laissez-moi retourner chez ma géante ! »

Je ne suis pas rentré à Berlin depuis deux jours que Constantin m'appelle :

« Vous partez pour Mexico à la fin de la semaine afin de tourner un film sur les courses de voitures.

— Extra. Je vais de ce pas m'acheter un dictionnaire d'espagnol. »

C'était hier. Aujourd'hui il me rappelle :

« Mexico, c'est annulé pour le moment. Vous partez pour Madrid dans deux jours afin de tourner un western. »

Comme je suis un commis voyageur, je pars pour Madrid.

Le premier jour de tournage, je refuse de mettre un chapeau de cow-boy. Il est plein de poux et le cuir est complètement pourri. Ils auraient pu faire nettoyer leurs frusques! Le metteur en scène, un Espagnol, veut me forcer à mettre le chapeau.

« Toi, un jour, tu viendras boire l'eau de mes chiottes! »

Là-dessus, je me tire.

Dommage, Anita Ekberg était si sympathique.

Mais ce n'est pas si facile! Un contrat avec une maison de distribution ressemble un peu à un contrat avec la Mafia. Tu peux toujours râler, impossible d'y échapper. En guise de représailles, on me condamne à tourner un film à Prague.

Prague, la Ville dorée. Moi je n'y vois pas d'or, mais les filles ont bonne réputation. Avant toute chose je me fais venir une nouvelle Jaguar de Munich.

La secrétaire profite de la pause de midi pour m'accompagner dans le parc voisin de l'hôtel. Derrière les buissons en fleurs, nous sommes parfaitement à l'abri. Je constate que les Tchèques n'ont pas volé leur réputation. Malheureusement, elle reprend son service en retard et le directeur de l'hôtel m'oblige à plier bagages séance tenante. Je m'installe juste en face.

Au tour d'Olga, une de mes partenaires. Elle a dix-sept ans, des boucles dorées et dans son pays elle a déjà une réputation de star. Le gouvernement lui a supprimé son passeport pour avoir posé nue pour *Playboy*. A part ça c'est une très brave fille. Trop gentille. A l'hôtel, je suis obligé de la faire entrer en douce. Non que la police soit puritaine. Mais si tu es étranger à l'hôtel, autrement dit si tu n'as pas justifié de ton identité, tu n'as pas le droit de venir y baiser.

Nous allons passer le week-end dans un camping où nous louons une cabane en bois. Irréprochable, cette playgirl, sinon qu'elle jouit en silence. Nous serions peut-être restés ensemble pendant tout le film, sans l'arrivée de ma deuxième partenaire, Dominique B., mi-Italienne, mi-Française. Un véritable vampire qui pompe les hommes jusqu'à leur dernière goutte. Elle me téléphone en me demandant pourquoi je n'habite pas le même hôtel qu'elle.

« Pour des raisons politiques ! » dis-je ironiquement.

Elle me demande de venir la retrouver. Comme je parle français, Olga, assise sur le lit à côté de moi, ne comprend pas. Je lui explique que j'ai rendez-vous avec des amis de passage. Mais comme d'habitude je passerai la prendre demain matin devant l'hôtel.

Dominique m'a donné rendez-vous dans le hall de son hôtel, car deux gardiens sont postés l'un devant l'ascenseur, l'autre au pied de l'escalier ; on ne passe pas sans montrer sa clef. Dominique fait un peu de gringue au préposé à l'escalier. Elle va et vient dans le hall en se déhanchant pour mettre en valeur sa fantastique chute de reins. En plus elle est d'une élégance italienne raffinée. Le moment venu, elle laisse tomber sa pochette. Le gardien s'empresse. Je me précipite dans l'escalier.

Le jour se lève, une grisaille de mauvais augure. Dominique est toujours affalée sur le ventre. Dans cette position elle a gueulé toute la nuit à pleins poumons alors que la fenêtre était grande ouverte. Les flics qui patrouillaient dans les parages ont même envoyé le veilleur de nuit voir ce qui se passait. Madame est souffrante? Et Dominique a répondu :

« Je me suis cognée. »

Naturellement, elle veut que je l'emmène au studio. Moi je veux bien, mais Olga? La Jaguar E n'a que deux places. Dominique se fiche d'Olga. Elle part avec moi, c'est tout. Elle sait qu'elle l'a définitivement supplantée.

Quand Dominique monte dans la Jaguar, Olga, qui m'attendait derrière une colonne d'affichage sur le trottoir opposé, traverse la rue comme une folle, attrape Dominique par les cheveux et essaie de la tirer hors de la voiture.

Dominique ne cède pas sa place comme ça, à son tour elle attrape Olga par les cheveux, griffe, mord, balance des coups de pied, tout ça en débitant des chapelets d'injures tant françaises qu'italiennes. Olga me gifle et s'en va en pleurant.

Le jour même, Dominique s'installe à mon hôtel. A ma demande elle ne porte plus jamais de culotte. Nulle part. Pendant les repas, même en public, nous nous donnons la becquée, de bouche à bouche. Quand nous ne tournons pas, nous ne sortons du lit que pour aller dans la salle de bain.

On m'envoie en Yougoslavie commencer le tournage de je ne sais quel film pour Wendtland. A Prague, le tournage est loin d'être terminé. Dominique est furieuse. Pas question qu'elle m'accompagne, elle a encore plusieurs scènes à tourner sans moi.

J'essaie de lui téléphoner de Yougoslavie. Mais

du patelin où nous tournons, impossible d'obtenir la communication. J'attends quatorze, seize, vingt heures, et quand le circuit est enfin établi, ou on n'entend rien ou nous sommes coupés avant d'avoir eu le temps d'échanger deux mots. Et il faut repartir de zéro. Quatorze, seize, vingt heures d'attente.

Je rentre à Prague huit jours plus tard. Dominique vient me chercher à l'aéroport.

Au bout d'une semaine, il faut que je sorte de son lit pour retourner en Yougoslavie. Cette fois encore j'essaie de l'appeler. Quatorze, seize, vingt heures d'attente, pour rien. Encore dix jours et je rentre à Prague. Dominique vient me chercher de nouveau à l'aéroport et cette fois encore nous ne sortons pas du pieu jusqu'au prochain jour de tournage. Pas même pour commander à manger.

J'avoue que j'ai complètement négligé Gitta et Aglaïa. Pas même un coup de téléphone. Pourtant, de Prague, on obtient facilement Berlin. Quand Gitta m'appelle en m'accablant de reproches, je lui réponds que je tourne jour et nuit. Je suis un vrai salaud. Mais comment me débarrasser de Dominique? Je lui suis de plus en plus attaché et elle-même ne peut plus se passer de moi. Elle veut que je l'accompagne à Rome. Que je reste avec elle. Je le lui promets.

Justement, Fellini, qui souhaite m'engager pour son prochain film, me demande de venir. Dominique part la première, moi il faut d'abord que je ramène la Jaguar à Berlin.

Avant de repartir pour Rome, je passe vingt-quatre heures avec Gitta et Aglaïa emplies de joie de me retrouver. Moi je ne pense qu'à Dominique.

Gitta m'arrache la promesse de l'emmener en Yougoslavie, où m'attendent encore cinq semaines de tournage. Impossible de refuser. Mais je ne sais pas ce qui en sortira.

A Rome, Dominique m'emmène chez Fellini. Il m'étudie sous toutes les coutures. Au bout de quelques heures, il commence à me taper sur les nerfs. Je n'ai rien à foutre de son baratin! Je ne quitte pas Dominique des yeux. On se tire!

Dominique habite un grand appartement ensoleillé dans la Cassia Antica, avec une immense terrasse dominant toute la ville. Sa bonne est habituée à l'entendre crier. Elle entre sans frapper, et nous pouvons être en pleine action, elle nous tape sur l'épaule pour nous dire que le repas est servi.

Dominique aime bien m'habiller. Elle m'offre toute une garde-robe, des maillots de bain, des pantalons, des chemises, des chaussures, des chaînettes. Elle gagne bien sa vie. Elle est restée l'amie d'Agnelli. Elle possède pas mal de bijoux.

Au bout de quarante-huit heures, il faut que je parte pour la Yougoslavie! A Split cette fois. Quelle équipée! Non seulement il faut changer d'avion, mais, une fois à Trieste, on a encore deux heures de route à faire. Comme je ne veux pas laisser Gitta voyager seule avec Aglaïa, je leur donne rendez-vous à l'aéroport de Munich. Elles sont folles de joie à l'idée de passer cinq semaines avec moi. Sans compter que Split se trouve au bord de la mer. Gitta a emporté des maillots de bain, des bouées, des quantités de jouets sur la plage.

Je suis mal à l'aise, préoccupé. Comment avoir une explication avec Gitta ? Car il le faut. Il faut que je lui avoue la vérité. D'abord cette aventure avec Dominique risque de se prolonger, ensuite je suis incapable de tenir cinq semaines loin d'elle et j'ai bien l'intention de faire de fréquentes escapades à Rome. Il faudra donc bien que j'explique à Gitta la raison de ces voyages éreintants, uniquement pour passer une journée, voire quelques heures, à Rome. Car on ne me laissera pas partir plus longtemps. Le tournage est resté en rade à cause du film de Prague et on n'attend plus que moi.

Mon contrat avec Fellini est prêt. On doit me l'envoyer en Yougoslavie, je n'aurai plus qu'à le signer. Plus je serai franc avec Gitta, mieux cela vaudra pour elle et pour moi. Mais je ne vais pas lui parler maintenant. Pas ici, à l'aéroport.

Le premier soir à Split, nous sommes en train de dîner dans notre appartement quand le téléphone sonne. C'est Dominique. Elle me demande quand je viens à Rome et pourquoi je suis si bizarre au téléphone. Merde ! Non seulement Gitta et Aglaïa me regardent, mais la communication est si mauvaise que je suis obligé de hurler. Tout l'hôtel peut en profiter.

Je ne peux plus me contenir, je crie :

« Je t'aime ! Je t'aime ! »

Bien sûr, Gitta ne comprend pas un mot de français. Mais quand je la vois retenir Aglaïa pour qu'elle ne fasse pas de bruit et ne me dérange pas, je comprends que le moment est venu de lui avouer la vérité :

« Je vous aime toutes les deux, mais nous ne serons peut-être pas toujours ensemble...

— ... ce qui signifie que tu as besoin d'être seul ? demande Gitta.

— Ce qui signifie qu'il faut que nous nous séparions, du moins pour un certain temps.

— Tu veux dire que tu as besoin de repos ? De solitude ? Oui, je comprends... Mais combien de temps ?

— Je ne sais pas... Longtemps peut-être...

— Mais tu reviendras ?

— Non... je veux dire, oui... enfin... oui ! Oui, bien sûr, je reviendrai. C'est-à-dire... je ne vous quitte pas... Ce n'est pas non plus que j'ai besoin d'être seul. Il faut que j'aille retrouver une autre femme, voilà ! »

Brusquement Gitta se jette sur le raisin. Probablement sans s'en rendre compte, car avant le coup de téléphone elle n'avait déjà plus faim. Les grains ont du mal à passer, comme si c'était le mot « femme » qui lui restait en travers de la gorge. Comme si elle ne comprenait pas.

« Une femme ? Quelle femme... ?

— Une femme. Que je dois aller rejoindre.

— Alors tu ne nous aimes plus ?

— Mais si je vous aime ! Je vous aime toujours autant ! Mais il faut que j'aille retrouver cette femme. Il le faut, tu comprends ? » Je hurle, encore plus injuste.

« Non, répond Gitta d'une voix sourde.

— Je te demande pardon. Je suis un con. Je ne sais pas ce que je dis.

— Si ! Tu le sais très bien. J'ai compris.

— Qu'est-ce que tu as compris ?

— Que tu nous aimes bien sûr, mais que cette femme compte plus que nous... Pourquoi nous as-tu laissé venir en Yougoslavie ? Nous étions si heureuses d'être avec toi. »

Je ne sais plus que dire. Dans ma tête, tout s'embrouille. Et le téléphone qui recommence à sonner... C'est encore Dominique ! Alors je hurle que je l'aime ! Comme cela toute la nuit. Elle appelle encore trois fois, veut absolument savoir quand j'arrive. Gitta et moi restons debout jusqu'à l'aube. Mais il n'y a plus de dialogue possible. Quelque chose s'est brisé. Gitta ne pleure pas, mais elle semble aux abois, désemparée... un avant-goût de ce qui se passera si je la quitte.

Gitta est capable de voler de ses propres ailes bien sûr, mais pendant toutes ces dernières années elle s'est entièrement consacrée à moi, s'est donnée sans compter. Moi j'ai accepté ce qu'elle m'offrait, et voilà que soudain elle se retrouve les mains vides. Elle ne peut pas concevoir que je veuille la quitter à cause d'une autre femme. Et elle est persuadée que je mens quand je prétends l'aimer malgré tout.

Pendant cinq semaines, je fais neuf voyages à Rome. Une fois j'ai juste le temps de passer une heure et demie avec Dominique. Et pour cela, entre l'aller et le retour, je dois changer quatre fois d'avion et faire 320 kilomètres en voiture.

A chaque correspondance, je me précipite sur une cabine téléphonique : « J'arrive ! » Au retour, je hurle dans le téléphone : « Je reviendrai ! »

Nous quittons Split pour un autre lieu de tournage. Gitta est à bout de nerfs et pleure sans arrêt. Tout d'un coup elle décide de partir. Je l'emmène à Venise dans la voiture de la production. 450 kilomètres! A Venise, pas d'avion avant le lendemain matin. Alors elle décide de passer la nuit dans un hôtel du Lido. Quand je vois les silhouettes de Gitta et d'Aglaïa s'estomper sur le Grand Canal, je me précipite dans une vedette qui me conduit à l'aéroport à plein régime. J'arrive juste à temps pour embarquer dans le vol à destination de Rome.

Gitta est arrivée malade à Berlin. Elle m'écrit qu'à Venise, sans Aglaïa, elle se serait suicidée.

En Yougoslavie, j'habite maintenant un hôtel dirigé par une femme. Si c'est elle qui m'a donné une maladie, pas question d'aller voir Dominique dans l'immédiat.

Une halte à Munich. Le temps de me faire faire une piqûre par le père de Linda. Le lendemain matin, je prends l'avion pour Berlin.

A mon arrivée, Gitta se jette dans mes bras. Mais elle a changé. La nuit, elle veut me prouver qu'elle est une aussi bonne amante que Dominique.

Ce matin, tout se serait bien passé si Dominique n'avait pas téléphoné. Trois fois de suite, car la communication est toujours coupée. Je lui dis que je la rappellerai. Du coup elle se méfie, elle aussi!

Gitta devient agressive. Elle refuse d'admettre que je puisse lui préférer Dominique. Si je suis tellement attaché à l'autre, c'est que je ne l'aime plus!

« Dis-moi que tu ne m'aimes plus! Dis-moi que tu ne m'aimes plus! Dis-moi que tu ne m'aimes plus! »

Le même refrain toute la journée. A force de crier, elle finit par s'enrouer. Alors elle recommence à pleurer.

Je ne peux pourtant pas lui dire que je ne l'aime plus, ce serait un mensonge.

Pendant une semaine, je passe mon temps à courir à la poste pour appeler Dominique. Puis je reprends l'avion pour Rome.

Dominique aussi a changé. Comme si elle savait que Gitta a voulu me prouver sa supériorité, elle fait tout pour l'éclipser. Tout d'un coup, elle veut savoir quelles positions je préfère, comment elle me fait le mieux jouir. Elle me demande comment s'habiller, si elle doit mettre des jarretelles, et si oui, lesquelles, avec ou sans culotte. Elle ouvre tous ses tiroirs et sort des tas de sous-vêtements suggestifs qu'elle a achetés à Pigalle. Des cache-sexe minuscules en satin. Elle en a de couleurs vives, jaune, orange, rouge, vert, turquoise. Pourvus d'une fente au niveau du vagin, ou complètement ouverts jusqu'à l'anus. Chaque fois qu'elle essaie un nouveau truc, elle me demande de la tringler. Debout, accroupie, penchée, toujours convaincue de surpasser Gitta en raffinement et en impudeur.

Elle me demande si je veux coucher avec elle et une autre fille. Ou qu'elle me regarde avec une autre. Ou que je la regarde avec une autre fille. Ou se faire baiser par d'autres hommes. Elle me parle des mineures qu'elle a ramassées dans la rue et qu'elle a séduites pour m'exciter et me demande si Gitta serait capable d'en faire autant ?

« Tu veux m'épouser ? demande-t-elle timidement, presque anxieuse, tandis que nous sommes installés dans le jardin d'un restaurant près du Ponte Milvio.

Aussitôt elle se rembrunit, comme si elle connaissait déjà ma réponse. Et là elle n'a plus rien de dépravé ni de pervers. Plus rien de ce cynisme qu'elle affiche souvent pour dissimuler sa candeur et son désarroi. Elle n'est plus que la petite fille paumée, née dans un village de montagne à la frontière franco-italienne, rêvant comme toutes ses semblables de se sentir aimée et protégée.

« Je ne peux pas t'épouser, Dominiqué. Je le ferais volontiers mais je ne peux pas abandonner Gitta.

— Sale bourgeois !

— Ne sois pas ridicule. Si les bourgeois détestent quelqu'un, c'est bien moi !

— Toute ma vie, j'ai rêvé d'un homme que j'aimerais. Et maintenant que je l'ai trouvé, il est trop lâche pour m'épouser. »

Elle pleure.

« Je ne suis pas trop lâche pour t'épouser, Dominique. Comme si c'était une question de courage. Ecoute, je vais même te faire une confidence : je t'aime.

— Mais tu aimes aussi Gitta !

— Oui, je vous aime toutes les deux. »

La vérité, c'est que j'aime toutes les femmes et que je ne peux toutes les épouser ! Mais je me tais. J'essuie ses larmes, je décommande les truites, je règle et nous partons.

Nous nous endormons sur la terrasse, épuisés,

et nous nous tenons toute la nuit enlacés. Sachant que je préfère dormir dehors, elle a fait fabriquer un lit spécialement pour nous avec des rideaux comme un baldaquin.

Le petit déjeuner nous attend sur la terrasse. La bonne remplit nos tasses en bougonnant. Il est inutile qu'elle serve le café fumant, comme d'habitude nous allons tout laisser refroidir. Nous nous étreignons une dernière fois, tandis qu'à nos pieds la ville s'éveille : Rome recommence à s'animer.

Après le petit déjeuner, nous allons via Nemea visiter une résidence de luxe. Dix *palazzos,* un court de tennis, une piscine. J'y loue un appartement mansardé et paie un an d'avance. J'ai décidé de rester à Rome. Si Gitta et Aglaïa veulent m'y rejoindre, l'appartement est assez grand pour trois. A une heure, Dominique m'emmène à l'aéroport.

Persuadée que je ne l'aimais plus, Gitta voulait me quitter. Libre à elle, mais moi de toute façon je continuerai à m'occuper d'elle. Soudain, elle se ravise. Elle ne se laissera pas évincer, elle luttera. Elle décide de s'installer à Rome avec Aglaïa. Nous résilions le bail de notre villa de Berlin, et nous nous installons provisoirement dans un deux-pièces près du lac de Wannsee. Gitta veut conserver un pied-à-terre en Allemagne à cause de sa mère.

Je reçois avec retard le contrat de Fellini. Le cachet est minable. Il est gonflé, ce mec! Evidemment Fellini s'octroie la part du lion. Non seulement je ne signe pas mais j'envoie un télégramme : *Va fare in culo!* Le préposé est embêté, il ne peut pas expédier ça. Je refuse de changer un mot et finalement le télégramme arrivera à Rome.

Je vais à Londres tourner un film anglais. Je joue une *Mewshouse* en face de Hyde Park. Puis je fais venir Gitta et Aglaïa. C'est une maison de deux étages, propre et coquettement meublée, une maison de poupée romantique à souhait. Le printemps est revenu, nous vivons au milieu des arbres en fleurs. Gitta est ravie, le quartier pullule de chats. On en rencontre partout, sur le toit des voitures en stationnement, dans le parc surtout. Cet immense jardin où chacun est libre de faire ce qui lui plaît. Un paradis pour Gitta et Aglaïa.

A Londres, cette ville colorée qui brille de mille feux, le passé commence à s'estomper. Du moins pour Gitta. Moi je suis incapable d'oublier une femme à qui j'ai fait l'amour. La dernière en date était Dominique, provisoirement toutes les autres sont reléguées à l'arrière plan. Et comme Gitta me rappelle trop mon aventure avec Dominique, je recommence à courir.

Je ne me donne pas la peine d'inventer des prétextes plausibles :

« Je vais acheter des cigarettes. »

Ou encore :

« Je vais à la banque. »

Là-dessus, je pars retrouver les secrétaires de la maison de production, mes partenaires, des figurantes, notre logeuse, les stripteaseuses de Soho. Ou bien, plus simplement, je drague dans la rue. La nuit je sors en douce. J'erre dans Piccadilly

Circus ou dans Soho. Je vais voir les très jeunes putes de Chinatown.

Aujourd'hui, comme Gitta et Aglaïa sont allées faire un tour à Brighton, je ramène un colonel de l'armée israélienne à la maison. C'est bien la première fois que je baiserais un colonel ! Comme elle est en civil, je lui demande de me montrer ses papiers pour vérifier. Si Marie-Madeleine ressemblait à ce « militaire », je comprends que Jésus en ait pincé pour elle. Celle-ci a du duvet noir au-dessus de la lèvre supérieure, ce qui m'excite, mais pourtant, je suis distrait. Dominique doit venir passer une demi-journée à Londres. Pas avant le week-end, je sais bien, n'empêche que je renvoie le « colonel » après deux barouds d'honneur.

Dominique arrive. Impossible de quitter le plateau. Or, elle doit reprendre l'avion pour Rome à vingt et une heures. Heureusement les Anglais débrayent à 17 h 40. Je fonce à l'hôtel Dorchester en costume de lord anglais du XIXᵉ siècle. Nous n'avons que trente-cinq minutes devant nous. Dominique repart seule à l'aéroport.

L'assistant de David Lean vient me voir au Shepperton-studio. Il reste trois rôles disponibles dans *Docteur Jivago*. David, actuellement à Madrid, me demande de choisir celui que je préfère.

« N'importe. J'aimerais travailler avec David Lean. »

Jusqu'à l'automne je tourne à Berlin pour Wendtland. Il m'a menacé de me traîner en justice car mon contrat m'interdit de travailler pour une autre maison de production. Fin novembre je tourne un film espagnol à Barcelone.

Réveillon de Noël. J'achète des cadeaux pour Gitta et Aglaïa, et distribue tout ce qui me reste de mon dernier acompte aux putains de Barcelone, la plupart ont des enfants. Je rentre à Berlin juste à temps pour passer la journée de Noël. Je vais faire du patin à glace sur le lac avec Aglaïa.

Les prises de vues de *Jivago* commencent en janvier. Gitta et Aglaïa m'accompagnent à Madrid.

Sergio Leone présente son dernier film *Pour une poignée de dollars.* Il veut me rencontrer. Et il me donne un rôle dans son deuxième western *Pour quelques dollars de plus.*

Je m'arrête à Munich pour prendre Pola, et en route pour Rome où m'attendent les essayages. Nous inaugurons l'appartement de la via Nemea. Je ne téléphone même pas à Dominique. Je reste seul avec ma fille. Elle va maintenant sur ses treize ans et je suis fou d'elle.

Pendant les vacances de Pâques, elle vient nous rejoindre à Madrid. Moi je ne suis pas là. Les assistants de David Lean ont patrouillé dans toute l'Espagne à la recherche des dernières neiges, et nous nous retrouvons à 270 kilomètres de Madrid. Nous passons la nuit dans des auberges au hasard de nos déplacements.

Un petit garçon joue un rôle dans *Jivago*. Il tourne dans la scène du wagon à bestiaux avec Omar Sharif, Géraldine Chaplin, Sir Richardson et moi. Sa mère est l'épouse d'un diplomate américain trop occupé pour accompagner son fils.

C'est donc la mère qui s'en occupe et elle nous suit absolument partout. Son torse frêle fait un contraste étonnant avec ses hanches larges et ses cuisses plantureuses. Comme si la nature s'était offert un caprice. En plus, ses cuisses sont couvertes de poils jusqu'aux hanches, ce qui lui donne l'aspect d'un satyre féminin. Je ne la baise que debout devant la glace pour mieux jouir du spectacle.

A l'auberge, comme les planchers craquent et qu'on s'entend péter d'une chambre à l'autre, je marche à pas de loup toujours en chaussettes. Passé minuit, elle se glisse dans ma chambre, déjà complètement nue. Pour peu que quelqu'un la rencontre en allant aux toilettes, il ne se fera plus d'illusions. Le soir, quand nous dînons avec les autres, j'exige qu'elle retire sa culotte et me la tende sous la table. Je lui interdis de s'habiller pour aller ouvrir au garçon qui lui apporte son petit déjeuner.

Notre liaison devrait prendre fin à Madrid. Non seulement son mari rentre tous les soirs, mais il fait souvent un saut à l'heure du déjeuner. Nous avons quitté le village à sept heures du matin et nous arrivons dans la capitale vers dix heures. Comme elle habite sur le chemin, nous passons d'abord chez elle. Alors que je regarde la villa, le chauffeur rentre les valises, les miennes y compris. Et j'entends la satyre lui déclarer :

« *Mister Kinski takes a taxi.* »

A Madrid, le tournage se poursuit. Comme le gamin a terminé ses scènes, je ne revois plus sa maman. En revanche, je n'ai jamais vu autant de journalistes. Des bataillons entiers. Américains en majorité, mais il en débarque du monde entier. Pour une fois, ils ne se contentent pas de poser des questions, mais leurs commentaires sont toujours aussi absurdes.

« *In your face are millions of dollars.*

— *I didn't know I have so much on my account. Would you please give me hundred thousand in advance?* »

David Lean possède une Rolls-Royce rouge. Après la satyre, c'est ce qui m'intéresse le plus dans le film *Jivago*. Je la dévore des yeux, comme autrefois quand je m'écrasais le nez contre les vitrines des magasins de jouets.

« *Don't get mad about it* », dit David en souriant.

Lui-même est fou de sa Rolls. Pendant la journée, il la recouvre d'une housse taillée sur mesure qui épouse même la forme de l'emblème. Comme un préservatif sur un phallus en érection.

« *In about five years you'll sit in the back of your own one.* »

J'ignorais encore à quel point il avait raison.

Je n'ose pas montrer à Gitta le télégramme qui vient d'arriver. Je l'ai ouvert machinalement, croyant qu'il m'était adressé. Or c'est à elle qu'il est destiné : un ami berlinois lui annonce la mort de sa mère. Comment faire juste après la scène qui vient de se produire? Car nous nous sommes encore battus, jusqu'au coup de sonnette du télégraphiste.

Je m'enferme dans la salle de bain, lisant et relisant le télégramme comme si je ne parvenais pas à comprendre ce message de mort. J'ai eu la même réaction en apprenant la mort de ma mère, et plus tard celles de la journaliste, de Sabine, de Yasmin. Je n'ai qu'une seule idée, il faut que je me réconcilie avec Gitta pour qu'elle ne se sente pas abandonnée. Elle n'avait que sa mère au monde, en dehors de moi et d'Aglaïa.

Soudain, je l'entends crier dans la salle de bain. Je me précipite : elle est effondrée sur le carrelage, les mains crispées sur le télégramme froissé. Je l'ai oublié dans la poche du peignoir de bain. Je la prends dans mes bras et la porte dans sa chambre.

Toute la journée, elle reste incapable de prononcer une phrase cohérente. Elle fait monter Aglaïa sur son lit, l'étreint et la couvre de baisers. Aglaïa me regarde, désemparée. Ma fille aînée reste sur le seuil pendant des heures, sans bouger, sans dire un mot. Du balcon de notre appartement, au trente-troisième étage, je contemple la boule du soleil qui prend une couleur brune de sang séché.

Gitta est debout près de moi. Je ne l'ai pas entendue venir. Elle ne pleure plus. Elle s'exprime d'une voix douce et pondérée, mais distraitement comme quelqu'un qui aurait une foule de choses à préparer mais qui ne saurait plus pourquoi.

« Il faut absolument que je rentre à Berlin dès demain matin. J'emmène Aglaïa.

— Je m'occuperai des billets.

— Réserve des places dans le premier vol. Oui, le premier. Même s'il y a une correspondance. Il faut absolument que je sois là-bas pour l'enterrement. Je serai peut-être la seule. Et puis il faut aussi que je m'occupe des fleurs. Beaucoup de fleurs, les plus belles. Ou une couronne. Tu crois qu'il vaut mieux que je commande une couronne ?

— Plutôt des fleurs...

— Mon Dieu ! Et le cercueil ! Je suis sûre qu'elle n'en a pas. Qu'est-ce qu'il faut prendre ? Moi je préfère un cercueil en zinc. Je ne veux pas qu'elle soit mangée par les vers. Est-ce vrai que les morts sont mangés par les vers ?

— Oui. Mais c'est naturel. Les vers aussi se font dévorer. Et les bêtes qui les mangent finissent par pourrir. C'est cette pourriture qui donne naissance à d'autres asticots. Mais aussi à des plantes, à de nouvelles fleurs. Le fumier engendre la vie.

— Mais moi je ne veux pas que ma mère pourrisse. Je veux qu'elle ait un cercueil en zinc.

— Je te donnerai tout l'argent nécessaire.

— Dans un cercueil en zinc elle ne pourrira pas ?

— Non.

— Alors c'est décidé, j'achèterai un cercueil en zinc. Et la pierre tombale ! Je n'arriverai jamais à tout faire !...

— Tu as encore le temps.

— Mais la tombe ! Il faut bien que je trouve une tombe. Et les plantations !

— Tu auras le temps.

— Alors occupe-toi des billets demain matin de bonne heure, d'accord ?

— Tout de suite, si tu préfères. Je peux faire un saut à l'aéroport.

— Non, demain matin. Ne me laisse pas seule, pas maintenant. »

Elle rentre. Comme personne n'a allumé, l'appartement est plongé dans une obscurité lugubre. Pola continue à errer comme une âme en peine. Quand je la bouscule, elle pousse un cri de terreur. Je finis par trouver le commutateur.

Une hirondelle pique sur les grandes baies vitrées, et s'effondre dans un coin du balcon, toute tremblante. Elle doit avoir perdu le sens de l'orientation. Je la ramasse. Quand Gitta revient sur le balcon, elle me la prend des mains et lui caresse doucement la tête. Je n'avais jamais vu une hirondelle d'aussi près. Son corps est délicat, fragile. Mais son duvet et ses plumes ébouriffées témoignent de toutes les intempéries qu'elle a subies. Ses yeux inquiets cherchent dans le lointain. On la sent d'une sauvagerie indomptable. Le symbole même de la liberté. Gitta ouvre les mains pour voir si elle s'envolera. Pendant quelques secondes, il ne se passe rien. Puis, d'un vigoureux coup d'ailes, l'hirondelle s'élance pour s'engloutir dans la nuit. Gitta sourit. Je pose mon bras autour de ses épaules.

« Est-ce que l'hirondelle pourrira aussi quand elle sera morte ? Elle sera mangée par les vers ?

— Oui. Elle aussi.

— Alors je n'achèterai pas de cercueil en zinc. »

Elle se blottit contre moi et nous restons un long moment silencieux.

Gitta et Aglaïa parties, je demeure en tête-à-tête avec Pola. Ses vacances se terminent et j'appréhende de rester seul si Gitta et Aglaïa ne revien-

nent pas avant son départ. Mais Gitta me téléphone de Berlin en m'annonçant son retour dans
deux jours. Il ne lui reste plus qu'à commander
une pierre tombale, et s'arranger avec un des jar-
diniers du cimetière pour les plantations et l'entretien de la tombe.

Nous quittons enfin la fournaise de Madrid
pour Almeria, où Sergio Leone tourne son western. Nous louons une villa sur la plage, avec une
si grande terrasse que nous pouvons même jouer
au tennis. La mer rugit jour et nuit et je retrouve
enfin le sommeil.

Les gitans d'Andalousie deviennent mes amis.
Mes frères de sang. Ils me considèrent comme un
des leurs, m'accueillent dans leurs familles. Je
finis par les connaître tous, d'Almerìa à Grenade
et de Màlaga à Séville. Je connais aussi toutes les
gitanes, des écolières aux danseuses de flamenco,
en passant par les putes, qui vivent dans des grot-
tes creusées dans le roc. J'apprends leur langue,
habite avec eux. Chaque semaine, j'organise une
fête sur la terrasse de notre villa et je n'y invite
que des gitans. Couronnés de fleurs, nous dansons
et chantons sous les étoiles si basses que je crains
presque de les voir s'effondrer. Le vrai flamenco
des gitans n'a rien à voir avec celui destiné aux
touristes, c'est un véritable acte d'amour.

Ils m'invitent même à un mariage. C'est le plus
grand honneur qu'ils puissent m'accorder. On met
la mariée sur la table. Alors, en présence du plus
ancien de la tribu, elle écarte les cuisses et sa
mère déchire son hymen, le doigt entouré d'une
étoffe. Puis l'étoffe ensanglantée fait le tour des

invités. Jamais un étranger n'est autorisé à assister à cette cérémonie.

Retour à Rome. Comme j'ai laissé la Jaguar en Allemagne, j'achète une Maserati. Nous nous installons dans notre appartement. Rien n'est trop beau pour Gitta et Aglaïa : je fais remplacer le revêtement de sol par une moquette de velours anglais. Pour les murs, les rideaux et les nappes, je choisis de la soie italienne. Enfin, je fais installer des poignées dorées aux portes et aux fenêtres, ainsi que des robinets dorés dans la salle de bain.

Liliana Cavani veut me confier le rôle principal dans *François d'Assise*. Notre rencontre chez William Morris se prolonge pendant des heures. Mais nous ne parvenons pas à nous mettre d'accord. Le producteur me propose trop peu d'argent. Alors pas question. Au bout de quelques jours, l'agence William Morris me téléphone : il double le cachet, ça irait ? Okay. Mais le jour même on me rappelle : le producteur est incapable de rassembler la somme. Je casse le téléphone et déchire mon contrat avec William Morris. Sergio Leone m'avait averti.

J'ACCEPTE d'aller au Maroc tourner un film anglais avec Margareth L. et Senta B. Gittà reste à Rome, elle adore l'appartement de la via Nemea.

A Marrakech, je fais décharger mes valises devant la Mamounia et demande qu'on les porte dans ma chambre. Je n'ai pas l'intention de mettre les pieds à l'hôtel avant qu'on vienne me chercher pour le tournage. D'ici là, pas une minute à perdre.

Une femme voilée passe à vélo. Elle porte un burnous noir comme ceux des bonnes sœurs, si bien que je ne vois que ses mains chargées de bagues sur le guidon, ses pieds nus dans des sandales et ses yeux de braise. Je la hèle comme un taxi. Elle tourne la tête, et manque de rentrer dans une voiture. Elle s'arrête une centaine de mètres plus loin et m'attend. L'adresse, l'heure du rendez-vous, elle m'écrit tout ça sur un petit bout de papier. J'essaie de déchiffrer. Minuit, je suppose. Mais l'adresse, mystère, elle est écrite en arabe. Tant pis, je montrerai le papier à un chauffeur de taxi.

Il n'est que trois heures. Alors je vais me promener dans les souks où je suis assailli par des gamins qui me proposent du kif ou me demandent si je veux coucher avec eux. Je finis par m'asseoir dans la poussière au milieu des fumeurs de kif pour écouter le conteur. J'ai beau ne pas comprendre un traître mot, j'ai l'impression d'être transporté au pays des *Mille et Une Nuits*.

Je prends une petite fille sur mes épaules. La place est bondée et elle ne pouvait rien voir. Elle ne porte pas de culotte sous sa robe déchirée. Je sens sa datte poisseuse dans mon cou.

Tout m'ensorcelle : cette petite fille qui se masse le clitoris contre ma nuque tandis que je caresse ses cuisses minces. Les gestes implorants du conteur. Le kif très fort. L'atmosphère enivrante faite de senteurs indéfinissables qui se mélangent à une puanteur suffocante et à l'odeur de la drogue. Les accents monotones de la musique orientale qui surgit des moindres recoins, tous les dialectes arabes, les murmures, les chuchotements, les cris, les interpellations, les éclats de rire... J'aurais sûrement oublié mon rendez-vous avec la cycliste si, en prenant de l'argent dans ma poche pour payer un vendeur de kif, je n'avais fait tomber le petit bout de papier et si la fillette ne me l'avait fait remarquer. Bientôt minuit. La petite s'accroche à ma main et ne veut plus faire un pas sans moi. Je lui donne tout l'argent que je peux et lui explique par gestes que je reviendrai demain à la même heure.

Apparemment, le chauffeur de taxi ne parvient pas non plus à déchiffrer le bout de papier. En tout cas, il parcourt toute la ville pour interroger des silhouettes voilées dans les ruelles obscures où la voiture trouve juste la place de passer. Une heure du matin. Il me dépose enfin devant une maison délabrée et sombre dont la lourde porte est garnie de ferrures.

La porte est entrebâillée. Je gratte une allumette et tâtonne dans le couloir imprégné d'une odeur de menthe et de cannelle. L'allumette s'éteint. Je n'avais pas vu les marches, merde! Je me suis fait mal au genou en tombant.

Une porte s'entrouvre. De la chambre filtre la faible lueur d'une lampe à huile et je distingue une silhouette voilée. Elle fait un pas sur le côté comme pour me prier d'entrer. Ma cycliste? Je n'en sais rien. Au Maroc, les femmes voilées ont toutes un regard aussi troublant. Elle m'entraîne dans la chambre. Pas de meubles, sauf un lit sans draps.

La voilà nue. L'inconvénient avec les femmes voilées, c'est qu'on ne peut deviner leur âge, car même lorsqu'elles sont fanées, leurs yeux de braise sont toujours aussi ardents. Ma cycliste n'est pas belle au sens habituel du terme, pas même jolie. Mais cela n'a jamais beaucoup compté pour moi. Son corps et son visage vérolé me font penser à une bête de proie qui aurait livré beaucoup de combats. Son ventre rebondi surmonte un pubis rasé. Ses seins sont lourds sans être volumineux. Une fois que je suis déshabillé, elle m'entraîne sur le matelas.

Son vagin est tellement ardent qu'il me brûle. J'éjacule sans m'en rendre compte. Elle gémit doucement, mais elle se cramponne aux barreaux du lit et son visage vérolé se convulse.

Elle a une grosse cicatrice sur le mamelon gauche. Quand je l'effleure du bout du doigt, elle m'explique par gestes que quelqu'un lui a écrasé une cigarette sur le sein. Alors j'embrasse la cicatrice. La lumière du jour filtre à travers les volets disjoints. Sept heures. Je m'habille et cherche de l'argent dans mes poches. Mais elle refuse.

Autrefois, le parc de la Mamounia a appartenu à un prince. Sur plusieurs hectares s'étend une véritable forêt vierge où voisinent palmiers, orangers, citronniers, dattiers et figuiers, séparés par des rideaux de plantes grimpantes et des fleurs gigantesques. Tout semble favoriser la détente. C'est d'ailleurs ici que Churchill et la famille royale anglaise sont venus chercher le repos. Moi non. La nuit, incapable de dormir dans ma chambre, j'essaie de trouver le sommeil installé sur une chaise longue au bord de la piscine où souffle nuit et jour une brise fraîche qui provient du parc ombragé.

Un soir, je prends un raccourci pour rentrer à la Mamounia. Je passe d'abord par des chemins sombres, puis je traverse un champ en friche et j'aboutis dans des ruelles sans éclairage.

Deux jeunes Marocains me suivent. Je les avais remarqués en sortant de l'hôtel, ils étaient là à rôder dans la pénombre. Je suis à peine engagé dans le premier coupe-gorge qu'ils courent pour me rattraper, et ils m'encadrent. Je sais ce qu'ils veulent. Enfin, je crois deviner. On ne plaisante pas avec les Marocains. Beaucoup portent un couteau, et on peut se retrouver la gorge tranchée avant d'avoir eu le temps de dire ouf. Mais je continue mon chemin sans me démonter. Celui de droite se serre contre moi.

« *Tu es beau* [1] », dit-il d'un ton mystérieux, mais sans ralentir le pas.

Alors, c'est cela !

« *Oui, tu es beau et j'ai envie de toi.* »

Apparemment, celui de gauche est muet ou il ne parle pas français.

« *Si tu le dis... Mais je suis fatigué et j'ai envie de dormir.* »

Nous marchons du même pas comme les trois mousquetaires. Jusqu'à ce que mon soupirant me prenne par le bras. Quand le muet voit ça, il s'empresse d'en faire autant. Si vraiment ils portent des couteaux, mes bras sont prisonniers et je commence à réfléchir sans trahir aucun sentiment.

« *Tu es courageux* », apprécie mon soupirant.

J'essaie de prendre un ton dégagé :

« *Ah ! oui, pourquoi ?*

— *Parce que tu ne sais pas si on porte des couteaux. Nous sommes deux, c'est sombre et personne ne t'entendra.*

— *Pourquoi ? Vous devez me faire quelque chose ?*

— *Par exemple, si tu refuses de te faire aimer.*

— *Ecoute, je n'ai rien contre vous deux, je suis simplement fatigué. J'ai baisé tout l'après-midi et vous n'auriez pas de plaisir avec moi. Peut-être une autre fois. A propos je ne sais plus où on va, où est la Mamounia ?* »

Je m'étais laissé guider.

« *Nous allons dans la bonne direction.* »

Tu parles. Pas une maison, pas une lumière,

1. Les passages en italiques sont en français dans le texte.

rien. En plus, le champ que nous traversons n'est pas celui que je connais. Mon soupirant continue à me susurrer des mots doux, tandis que l'autre se contente de me pétrir le bras. Nous débouchons dans une ruelle sombre. Encore quelques pas et je distingue des lumières au loin, un peu comme en mer quand on aperçoit la côte en pleine nuit.

« *Va vers les lumières. Le prochain coin à droite et toujours tout droit. Et puis tu arrives à la Mamounia. Tu es un gentil garçon. Peut-être qu'on se reverra.* »

Je me retourne encore une fois. On ne sait jamais, avec ces types-là. Mon soupirant m'adresse un geste d'adieu.

J'ai encore attrapé une maladie et je pisse des lames de rasoir.

Pas le temps d'aller chez le médecin. C'est lui qui se déplace avec sa seringue. Nous tournons dans un palais de mosaïque. Entre deux prises de vues, je me retire dans la galerie au-dessus du salon de thé. Je baisse mon pantalon, une injection de pénicilline, et déjà le metteur en scène m'appelle.

Maria R. est la maîtresse de Harry Allan T., le producteur anglais pour qui je tourne le film à Marrakech. Ce qui ne l'empêche pas de trafiquer avec Margareth ni de s'envoyer en l'air avec moi. Et comme Margareth, la femme de Pino, mon imprésario, trafique aussi avec moi, autant dire qu'on partouze à trois. Malgré le soleil impitoyable, elles gardent une peau blanche, satinée, qui respire la propreté. Le contraste avec les Marocaines suffirait déjà à m'exciter.

« Tu as la belle vie, me dit Senta B. Moi, pendant sept semaines, il faut que je me mette la ceinture.

— Viens me voir !

— Pas possible. J'aime mon fiancé. »

Deux films à Londres. Puis un à Paris. Puis un autre à Capri avec Martine Carol. Elle possède au moins cinquante manteaux de fourrure et m'en montre plusieurs chaque jour. Il y en a dont elle est particulièrement fière. Les bébés ont été arrachés au ventre de leur mère, puis on les a dépouillés. Et avec toutes les peaux de tous les bébés arrachés au ventre de leur mère, on a confectionné un manteau dont les poils ont, paraît-il, un brillant inimitable. Il en existe très peu, précise Martine, et ils coûtent une fortune. Dieu merci !

En dehors de son fétichisme des fourrures, elle collectionne des vêtements, des maisons, des terrains, des îles. Avant tout des diamants. Enormes. Des œufs de pigeons ! Elle s'en couvre dès le matin au petit déjeuner. Elle me fait de la peine. Elle renoncerait volontiers à toute cette camelote si elle pouvait rajeunir de quelques années. Elle n'avait pas besoin de me le confesser en pleurant.

Par deux fois, on me fait demander si j'accepterais un engagement au Schillertheater de Berlin. Je réponds au type qui me téléphone :

« Même si j'étais payé comme jamais un acteur de théâtre ne l'a été, je préférerais tourner le navet le plus minable que de mettre les pieds dans votre cimetière ! »

Maintenant, je peux aussi me permettre de refuser toutes les offres du cinéma allemand. Les Italiens me proposent jusqu'à trente films par semaine. Je prends le premier venu, celui qui est le mieux payé.

Nous quittons la via Nemea pour la Cassia Antica, la rue où habite Dominique. Je la revois, mais seulement deux fois. La première chez Carla Gravina, la femme de Gian Maria Volonte. Carla est couchée avec la grippe, et, comme Gian Maria n'est pas à Rome, nous nous retrouvons tous les trois.

Notre maison de la Cassia Antica est un *palazzo* isolé derrière un mur couvert de rosiers grimpants. Sept chambres, quatre salles de bain, une terrasse, un garage, une piscine. La maison fait partie de la plus vaste et la plus belle résidence privée de Rome. Les plantes tropicales les plus rares y fleurissent toute l'année. La maison appartient à une société immobilière, elle-même propriété du Vatican, comme la moitié de Rome. Nous avons trois employées, deux femmes de chambre et une cuisinière. Je peux m'offrir ce que je veux.

Le Ciel m'envoie un avertissement dont je ne tiens pas compte. Je tourne un western à Cinecitta. Le premier jour, je somnole vaguement sur mon cheval quand il se cabre, tombe les quatre fers en l'air et m'écrase de tout son poids. J'ai à peine la force de lui balancer un coup de pied qui m'évite d'être piétiné à mort sous ses sabots. Impossible de me redresser. L'entrejambe de mon pantalon a craqué. A droite de mes couilles mes glandes tuméfiées forment une boule noirâtre. Je ne peux ni m'asseoir ni m'agenouiller.

Deux hommes de l'équipe me portent dans ma loge. Je leur demande de m'allonger sur le divan et de me laisser seul. Je veux seulement me reposer quelques instants. Mais la douleur est trop aiguë, et j'essaie de les rappeler pour qu'ils m'apportent un calmant. Trop tard, ils ne m'entendent plus.

Dès que je tente de me redresser, je m'écroule comme un pantin désarticulé. Je me laisse rouler en bas du divan et me traîne vers la porte à quatre pattes. En jetant ma ceinture sur la poignée, je réussis à l'abaisser. Alors je rampe jusqu'à l'atelier de couture.

L'habilleuse court chercher le directeur de production et on me transporte en clinique. A l'examen des radios, le médecin déclare que je me suis fracturé la colonne vertébrale — Fêlé, corrige-t-il — ce qui signifie que la moelle épinière n'a pas été touchée.

A quelques millimètres près, j'étais paralysé pour le restant de mes jours.

Gitta, prévenue par téléphone, est folle d'anxiété. Elle retourne à la maison chercher les quelques affaires dont j'aurai besoin. Je ne peux plus bouger. J'arrive tout juste à appuyer sur la sonnette à la tête de mon lit. A téléphoner aussi, mais au prix d'un effort considérable. On me passe le bassin pour que je puisse faire mes besoins. Je demande à l'infirmière de nuit de revenir.

J'ai beau avoir été secoué, je recommence à bander. Dans mon état, ce n'est pas facile. Elle s'accroupit sur ma verge et me chevauche avec une telle prudence que ni ses fesses ni sa vulve ne m'effleurent une seule fois. Mais l'orgasme est trop douloureux et pour le premier soir, nous nous en tenons là. Désormais, elle reviendra toutes les nuits, redoublant chaque fois de virtuosité.

Au bout de douze jours, j'en ai assez de cette vie de grabataire. Sanglé dans un corset, je commence à me lever et fais mes premiers pas. Soutenu par une infirmière, j'arrive à me traîner jusqu'aux toilettes.

C'est la fin du western. Mon cachet me file sous le nez, et comme le producteur avait pris une assurance bidon — c'est fréquent en Italie —, je ne touche pas un sou. Par-dessus le marché, interdiction formelle de grimper sur un cheval et de faire le moindre effort physique. Je n'ai même pas le droit de monter dans une voiture.

« Sauf une Rolls », précise le toubib.

Je prends son conseil au sérieux et achète une première Silvercloud. Trois semaines plus tard, je balance le corset à travers la vitre de la Rolls, et signe un contrat pour tourner *Carmen* en Espagne. Je galope du matin au soir et me bats au couteau durant huit heures d'affilée.

Gitta et Aglaïa m'ont accompagné à Almeria. Je passe la nuit à hurler de douleur, et le matin, raide comme un bout de bois, je suis incapable de me soulever sans l'aide de Gitta et d'un garçon d'étage.

Après l'Espagne, le Brésil. Un ouragan a balayé les bidonvilles des *favelas* et fait des milliers de victimes. Quand j'arrive à Rio, il y a un mètre d'eau dans les rues. Mais ce ne sont ni cette catastrophe ni le choléra qui limitent mon action.

Jour et nuit, je souffre le martyre et je me demande si je pourrai profiter de cette période qui précède le carnaval!

C'est encore plus excitant que le carnaval proprement dit. Les Brésiliens ne sont pas encore affublés de leurs costumes ridicules. On touche, on respire leurs corps luisants de sueur. Vingt-quatre heures sur vingt-quatre, tous, des plus jeunes aux plus âgés, ne se déplacent qu'au rythme de la samba. Tambours et tambourins ne se taisent jamais. Quand l'un s'arrête, aussitôt l'autre reprend. Déjà quand elles marchent normalement, les filles de Rio ont une façon d'onduler de la croupe affolante, mais quand elles se déhanchent au rythme de la samba, elles te masturbent sans te toucher.

Je quitte le Copacabana Palace archi-snob, pour le Leme Palace. Lui aussi donne sur la plage. Des kilomètres de sable. La plupart du temps, je dors en plein air. Les nuits sont si douces que la plage est jonchée de corps enlacés. Personne ne s'occupe du voisin, tout le monde baise.

Riches ou pauvres, les filles de Rio sont nées pour l'amour. Même mariées, les pauvres font le tapin pour arrondir les fins de mois. Elles s'adossent contre les voitures en stationnement dans le parking du Copacabana, les fesses nues sous leurs jupes retroussées.

« *Toca*, me dit l'une d'elles. *Lo ago en seguida aqui, se tu quieres.* »

Seule différence, les riches ne sont pas obligées

de tapiner pour subsister. A part ça, les unes comme les autres baisent à la perfection.

Le climat brésilien est très favorable à ma colonne vertébrale. Je ne souffre plus. Mais après un court séjour, plein d'intensité, je dois partir pour Hongkong.

Gitta et Aglaïa sont du voyage. Aglaïa est bien la seule à ne pas être éreintée au bout de vingt-six heures de vol. Elle court à travers l'avion et parvient même à dérider les plus grincheux. Gitta est furieuse contre moi car j'ai disparu un peu trop longtemps avec l'hôtesse de la Lufthansa.

Pendant la traversée de Kowloon, Gitta me gifle. Et une fois arrivée à l'hôtel Mandarin, elle pique une crise de nerfs. Qu'est-ce que j'y peux ? Elle ne veut même pas que je la touche. Et puis, je suis peut-être salaud, mais je brûle de partir à la découverte de Hongkong.

J'erre dans les rues grouillantes de monde, et une fois que j'ai trouvé un pousse-pousse, je me fais conduire au trot chez une Chinoise. Ma première soif étanchée, je m'assieds parmi les Chinois devant chez la pute, et mange avec eux au milieu des chaudrons bouillants et de la fumée des braseros sur lesquels grillent des seiches et des crabes. Je dois tourner deux films à Hongkong et en principe y rester trois mois et demi. Alors j'ai l'intention de bien me nourrir pour rester en forme.

Margareth L. et Maria R. sont également à Hongkong. Elles se gougnotent tout à loisir. Harry fait sans arrêt la navette entre l'Europe et la Chine. Il n'est pour ainsi dire jamais là.

Nous tournons dans Aberdeen, la ville de jonques. Faute d'hôtel à proximité, tous trois attendons dans une chambre sordide qu'on nous appelle sur le plateau. Arrivent la maquilleuse anglaise et sa fille. Mais pour le moment, Margareth et Maria n'en ont pas envie. Avec la fille de la maquilleuse, elles viennent me rejoindre sur le grabat pouilleux, et se répartissent les tâches. Chacune a le droit de m'enlever tel ou tel vêtement et de me tripoter ici ou là en priorité. On ne me demande pas mon avis, mais je les laisse me manipuler tout à leur aise.

Comme je suis le seul de l'équipe à être descendu au Mandarin, je suggère à Gitta d'émigrer au Hilton. Il me sera plus facile de naviguer de chambre en chambre. Le directeur de l'hôtel, un Italien qui me connaît par mes films, me donne de très bons tuyaux pour Formose et Chang-hai. A Hongkong, parmi les Chinoises que j'ai baisées jusque-là, une douzaine avaient fui la Chine rouge. Quand un pays compte plus d'un demi-milliard d'habitants, on peut imaginer le nombre de belles femelles en chaleur.

Aglaïa doit se faire opérer de l'appendicite. Nous attendons qu'elle soit rétablie, puis nous allons au Tiger Balm Garden et nous louons des jonques pour nous promener dans Aberdeen. Les autres embarcations nous croisent sans bruit comme des vaisseaux fantômes. Des jonques-cuisines proposent des crabes et des poissons vivants qui sont grillés sous nos yeux.

Ces jonques ne mesurent guère plus de 5 à 7 mètres de long sur 1,50 m de large. Une famille nombreuse s'entasse dans cet espace exigu. Les enfants y sont nés. Les plus petits sont montés sur le dos de leurs aînés qui rament pendant que leur mère fait la cuisine. La nuit nous naviguons sur la mer de Chine à bord d'un voilier. Je barre pour la première fois et apprends à manœuvrer les voiles.

Comme le séjour à Hongkong touche à sa fin, à l'hôtel, je file d'une chambre à l'autre, des filles de Kowloon à celles d'Aberdeen, de la maquilleuse et sa fille aux mannequins philippins venus présenter leurs costumes nationaux au Hilton, de Hongkong à T'aipeh et à Chang-hai.

A Rome, je change ma Rolls pour une autre Rolls. Mais je finis aussi par m'en lasser et je reprends une Maserati. Ensuite une Ferrari, puis à nouveau une Rolls cabriolet. Je change de voiture pour un rien : une porte fait du bruit alors que je l'avais mal fermée. Je n'arrive pas à baisser la vitre assez rapidement quand je vois passer une belle fille. Le cendrier est plein. Ou simplement je l'ai depuis plus d'une semaine.

Je touche une avance sur deux prochains films à Hongkong. Mais au dernier moment je renvoie l'argent et signe pour un film avec E.G. Robinson à Rio de Janeiro et à New York. J'ai envie de retrouver mes Brésiliennes. Rien qu'à cette idée, je me sens déjà mieux. J'ai l'impression que le climat de Hongkong, très proche du climat brésilien, m'a définitivement guéri.

Première étape : New York. La nuit, à Greenwich Village, des gamines de douze ans se plantent à l'entrée des boîtes et attendent le pigeon qui leur filera quelques dollars pour s'acheter du hachisch ou de la marijuana. Elles feraient n'importe quoi pour cela.

Comme tout rassemblement est interdit — on ne peut même pas être deux sans voir radiner un flic qui gueule : « *Keep going!* » —, je fais venir les gamines à mon hôtel. Même l'hiver, elles ne portent qu'une mince pelure sur leur corps ravagé par la drogue. Alors je commence par les habiller.

Elles préféreraient que je leur donne le fric. Soi-disant pour s'acheter les vêtements elles-mêmes. Comme si je ne savais pas à quoi elles le dépenseraient. L'une d'elles a bien failli me faire rater l'avion de Rio.

Cette fois, je dois rester cinq semaines au Brésil. Nous travaillons comme des brutes. Mais en général nous tournons la nuit quand la température est plus supportable. Comme nous ne sommes qu'en décembre et que nous ne pouvons pas attendre le carnaval, toute l'école de samba tourne avec nous.

Les écoles de samba : la plupart sont constituées par des milliers de filles, une mine de véritables sauvageonnes. Elles ont entre quatorze et dix-sept ans. Ce sont des filles de chasseurs de tête, eux-mêmes descendants de cannibales. Elles sont noires, noires comme le cirage. Leur peau brille comme des salamandres, et leurs corps vibrants ondulent comme des bras. Elles tirent une langue écarlate en dansant presque nues devant le fauteuil où je me repose entre deux prises de vues. Arrive Noël. Cette fois le plus beau réveillon de ma vie !

Je donne rendez-vous à la plus jeune et nous faisons l'amour sur la plage de Copacabana illuminée par les feux des nécromanciens, tandis que les vagues qui déferlent sur le sable viennent lécher nos jambes tremblantes.

Je risque encore d'attraper une sale maladie. Mais comment y penser quand je suis dans les bras de cette perle noire.

Toutes les Brésiliennes n'ont pas le teint basané. Je rencontre même une fille de milliardaire qui a la peau la plus laiteuse que j'aie jamais vue. Elle est d'une beauté stupéfiante. J'effleure son visage comme en transe pour être sûr que je ne rêve pas. Je ne sais pourquoi elle est venue dans cet appartement du Leme Palace où nous tournons une scène du film. Elle se faufile entre les techniciens, au milieu des projecteurs et des câbles, s'assied parmi les comédiens en sueur, perdue dans ce fourmillement de gens affairés ou inoccupés qui encombrent le plateau et augmentent encore la bousculade. Elle ne perd pas une occasion de me regarder. Comme ma chambre se trouve juste quelques étages au-dessus et que je n'ai pas le temps de l'emmener plus loin, je demande au cadreur qu'on m'appelle quand on aura besoin de moi, et je monte avec elle. Voilà qu'elle veut m'épouser et me présenter à son père ! Quel crétin a bien pu inventer la loi sur la monogamie !

Je ne mets pas souvent les pieds dans une chambre car la plage de Copacabana est faite pour baiser, mais cela m'arrive. Par exemple avec les deux hôtesses de la Swissair qui me font cadeau de toutes les tablettes de chocolat qu'elles ont raflées au lieu de les offrir aux passagers. Je les rencontre dans l'ascenseur de l'hôtel. Fatiguées par leur long voyage, elles veulent à tout prix aller se coucher.

Une touriste de Buenos Aires me fait faire une autre exception. Bien sûr j'aurais pu l'emmener sur la plage. Seulement c'est plutôt sa fille qui m'intéresse. D'accord pour baiser la mère mais à une seule condition : elle me donne sa fille. Alors elle découvre la petite endormie dans son lit. La gamine, toute bronzée par le soleil des vacances, transpire dans son rêve. Sa mère lui retire sa chemise puis regarde en se masturbant.

Encore une, la dernière, au Leme Palace, l'habilleuse. Une Noire, qui m'aide à me changer entre deux prises de vues.

Cortina d'Ampezzo. Je tourne mon premier western dans la neige. Gitta et Aglaïa sont ravies et joyeuses. Elles jouent, font du patin à glace et des promenades en traîneau. Mais dès que je reste un instant seul avec Gitta, le pugilat recommence.

Celle qui provoque les scènes est ma partenaire. La Noire américaine Vanessa McGee. Elle a un corps de garçonne très excitant et sa chambre se trouve juste au-dessus de notre appartement.

Le matin, en revenant de chez Vanessa, j'entre furtivement pour ne pas réveiller Gitta. Le temps de prendre ma brosse à dents, mon rasoir et du linge propre. Comme cela au moins je ne me dispute pas avec Gitta. J'embrasse Aglaïa tout doucement dans son sommeil.

Toutes ces querelles avilissantes me font du mal. Je me demande si ma fille comprend quelle vie je mène. Bien sûr elle adore sa mère, mais moi aussi elle m'aime chaque jour davantage. De mon côté je suis fou d'elle, je ne veux même pas envisager une éventuelle séparation.

A Rome, toutes les nuits, Marlon Brando tambourine contre la porte de Vanessa. Il est descendu dans la même pension comme d'ailleurs tous les autres comédiens de Candy. J'espère toujours qu'elle finira par lui ouvrir pour être libre d'aller baiser ailleurs. Mais elle ne cède pas. Et le lendemain matin au studio c'est moi qui suis obligé d'assouvir sa fringale car elle a passé la nuit à faire des rêves érotiques pendant que Brando tapait en vain à sa porte.

Vanessa est très jalouse et sur ce chapitre elle ne badine pas. Comme Brando la poursuit sans répit, elle déménage pour s'installer à l'hôtel de ville au-dessus de la piazza di Spagna. Elle me demande de venir la rejoindre.

Je rencontre la petite Marquand qui veut me

traîner à une LSD-party. Mais je préfère rester avec l'amie de Vanessa, une chanteuse noire américaine, qui est en train de s'habiller. Quand je redescends, Vanessa, folle furieuse, m'insulte devant tout le monde. Quelle idée d'habiter la même chambre que sa compatriote. Et d'abord pourquoi m'a-t-elle dit que sa copine était en train de s'habiller ? Elle devrait pourtant me connaître. Se connaître surtout. Dès le premier instant, elle a été jalouse de Gitta.

Visconti me fait demander si j'accepterais de tourner avec lui. Le producteur appelle plusieurs fois au studio. Les dates seront bientôt fixées et on pourra rédiger un contrat.

« Qui est ce Visconti ? je demande à Pino.

— Pas intéressant pour toi. Tourne plutôt le prochain western de Corbucci. »

« Esso », m'explique Rinaldo G., le spécialiste des relations publiques, en désignant du pouce par-dessus son épaule la fille qui vient de disparaître en direction des toilettes.

J'ai fait sa connaissance il y a une demi-heure, car Rinaldo l'avait amenée sur le plateau à Magliana en dehors de Rome. Elle avait envie de me rencontrer. Alors je me suis installé au volant de sa Ferrari et l'ai emmenée jusqu'à l'*osteria* où nous sommes en train de déjeuner. Elle ne pouvait pas porter une fourchette de spaghettis à sa bouche sans lever sur moi ses beaux yeux mélancoliques et me sourire. Je m'aperçois maintenant qu'elle a seulement chipoté dans son assiette sans rien manger.

« Esso comment ?

— Moratti.

— Ah ! les cigarettes ?

— Mais non ! Pas Muratti, Moratti. Les pétroles ! Elle s'appelle Bedi Moratti. Son père est l'homme le plus riche d'Italie.

— Passionnant », dis-je en haussant les épaules.

Bedi revient. Elle a maquillé ses lèvres et son sourire est encore plus amoureux. Je commence à l'examiner. Pas à cause de son papa multimilliardaire et, paraît-il, l'homme le plus riche d'Italie. Jusque-là, je ne lui ai pas accordé plus d'attention particulière qu'à n'importe quelle autre fille.

Elle a de longs cheveux soyeux, des dents saines, une bouche sensible et des yeux rêveurs, langoureux. Son corps est mince, fragile, comme une statuette de porcelaine. Pourtant, malgré son expression mélancolique et son apparente fragilité, elle a sûrement du ressort et doit posséder une bonne dose d'énergie. En tout cas elle conduit la voiture de sport la plus rapide du monde. Une voiture qui monte à 100 au premier coup d'accélérateur et qui semble faite pour des mains d'homme. Elle porte une élégante robe d'été et arbore un diamant d'au moins dix carats.

Rinaldo me tape sur l'épaule. J'étais complètement plongé dans la contemplation de Bedi et elle aussi paraissait absorbée, elle en oubliait même de me sourire, si bien que je n'ai même pas remarqué l'arrivée du régisseur qui nous a rejoints il y a dix minutes pour me ramener sur le plateau. Alors Bedi et moi échangeons nos numéros de téléphone en nous promettant de nous revoir.

Elle appelle le soir même. Malheureusement, c'est Gitta qui décroche, elle ne pouvait pas prévoir. Moi non plus d'ailleurs, car elle ne le fait jamais.

Je ne peux pas parler longtemps. Bien sûr, de sa chambre Gitta ne peut plus m'entendre, mais je

ne tiens pas à revivre la même scène qu'en Yougoslavie. Alors j'explique à Bedi qu'il vaudrait
mieux qu'elle ne m'appelle plus et que je la verrai
chez Rinaldo.

Une quelconque princesse me propose une maison située juste après la villa de Lollobrigida.
Dans la via Appia, la plus belle et la plus
ancienne rue du monde. La maison, actuellement
occupée par la comtesse Vassarotti, est à louer. Je
vais donc la visiter avec la princesse. Elle est complètement isolée sur un terrain de huit hectares
couvert de cyprès, d'arbres japonais plusieurs fois
centenaires, de rosiers, de lauriers, d'orangers, de
citronniers. Le parc, où subsistent des ruines
datant de l'Empire romain, se cache derrière un
vieux mur de 3 mètres de haut.

La maison elle-même a neuf cents ans, on la
cite dans les guides comme monument historique.
Elle comporte quatre étages, quatorze pièces, cinq
salles de bain, six cheminées, au premier étage un
salon de vingt mètres de long sur dix mètres de
haut, un ascenseur qui monte jusque dans la tour,
une aile réservée au personnel, et dans le verger
des dépendances comprenant un salon et deux
chambres au premier étage.

Sous les lourdes branches d'amandiers et de
noyers, une serre regorge des orchidées les plus
rares.

La Vassarotti habite seule dans cette maison.
Son mari, un ancien producteur, s'est suicidé. Elle
vit entre des meubles anciens qui menacent ruine,
des forêts d'immortelles, des centaines de
tableaux poussiéreux, et des monceaux de porce-

laines précieuses. Quant aux tapis chinois, ils sont imprégnés de la pisse de son chien.

L'électricité ne fonctionne pas. La cage d'ascenseur est enfouie sous cinquante centimètres d'eau. Jane Fonda, qui a habité cette maison quand elle tournait à Rome, était restée bloquée dans l'ascenseur pendant des heures. Si tout est saccagé, Vadim y a sûrement contribué.

En virant la majeure partie du bric-à-brac et en remettant la maison en état, j'en ferai un palais de rêve. Je rédige le contrat avec les deux dames. Dès que je lui ai parlé de cette maison, Gitta veut la voir. La visite terminée, elle ne veut plus s'en aller. Pino s'arrache les cheveux :

« Tu ne sais pas que la via Appia est infestée de rats ? Des serpents venimeux qui rampent jusque dans ton lit ! Tu es dévoré par les moustiques ! Tu ne peux pas manger sans que ton assiette soit envahie d'araignées et de fourmis ! Regarde cette baraque, elle ne tient plus debout ! Rien que pour la sauver des moisissures tu seras obligé de travailler jusqu'à la fin de tes jours ! Je ne te donne pas trois mois ! Et tu m'en voudras de ne pas t'avoir retenu de force !

Je le laisse dire. Je veux que Gitta et Aglaïa aient leur château des Mille et Une Nuits. Toutes deux veulent rester en Italie, d'autant que maintenant ma fille va à l'école à Rome.

Je savais depuis des semaines qu'il faudrait que je retourne à Almerìa. Gitta était au courant mais nous n'en avions plus reparlé. Et voilà que tout à coup elle décide de m'accompagner. J'essaie de m'esquiver :

344

« Il vaudrait mieux nous séparer quelques semaines... »

Le motif est Bedi. Je la vois de plus en plus fréquemment. Elle m'accompagne partout, m'attend même patiemment quand je tourne dans des studios étouffants, alors que je n'ai pratiquement pas une minute à lui accorder.

En extérieur, pareil. Elle supporte vaillamment la chaleur sur les plateaux, debout la plupart du temps. Elle me suit pas à pas, et plus la date de mon départ se rapproche, plus elle s'assombrit. Car je ne lui ai pas demandé de m'accompagner, je ne lui ai même pas encore avoué mes sentiments à son égard. Je n'en suis d'ailleurs pas encore conscient.

Si je suis au restaurant, elle est assise à côté de moi, silencieuse, sans jamais rien manger. De même quand j'ai rendez-vous avec des décorateurs afin de choisir des soieries pour les murs et les rideaux, des poignées de porte, des robinets dorés et de la moquette pour la maison de la via Appia. Elle est toujours prête à me servir de chauffeur.

Ce matin, je pars au volant de ma Rolls, après avoir donné des ordres pour que l'on commence les travaux de la maison. Bedi est venue à sept heures piazza di Spagna afin de me voir une dernière fois. Je la prends dans mes bras. Notre premier vrai baiser. Je suis déjà loin qu'elle n'a pas bougé.

Le premier jour je roule jusqu'à Marseille. Trois heures du matin, je vais chez les putes. J'en ramasse une que je vois toute recroquevillée sur le trottoir. Mais je n'y trouve aucun plaisir. En rentrant à mon hôtel, je téléphone à Bedi. Elle me répète sans arrêt :

« *Ti amo... ti amo... ti amo... ti amo... ti amo...* »

Nous nous sommes bien dit « *Ciao* » cent fois. Ni l'un ni l'autre ne se décide à raccrocher.

De Marseille, je prends la route de Barcelone. Là non plus je ne trouve pas vraiment de plaisir avec les filles. Pas même avec les danseuses de flamenco. Pas même avec les gitanes, moi qui les aime tant.

Quand j'arrive à Almerìa, un télégramme de Bedi m'attend à la réception de l'hôtel. Elle sera là demain dans la nuit. Je suis tellement content que j'organise une fête avec des gitans dans un *tablado* de flamenco. Les filles dansent devant moi sur les tables. Si près que je vois frémir leur vulve.

Avant de rentrer à l'hôtel, je plonge dans la mer. Bedi m'attend à la réception, la mine défaite. Elle n'a pas de valise, juste un vanity-case. Au lieu de prendre un vol de ligne, elle a voyagé sur un jet privé. Comme Almerìa ne possède pas encore d'aéroport, l'avion a dû se poser à Màlaga, d'où elle a continué en taxi. Son père avait alarmé ses sbires dans tous les aéroports en exigeant qu'on lui ramène sa fille. Pas à cause de moi. Ignorant les sentiments de Bedi à mon égard, il se demandait avec anxiété dans quelle aventure elle allait se jeter. Elle ne passera que la nuit avec moi. Il faut qu'elle se lève à quatre heures du matin pour regagner Màlaga d'où elle décollera à sept heures.

Bedi est timide, un peu gauche même, comme si

346

elle avait peur de ne pas me satisfaire. Je la baise avec toute l'ardeur, la tendresse et la brutalité dont je suis capable. Son corps embrasé sent bon. Notre lit est un lac quand je m'endors béatement. Je ne l'entends pas partir.

A mon réveil, le portier a téléphoné pour la deuxième fois, car la voiture qui m'emmène sur le lieu de tournage m'attend depuis déjà une demi-heure. Je trouve une lettre. Elle l'a écrite dans la salle de bain pour ne pas me réveiller. Je ne peux m'empêcher de sourire en lisant cette phrase : « ... J'espère qu'au lit je n'ai pas été trop sotte... »

Le téléphone sonne pour la troisième fois, il faut que je m'habille.

Dans la lettre, Bedi m'a promis de revenir chaque fois qu'elle le pourrait. Alors pour patienter, dès que j'ai un peu de répit, je vais voir mes gitans.

Les cireurs de chaussures sont tous des petits gitans. Il faut les voir cracher sur les chaussures de leurs clients, et taper dans leurs mains en jonglant avec les brosses. Dès qu'ils m'aperçoivent sur le trottoir opposé, ils m'interpellent et plantent là leur client abasourdi. Trop heureux de me faire plaisir, ils esquissent quelques pas de flamenco en plein milieu de la circulation. Ils dansent en bombant le torse avec une expression grave.

Je demande à l'un d'eux où je pourrais trouver sa sœur. Il liquide son client, me prend par la main et me conduit chez lui derrière le marché couvert d'Almería.

Je commence par habiller la petite fille. Je lui achète une robe, des bas, des chaussures. Mais pas de culotte. Je donne de l'argent à son ivrogne de père, puis je la fais monter dans ma Rolls et la prends sur mes genoux.

Bedi revient. Je suis libre, ça tombe bien. Nous allons à Málaga. A l'hôtel nous nous éraflons les veines du poignet avec le couteau que m'ont offert les gitans et mélangeons nos sangs comme ils le font pour sceller leur fraternité. Au bout de deux jours, Bedi doit repartir. Moi-même je dois aller à Barcelone. Bedi m'y rejoint, pour une nuit. Elle repart, revient, repart encore.

Entre-temps, Gitta s'est installée avec Aglaïa dans la maison de la via Appia où les travaux sont pratiquement terminés. A mon retour, elle m'accueille en hurlant. Elle me quitte, c'est décidé! J'ai passé dix semaines en Espagne sans lui donner signe de vie! Pas un coup de téléphone, pas un télégramme, rien! Sauf à Prague, cela ne m'était jamais arrivé. Je sais bien que notre amour est définitivement détruit, mais je tiens toujours à Gitta, et j'essaie de la convaincre de rester à Rome. En vain.

« Un jour, tu coucherais avec ta propre fille! » hurle-t-elle, et elle sort en courant.

Je la cherche toute la journée. Même Aglaïa ne sait pas où elle est passée. Je trouve un billet sur la table de la cuisine : « Je ne comprends rien à ce qui se passe autour de moi. Tout est laid et étranger. Il n'y a plus d'amour. »

Finalement, je la trouve assise par terre dans un coin de la serre, entre des pots d'orchidées tachetées comme des panthères, dont la beauté me frappe pour la première fois. Gitta ne lève pas les yeux. Elle effleure une orchidée avec un émerveillement d'enfant :

« Je croyais vraiment que cette maison serait un paradis pour Aglaïa et moi. Mais tu as tout détruit.

— Mais c'est uniquement pour vous que j'ai pris cette maison !

— Oui, c'est possible. Je crois même que tu étais sincère. Mais nous ne pouvons pas rester. Nous ne pouvons plus habiter une maison où tu ne reviens que quand tu en as assez de courir les filles. Demain je partirai pour Berlin avec Aglaïa, je prendrai un nouvel appartement. »

J'emmène Gitta et Aglaïa à l'aéroport. Avant de franchir le contrôle des passeports, Gitta se met à pleurer. Elle sent comme moi que c'est la fin. Aglaïa se cramponne aux jambes de sa mère, enfouit son visage dans sa jupe.

« Pourquoi nous chasses-tu ?

— Je ne vous chasse pas. C'est toi qui ne veux plus rester avec moi ! »

Stupide, je le sais bien. Car Gitta a raison. Au fond c'est moi qui les renvoie; je les chasse depuis des années, sans le vouloir. En franchissant le contrôle, Gitta pleure toujours. Aglaïa trébuche chaque fois qu'elle se retourne vers moi. J'ai beau ne pas être sentimental, les larmes me montent aux yeux.

De l'aéroport, j'appelle Bedi. Je veux l'emmener

au bord de la mer et ne plus penser à rien. A Fiumicino nous nous embarquons sur le yacht de son père et mettons le cap sur la Sardaigne. Ses parents y possèdent un hôtel gigantesque. C'est là aussi que sont ancrés les yachts de ses frères et le luxueux bateau de sa mère, un petit paquebot !

Bedi vient s'installer chez moi via Appia, en apportant une partie de sa garde-robe. Nous ne pouvons pas mettre le nez dehors sans être poursuivis par des meutes de photographes. Et ça commère ! Des photos de nous paraissent dans des journaux et des magazines, si bien que Gitta voit ses soupçons confirmés.

Les journaux italiens publient aussi des photos de moi en compagnie d'Ira de Furstenberg, à l'époque où nous tournons un film ensemble. Bedi est jalouse. Chaque fois que je dois embrasser Ira devant la caméra, je lui retrousse sa jupe sans qu'elle s'en aperçoive. Dans la vie privée, elle s'amuse à jouer les vamps. En réalité, c'est une gentille fille débordante de charme, et sensuelle jusqu'au bout des ongles. Si seulement c'était moi qui l'avais rencontrée quand elle avait quinze ans, au lieu de cet Alfonso ! Quand nous dînons ensemble au Cabala, elle se paie la tête des bourgeois. Elle a une façon de faire le pitre que j'adore. Même pendant le tournage. Elle est seule devant la caméra pour un gros plan, elle m'adresse un clin d'œil, que je lui renvoie et auquel elle répond aussitôt. Le pauvre metteur en scène en pleurerait.

Nous tournons la scène finale du film à Monte-Carlo. Là nous nous donnons rendez-vous à

Genève où elle a l'intention de se rendre. Là-dessus Bedi appelle. Elle veut m'accompagner à Barcelone où je dois commencer un autre film à la fin de la semaine.

Bedi et moi n'avions jamais eu l'occasion de faire l'amour aussi longtemps mais à Barcelone nous le faisons sans interruption. Nous ne fermons plus l'œil. Le matin, quand on vient me chercher, elle m'accompagne. Après le tournage nous filons droit au lit. Et quand, faute de manger, nous n'avons plus la force de baiser, nous réussissons péniblement à nous lever. Comme la tambouille de l'hôtel Ritz est infâme, nous nous traînons dans un restaurant. Mais nous arrivons toujours trop tard et il faut nous contenter d'un sandwich dans une boîte de nuit.

Une seule fois Bedi devient méfiante. Quand elle me voit saluer Romina Power au studio. Nous ne nous lâchons pas la main. A quinze ans, Romina n'a plus rien d'une gamine. Plus je la vois, plus elle m'excite.

Linda Christian, la mère de Romina, nous invite, Bedi et moi. Je disparais avec Romina qui veut me montrer ses peintures d'enfant. Pendant ce temps la mère de Linda, une sorcière mexicaine, dit la bonne aventure à Bedi. Elle a lu dans les lignes de sa main que nous ne resterions pas ensemble.

Pasolini m'avait demandé de lire le scénario de son prochain film *La Porcherie,* et il veut me parler de mon rôle. Le voilà donc qui débarque via Appia avec une cohorte de jeunes garçons. Ma fille aînée est là. Comme je n'ai aucune envie de descendre au salon, je lui demande d'aller s'occuper de Pasolini et de sa bande de minets pendant que j'appelle Bedi à Milan.

Quand je descends deux heures plus tard, l'atmosphère est quelque peu tendue. Je lui présente mes excuses et lui explique que son scénario que je viens à peine de terminer me paraît un peu hermétique.

Du baratin, évidemment. Il est vrai que l'histoire est un peu dure à avaler. Le rôle principal, celui que je suis censé jouer, est celui d'un type qui, poussé par la faim, s'attaque à un robuste guerrier et le dévore. Tout en s'extasiant devant l'harmonieuse musculature de ce mets. Après tous les navets que j'ai été obligé de tourner cela pourrait passer, mais pas le cachet ! Doria fait peut-être partie des meilleurs et des plus courageux producteurs d'Italie, il n'empêche que si je devais toujours travailler pour ce salaire de misère, j'en serais réduit à les dévorer tous les deux, Doria et Pasolini. D'un commun accord, Pino et moi avons décidé d'augmenter mon tarif à chaque film. Quand l'affaire tombe à l'eau, Pino n'est donc pas plus déçu que moi.

Je tourne avec Margareth L. et Rita Hayworth. Bedi devait m'accompagner, finalement elle me rejoint plus tard. Actuellement, Margareth a pour amie une coiffeuse qu'elle emmène à Madrid. J'ai bonne envie de m'envoyer la coiffeuse, mais c'est une lesbienne fanatique. Elle me tape sur les doigts chaque fois que je tripote Margareth.

Je les invite toutes les deux à venir me voir au Palace. Pendant que Margareth se masturbe sur le lit, je me bagarre avec la coiffeuse. J'ai déjà le doigt à l'entrée de son fruit quand soudain quelqu'un sonne à la porte. Je vais ouvrir avec l'intention d'engueuler le trouble-fête : Bedi me saute au cou. Je m'arrange pour prolonger nos retrouvailles dans l'entrée. Que les autres aient au moins le temps de mettre un peu d'ordre dans leurs vêtements. Avant de les présenter à Bedi, je lui chuchote à l'oreille :

« Ce sont deux gouines. Elles allaient justement partir. »

Les coiffeuses récalcitrantes ont du bon, quand elles ne se laissent pas enfiler immédiatement.

Une fois Bedi repartie, je m'occupe enfin de Rita. Elle n'est plus l'idole des Américains depuis ses mariages avec Ali Khan et Orson Welles, mais elle est restée une très belle femme. Comme moi elle habite au Palace. Une nuit je lui montre mon appartement, puis elle me fait visiter le sien qui est encore plus kitsch. Nous restons ensemble jusqu'au matin. Là encore je découvre une vraie femme par-delà l'image de la pin-up qui faisait bander les G.I.'s.

Coral de la Morena. Le tablado de flamenco le plus célèbre du monde. On y a vu Carmen Amaya et la Chunga, et c'est là que l'on rencontre le meilleur de la jeune génération des danseuses gitanes. Les filles, assises le long du mur en rang d'oignon, ricanent et se passent le mot en chuchotant parce que je n'arrête pas de reluquer la plus jeune.

Après le spectacle, je l'embarque au palace. Elle a la fesse trop provocante pour que je résiste. Je lui emboîte le pas quand elle va pisser dans la salle de bain. Je la soulève, la fais se pencher en avant au-dessus du lavabo. Bientôt elle se met à frétiller comme un poisson hors de l'eau, moi-même je suis à deux doigts de décharger... quand le lavabo s'écroule et un jet d'eau chaude jaillit de la canalisation éclatée. Nous sortons en courant, fermons la porte derrière nous et continuons au lit. Mais des jets de vapeur s'infiltrent sous la porte et de l'eau brûlante coule jusqu'au pied du lit. Alors j'appelle le portier. Il envoie un plombier qui coupe l'arrivée d'eau et commence à réparer. La petite reste cachée sous la couverture jusqu'à ce qu'il ait colmaté le tuyau.

Horst Wendtland vient me voir via Appia. Mon maître d'hôtel, le vingt-huitième, est un vieux pédé hystérique. Pour peu que je lui passe un savon ou que je n'apprécie pas un plat mitonné par ses soins, il file dans sa chambre. Il ne cuisine pas mal, et quand il veut il a de bonnes manières, mais je l'engueule souvent, c'est une vraie bourrique. Avec moi, ça ne marche pas.

Aujourd'hui, une fois de plus, il s'est couché, et dès que j'entre dans sa chambre, il se remonte la couverture jusqu'aux oreilles. Alors, comme j'ai encore viré tout le personnel, nous sommes obligés de faire notre cuisine nous-mêmes. Puis nous emportons notre repas dehors car, par beau temps, je mange toujours dans le jardin.

« Epouse donc Bedi, me suggère ce brave Horst. Tu seras milliardaire, nous nous associerons.

— Si je l'épousais je n'aurais sûrement pas besoin de te prendre comme coproducteur. »

Quel idiot !

J'ai encore changé de voiture. Sur neuf Ferrari j'en ai bousillé quatre, et je suis sur le point de changer ma sixième Rolls contre une nouvelle Ferrari. La dernière fois, j'y ai laissé quinze millions de lires. Il faut dire que la Rolls était neuve, elle n'avait que sept mois. Pendant ces quatre années à Rome j'ai acheté et échangé dix-huit voitures : trois Maserati, neuf Ferrari, six Rolls. Par ailleurs j'ai investi quatre-vingt-dix millions dans la maison alors qu'elle ne m'appartient pas. J'ai sept employés. Un chauffeur, un jardinier, deux femmes de chambre, une cuisinière, un maître d'hôtel et une secrétaire. Ce qui me coûte déjà trois millions par mois, plus la nourriture, environ six millions de lires. Sans compter le caviar et le champagne que j'offre aux premiers venus, y compris aux employés de la Poste et du Gaz. Même une fois aux pompiers venus éteindre un incendie dans la propriété voisine et qui avaient raccordé leurs tuyaux chez moi.

Mais je suis surtout envahi par les journalistes. Ils se gavent de champagne et de caviar. Un jour, une journaliste allemande qui avait eu les yeux plus gros que le ventre a vomi sur un tapis chinois. Et ensuite elle écrit dans son magazine que je mange le caviar à la cuillère.

Entre le champagne et le caviar, j'en ai pour deux millions et demi par mois. A cela s'ajoutent l'habillement, les cadeaux, les voyages, les frais d'essence et de garage, les notes de téléphone qui atteignent facilement un million à un million et demi. De plus mes perpétuels changements de voiture engloutissent une fortune. D'accord, je n'arrête pas de tourner, jusqu'à onze films par an — une fois trois films en même temps — et mon cachet quotidien se monte à dix millions. Il n'empêche que je suis perpétuellement à sec.

J'avais touché une avance sur trois prochains films, mais voilà que les trois affaires tombent à l'eau. La production a fait faillite avant le premier tour de manivelle. Ce sont des choses qui arrivent, mais moi je n'avais pas prévu cela.

Bedi me donne tout l'argent qu'elle peut. Mais elle n'a jamais beaucoup de provision sur son compte, car c'est son père qui règle toutes ses factures. Alors nous allons à Milan chercher ses bijoux.

Il n'est pas question qu'elle les vende elle-même. Pino met seulement quelques bagues en gage. En échange il aurait pu exiger une fortune, mais il ne me rapporte que dix millions de lires pour que je n'aie pas trop de difficultés à dégager les bijoux. Cela nous dépannera pour quelques semaines, jusqu'au prochain film. Depuis l'époque où l'usurier avait fait main basse sur l'alliance de ma mère, ça n'a pas beaucoup changé sauf le nombre de zéros.

Mes deux films suivants sont le premier un film de guerre dans le nord-ouest de l'Italie, le second un film de gangsters à Gênes. Tempête de neige, brouillard, verglas, rien n'arrête Bedi. Au volant de sa Ferrari elle file de Milan à Montecatini, de Livourne à Gênes. Pour une nuit, une journée, quelques heures. Quand elle ne peut pas venir, c'est moi qui fonce à Milan sitôt la fin du tournage. Pour une nuit, quelques heures.

Bedi n'en peut plus. Ces neuf mois et demi avec moi l'ont exténuée. Elle s'effondre physiquement et moralement, doit entrer dans une clinique en Suisse. Quant à moi, je m'envole vers Londres.

CHRISTIANE KRÜGER, la fille de Hardy, me présente à Luna, le mannequin noir le plus grand du monde. Nous nous rencontrons au Beatclub Revolution. Au bout de cinq minutes, je lui promets de l'emmener à Rome.

Toni boude. Elle, je l'ai connue la veille sur le plateau. Elle m'a suivi au Hilton et cette nuit au Revolution. La production avait loué son pinscher nain et il fallait qu'elle assiste aux prises de vues, sinon le petit chien courait dans tous les sens.

Toni porte des minijupes ultra-courtes. On lui voit la prune quand elle lève la main pour se curer le nez. Si elle veut que je la baise, c'est clair, c'est précis : « *Give me one!* » Toni est une vraie fille de Londres qui s'exprime en pur cockney. Maintenant, elle fait la tête parce qu'elle ne supporte pas de me voir avec une autre. Déjà, avant l'apparition de Luna, elle détestait Christiane. Or j'ai complètement oublié que j'avais déjà promis à Toni de l'emmener à Rome. Pour éviter de tout chambouler, et sauver ce qui peut encore l'être, je donne à Toni de quoi prendre un billet d'avion et lui demande de me rejoindre dans une semaine.

Luna, Toni, Christiane et moi dansons jusque vers six heures du matin. L'orchestre se défonce. Des jeunes, tous les soirs une nouvelle formation. Comme ils sont encore inconnus, ils jouent gratis. Rien de tel pour se faire rapidement une réputation. Luna connaît tout le monde et tout le monde la connaît. Elle est si longiligne que ce lilliputien de Polanski doit prendre son élan pour lui embrasser le nombril.

C'est à Londres que je fume du hach pour la dernière fois. Je suis tellement flippé que je me couche sur le balcon de mon appartement, complètement nu dans le vent glacial. Je finis tout de même par émerger et j'avale dix-huit club-sandwichs et trois litres de lait froid. Luna, elle, continue à fumer allégrement. Même aux cabinets, elle se roule encore un joint. Mais pour moi, c'est fini. J'en ai assez.

A Rome, le diable se déchaîne. Toni continue à faire la gueule parce que je tourne avec Christiane à Cinecitta et que je n'ai pas beaucoup de temps pour m'occuper d'elle. De plus Christiane vient souvent via Appia. Mais Toni déteste surtout Luna qui a débarqué avec David, son styliste pédé. Elle s'est carrément incrustée chez moi. Ils ont apporté tellement de valises qu'à l'aéroport il nous a fallu un taxi supplémentaire.

David ressemble à Oscar Wilde jeune. Ses boucles brunes lui tombent sur les épaules et il ne porte que du velours noir. Il est silencieux, plutôt agréable. Un joint et un peu de champagne suffisent à son bonheur.

Luna ignore Toni. Elles peuvent être assises à la même table, c'est à croire que Toni est restée à Londres. Celle-ci n'adresse pas davantage la parole à Christiane. Les premiers jours, quand je suis enfermé avec Luna, elle tambourine contre la porte de ma chambre en hurlant : « *Give me one!* » Finalement, à moi aussi elle fait la gueule et quand c'est moi qui lui dis :

« *I give you one.* »

Elle me répond :

« *Fuck yourself!* »

Ma maison devient un repaire de drogués. Toni, elle, en a horreur, c'est une fille saine, pas dépravée pour deux sous. Mais Luna! Pour ne pas perdre une minute, elle se fait rouler des joints par David et ramène tous les jours une cohorte de hippies. De la fumée partout. Une vraie tabagie.

Un jour, Christiane arrive comme une folle. Luna est en train de se piquer avec un autre type. Le sol est jonché de seringues! Du coup, je flanque tout le monde dehors. Luna y compris. Qu'ils se shootent tant qu'ils veulent, mais pas chez moi. Je n'ai pas envie de croupir dans les prisons italiennes.

Tous les jours, je trouvais un petit mot de Luna sur mon lit : « *Kinski is our God* »; ou bien : « *We thank our God that he gave us this house forever.* » Quelle affaire!

Avant de faire ses valises, elle a écrit au rouge à lèvres sur les murs de sa chambre : « *Kinski is the devil!* »

Toni peut encore rester. Quand mon chauffeur Enrico traîne les bagages de David et de Luna jusqu'à l'ascenseur, elle se plante devant la porte en se polissant les ongles, l'air narquois.

Mais ses jours aussi sont comptés.

TROISIÈME PARTIE

Dans la jungle sud-vietnamienne, à la sortie d'un petite village de montagne proche de Dalat où vit le peuple moï, une petite fille de quatre ans crie. La petite fille ne sait rien de l'horrible guerre qui décime son peuple depuis plus de dix ans. Ni des patrouilles des envahisseurs, ni des partisans qui rampent à travers la jungle. Et elle ignorait l'existence du piège à tigres dans lequel elle est tombée au cours de l'après-midi. Elle ne l'avait pas vu, car les habitants du village recouvrent les pièges de bambous.

Elle crie, car elle s'est entaillée la jambe en tombant. Personne ne l'entend. Le trou est trop profond, il étouffe ses cris.

Dans la jungle, la nuit tombe brusquement. Quand le ciel s'est assombri, les villageois ont suspendu leurs recherches.

Les cris de la petite fille faiblissent, puis se taisent. Seul le goret enfermé au fond du trou dans une cage de bambou exiguë, pour que son odeur attire le fauve, pousse des grognements inquiets. Il a peur.

La petite fille s'est endormie. Elle n'entend pas

le feulement léger du tigre qui a perçu l'odeur du cochon et rôde autour du trou.

Au point du jour, les villageois repartent à la recherche de la petite fille et découvrent imprimées dans la terre humide les traces du tigre qui conduisent au piège. A coups de machette, les villageois se fraient un chemin jusqu'au trou. Quand le plus courageux se penche prudemment pour apercevoir le fauve et se rendre compte de sa taille, ce n'est pas un tigre qui gronde, mais une petite fille qui lui sourit. Elle a passé ses doigts entre les barreaux étroits de la cage, et caresse le cochon endormi.

Aujourd'hui, Minhoï a vingt ans. Je l'attire contre moi et veux l'embrasser. Comme si je connaissais déjà son histoire. Comme si, pendant les seize ans qui se sont écoulés depuis cette aventure, je n'avais attendu que cet instant. L'instant où je prendrais dans mes bras cette inconnue, la source à laquelle j'allais étancher ma soif d'amour.

Son regard ajoute encore à la beauté insolite de son visage. C'est le regard courroucé d'un animal captif transplanté dans le monde « civilisé ». Indignée, elle me repousse avec brusquerie.

... Ses longs cheveux couleur de châtaigne grillée tombent en une lourde masse. Ses sourcils sont comme deux croissants de lune. Ses yeux en amande brillent comme des étoiles au loin. Ses hautes pommettes saillantes d'Asiate équilibrent l'ovale parfait de son visage. Sa peau est lisse, même sous les yeux pas la moindre ridule. Les lèvres violettes de sa bouche sont légèrement gonflées. Elle affiche une telle expression de gravité que les bavardages se taisent autour d'elle.

Elle a la silhouette gracile de la plupart des Vietnamiennes. Ses seins pointent timidement sous sa petite robe blanche. Son manteau de léopard dégage un étourdissant parfum d'Orient. Ses mains fines sont chaudes et veloutées et ses ongles laqués de noir sont aussi longs que ceux d'une princesse chinoise.

Aucun des invités ne sait comment elle est venue ici, ni pourquoi. Je donne une fête à laquelle j'avais convié tous mes amis, en leur disant qu'ils pouvaient amener autant de gens qu'ils le voulaient. Mais personne ici ne connaît cette Vietnamienne. Elle est venue seule et personne ne l'a vue arriver.

La musique des Rolling Stones retentit. Les invités mangent et boivent. Ils jacassent, ils rient, ils dansent. Chacun peut faire ce qui lui plaît, je ne m'occupe de personne. Je n'ai d'yeux que pour cette Indochinoise. Désormais son peuple m'apparaîtra comme le plus beau de la terre.

Je ne lui en veux pas de m'avoir remis à ma place. Je ne l'avais pas volé. La difficulté aiguise encore mon désir. Comment l'amadouer, l'obliger à m'aimer ? Car je sens bien que je vais tomber à ses pieds, pour toujours et plus je m'en convaincs, plus je redoute de la perdre avant de l'avoir possédée.

Je veux tout mettre en œuvre pour parvenir à mes fins. Comment m'y prendre ? D'abord l'entraîner loin de ce tourbillon ! Mais sous quel prétexte ? Le hasard vient à mon aide. Elle a faim : en tout cas, elle essaie d'accéder à l'un des buffets. La table chargée de caviar est prise d'assaut par tout un banc de piranhas. Alors je joue des coudes, rafle une assiette sur laquelle je mets du saumon, du jambon d'ours, du faisan, des truffes blanches, et une bouteille de Dom Pérignon sous le bras, je pars à la recherche de Minhoï.

Elle se réchauffe debout devant l'immense feu de bois dont les flammes éclairent le salon, avec des centaines de bougies à la lueur vacillante. Malgré la chaleur ambiante, et bien qu'elle ait gardé son manteau, elle semble frissonner.

Dans tout le salon, pas une place où elle puisse s'asseoir. C'est ma chance. Je lui explique qu'elle pourrait manger en paix dans la chambre bleue, un demi-étage plus bas, où je la conduis. Je renvoie les valets en livrée et gants blancs qui s'apprêtaient à faire du feu dans la cheminée. Je m'en occuperai moi-même.

Tout est bleu. La tenture murale, les rideaux de soie, les tapis chinois. Pour tout meuble, un lit couvert de soie bleue. La pièce est éclairée par un chandelier placé sur le manteau de la cheminée.

Je dépose l'assiette sur le lit et invite Minhoï à s'y asseoir. Mais elle mange debout.

« Tu as de la cocaïne ? me demande-t-elle comme une enfant spéculant sur un gâteau au chocolat à la fin de son repas.

— Non, et je ne veux pas que tu en prennes !

— Du hach ?

— Non plus. Mais commence par t'asseoir. Si tu continues à manger debout, la nourriture ne te profitera pas.

— Si tu n'as pas de came, ce n'est pas supportable.

— Quoi donc ?

— La vie.

— Tu as tort. Mais si tu manges bien j'irai t'en chercher. »

Je soulève discrètement sa robe. Elle ne porte qu'un collant transparent. Entre ses cuisses légèrement entrouvertes, son sexe. Le dessin de sa vulve évoque le modelé de sa bouche.

Minhoï continue à manger nerveusement. Elle ne repousse pas ma main, sauf quand je l'oblige à se retourner en retroussant sa robe. Mais j'ai le temps d'apercevoir ses petites fesses qui s'écartent vers le bas en accent circonflexe. Elle doit être merveilleuse à baiser en levrette.

Comme elle a presque fini de manger, elle me rappelle ma promesse. Je me précipite au salon et commence à faire le tour des invités. Finalement une fille me donne un joint tout préparé. Je l'allume. En haut de l'escalier, Toni me barre le passage :

« *Give me one. I want you to give me one immediately !* »

Je l'écarte et dévale les marches comme s'il en allait de ma vie. Une seconde de retard et Minhoï ne sera peut-être plus là.

J'entre en coup de vent au moment où elle sort des toilettes. Je lui donne le joint et elle tire de grandes bouffées en inhalant profondément la fumée à l'odeur douceâtre. Puis elle s'allonge sur le lit, détendue.

Je la tourne sur le ventre, la fais mettre à

genoux, lui remonte sa robe et baisse son collant. Elle s'appuie des épaules sur le matelas, la tête tournée sur le côté, tandis qu'elle creuse profondément les reins, écarte les cuisses et dresse bien haut sa croupe. La perfection même.

J'attrape à pleines poignées le flot sombre de ses cheveux répandus sur le lit, et les dispose sur son dos comme une fourrure de manière à ne laisser dégagées que ses fesses.

Lorsque je m'introduis dans son sexe comme un fruit gorgé de jus, elle se met à gémir.

Les derniers invités s'en vont. Voulant prendre congé, ils tambourinent contre la porte. Mais les cris de Minhoï couvrent leur bruit.

Je voudrais me retenir longtemps. Mais avec son corps, son odeur, sa position parfaite, je n'y arriverai jamais. Je voudrais l'épuiser. Qu'elle n'ait plus la force de partir cette nuit. Toujours cette appréhension, la crainte qu'elle m'échappe. J'ai peur que tout cela ne soit qu'un rêve, que mon ivresse s'évapore.

Le jour se lève. Les premières alouettes chantent. Nous baisons toujours. Minhoï est complètement ouverte, j'ai l'impression de lui transpercer la matrice.

Je m'allonge sur le dos. Elle se penche au-dessus de moi et promène son visage sur tout mon corps. Plus exactement ses cils. Ce sont eux seulement qui effleurent ma peau comme de petits éventails, des ailes de libellules. D'abord mon visage, puis elle descend.

Je la lèche longuement, la baise plusieurs fois allongée sur le dos. Mais je recommence toujours à la prendre en levrette, la position qui lui procure le plus de jouissance.

Dans le jardin, Enrico est en train de laver la Rolls ou la Ferrari. Le clapotis de l'eau, s'ajoutant au bruit du râteau, m'exaspèrent. J'appelle la cuisine par le téléphone intérieur et demande à Clara, ma gouvernante, de renvoyer tous les domestiques. Tout le monde dehors, elle y compris ! Je veux rester seul avec Minhoï.

Toni ne m'a pas pardonné ma rebuffade. Elle détestait déjà Luna ; Minhoï, elle la hait. Avec un instinct bien féminin, elle a compris que Minhoï était plus qu'une passade. Alors, depuis une semaine, elle ne m'adresse plus la parole. Ni à moi ni à personne, pas même à Clara. Je lui demande de venir à table, elle me tourne le dos et attend que Minhoï et moi ayons terminé notre repas. Au bout d'une semaine, elle comprend que la situation est désespérée.

« *You fucked me off ! First for that black nigger giraffe and now for that yellow Chinese grimace ! Me ! A proper London girl !*

— *Don't say again a word about Minhoï !*

— *You burst your prick and your brain in her cunt !* »

Elle se met à pleurer. J'avais fait venir cette brave fille à Rome pour notre plaisir à tous deux. Luna, je l'avais prise comme une longue branche d'arbre. De plus, le corps robuste de Toni m'excitait vraiment. « *Give me one* » : il suffisait qu'elle prononce les mots magiques pour que ma queue frétille de joie.

Aujourd'hui, ça n'a plus d'importance. Plus rien

ne compte, que Minhoï. Je n'ai jamais oublié une femme, ou une gamine, avec qui j'ai baisé. Elles m'ont toutes enrichi. Chacune m'a offert son amour et accepté le mien, même si ce n'était que pour quelques instants, même quand c'était inconscient. J'étais sincère quand je les aimais, même le temps d'un éclair, même sans le leur dire. Que toutes me pardonnent si un jour je devais crever de désir pour Minhoï.

Je ne peux pas supporter de voir pleurer Toni. Je ne voulais pas lui faire de mal :

« *You want me to give you one?*

— *You'lle never give me one again in this life!* » répond-elle tristement.

Son nez coule et elle l'essuie d'un revers de main. Alors je lui tends un mouchoir dans lequel elle souffle avec un barrissement d'éléphant. Quand elle voudra, Enrico la conduira à l'aéroport.

Ce que Toni m'a dit avant de partir n'était pas vrai. Elle n'a pas quitté Rome depuis dix jours que je reçois une carte postale des Bahamas où elle est allée avec un milliardaire. Trois jours plus tard, une lettre. Puis une deuxième carte expédiée de Londres. Chaque fois, elle me donne son adresse et son numéro de téléphone en me demandant de l'appeler. Et la lettre comme les cartes se termine par ces mots : « *Give me one!* »

Jusque-là, Minhoï habitait Paris. Comme elle devait venir à Rome, son amie Bérénice lui avait parlé de mes fêtes.

Je dévalise les boutiques romaines pour Minhoï,

j'achète tout ce qui lui plaît. Elle ne retrouve pas ses gants, je lui en achète vingt paires. Elle a sali son slip et veut le laver, je lui en achète cinquante. Son collant a une maille filée, je lui en offre cinq douzaines de toutes les couleurs. Une chaussure la serre, je lui en fais faire quarante paires sur mesure. A-t-elle besoin d'un nouveau rouge à lèvres ou de vernis à ongle, je lui achète toute la gamme de cosmétiques. Je me débarrasse de la Rolls cabriolet pour une Rolls Phantom. Avec bar incorporé, chaîne hi-fi, télévision et téléphone.

Je fais construire une caravane bleu nuit de neuf mètres de long qui ressemble à un wagon-lit Cook. Entre les murs, le couvre-lit, les tapis de table, les rideaux, les coussins, il faut 120 mètres de soie. La salle de bain et la cuisine sont tendues de chintz à fleurs. Par terre, une moquette de velours. Portes et placards en teck. Poignées et robinets dorés. Stores en soie devant les fenêtres. Des portes coulissantes pour séparer l'entrée, le salon, la penderie et la chambre. Climatisation, chauffage, télévision, radio, magnétophone, radio-téléphone sont encastrés. Un groupe électrogène privé alimente la caravane. Un chauffeur, un valet de chambre et une cuisinière font le service.

Tout cela pour Minhoï, car elle m'accompagne sur tous mes lieux de tournage. Rien n'est trop beau pour elle. Bien sûr elle apprécie toutes mes attentions, mais elle me regarde chaque fois sans dire un mot, avec incrédulité. Je n'ai pas encore compris l'absurdité de tout ce gaspillage.

Je suis farouchement jaloux. Je supporte à peine que Minhoï téléphone à son amie Bérénice.

Quand elle écrit je jette ses lettres. De même quand elle reçoit du courrier. On lui téléphone, je réponds qu'elle n'est pas là. Bérénice peut venir, mais je ne veux pas que Minhoï fasse un pas sans moi. Je ne veux pas qu'elle sorte, pas même pour aller chez son amie. Je ne veux pas qu'elle se promène seule sur la via Appia. J'ai peur, tout le temps peur.

Elle se promène dans le parc, si je ne l'aperçois plus, cela suffit pour m'affoler. Je crois déjà l'avoir perdue. Dans l'immense maison, quand elle n'est pas où je croyais la trouver, je cours à sa recherche d'étage en étage. La nuit, pour peu qu'elle se retourne et que je ne sente plus le contact de son corps ou tout au moins de sa main, je me réveille en sursaut.

Je me reproche cette jalousie féroce. Je ne veux pas entraver sa liberté et je sais bien que moi non plus je ne peux pas vivre dans cette tension constante. Si je me réveille en pleine nuit terrorisé, alors que Minhoï est près de moi, qu'arriverait-il s'il fallait réellement que je passe une journée sans elle ? Inconcevable, je ne veux même pas y penser.

Il faudra longtemps à une Asiatique comme Minhoï pour s'habituer aux effroyables contradictions de mon caractère. D'un côté, je suis susceptible, irascible, emporté. Je reproche injustement à Minhoï de ne pas saisir immédiatement ce que je lui dis alors que je parle encore mal le français. A force de ruminer j'arrive à tirer les conclusions les plus insensées de simples malentendus, et tout cela me mine, m'empoisonne. Il suffit d'un rien pour que je sois déçu, désespéré, et ce sont des explosions de colère gratuite. Par ailleurs, je déborde d'attentions, je fais tout pour lui être agréable. Mais mes excès d'amour effraient autant Minhoï que mes colères.

Pourtant, plus Minhoï me comprend, plus elle accepte cet amour, plus elle est attentive à moi. Pour m'apaiser, elle ne décroche jamais le téléphone. Elle-même ne donne plus un coup de téléphone, n'écrit plus à ses amis. Elle jette ostensiblement son carnet d'adresses dans le feu de la cheminée.

Il faut m'aimer comme Minhoï pour arriver à me comprendre et à me supporter. Je parlais « petit nègre », mon français s'améliore. Et puis Minhoï m'apprend à me maîtriser, à être plus patient. Peu à peu cette petite fille, réchappée d'un piège à tigres, transforme ma vie.

Minhoï ne refuse jamais de faire l'amour. Elle me demande seulement de la ménager quand je l'ai déjà longuement et sauvagement besognée. Quand elle a ses règles aussi, car il lui est alors impossible d'avoir des rapports sexuels.

Je l'interprète mal. Je m'imagine tout de suite qu'elle ne m'aime pas. Je l'insulte, lui ordonne de quitter cette maison. Alors elle fait ses valises, triste, sans un mot. Elle va appeler un taxi. J'attrape ses valises et en éparpille le contenu dans toute la maison. Minhoï ne veut plus me quitter, je suis son premier et unique amour. Elle avait fait ses bagages, persuadée que c'était moi qui ne voulais plus d'elle.

Voilà que je la cherche encore dans toute la

maison. J'explore le jardin, fouille partout. Je lui avais dit de partir, de disparaître de ma vie. Elle qui justement est ma vie!

Je finis par la trouver dans la tour, alors qu'elle n'y monte jamais par peur des chauves-souris. Elle n'a pas allumé et la pièce est plongé dans l'obscurité. Je caresse son visage inondé de larmes, l'embrasse, lui demande pardon... Plus tard, je vais à la cuisine nous chercher quelque chose à manger. Le dimanche, tous les domestiques sont absents.

A mon retour, je trouve Minhoï effondrée. J'allume la lumière; sur le tapis, un tube de barbituriques vide. Par chance, il ne contenait plus beaucoup de comprimés. Je la soulève, voudrais la forcer à marcher. Cela empêche, paraît-il, l'organisme de céder à la narcose qui commence à la paralyser. Mais elle ne peut ni marcher, ni parler, elle bégaie. Alors qu'en pleine panique je la secoue comme un fou, elle m'enlace amoureusement, m'embrasse.

De la démence. Il faut que je la porte à l'air frais. L'ascenseur est de nouveau en panne. D'abord l'escalier en colimaçon. Je la sens s'affaisser dans mes bras. Je la porte dans la chambre bleue. Son pouls s'est terriblement accéléré. Je n'arrive même plus à compter ses pulsations. Elle gémit, porte les mains à sa gorge, râle, étouffe. J'ouvre la fenêtre en grand et cours à la cuisine chercher une bouteille de lait. Dans l'escalier je tombe à genoux :

« Mon Dieu! Si je n'ai pas vécu pour rien, si tu ne veux pas que je crève quand tu m'as si souvent protégé de la mort, fais que Minhoï ne meure pas, elle qui vient juste de m'apprendre à vivre. »

Dans la chambre bleue, Minhoï est tombée du lit et se tord convulsivement. Même si le lait n'agit pas comme antidote il l'obligera au moins à vomir. Je lui fais ingurgiter presque tout le contenu de la bouteille. Rien. Elle ne vomit même pas.

J'appelle tous les médecins que je connais. Sans résultat. Ils sont tous sortis par ce beau temps. Minhoï étouffe, se congestionne. Je lui masse le cœur, lui fais du bouche-à-bouche. Puis je la traîne dans la salle de bain, fais couler de l'eau froide sur son visage, sa nuque, son cœur.

... Minhoï a surmonté la crise. Pendant trois jours, je la garde dans mes bras. Pour la première fois, elle me parle de sa vie.

La nuit où je l'ai connue, elle m'avait demandé du hach ou de la cocaïne. Maintenant, je comprends pourquoi. Minhoï n'est pas une droguée. Elle ne fume pas, ne boit jamais d'alcool.

A Paris, elle avait pris du LSD parce qu'elle ne pouvait plus supporter la vie morose depuis qu'on l'avait arrachée à la jungle de son enfance. Très tôt elle a commencé à comprendre que son pays était systématiquement détruit, son peuple anéanti, qu'elle ne pouvait plus retourner chez elle, car sa famille avait été exterminée. Alors elle n'était plus capable de supporter de vivre sans se droguer.

Depuis que Minhoï est sûre que je l'aime et que je ne peux plus exister sans elle, depuis que je commence à la comprendre et que nous savons que nous n'avons vécu que pour nous rencontrer, elle reprend confiance. Et moi je la considère comme ma boussole.

Grâce à elle, je prends conscience du but de ma vie. Elle réussit même ce tour de force de me donner le sens de l'argent. A quoi bon offrir du caviar à tout un chacun. On n'a pas le droit de jeter tous les mois une fortune par la fenêtre! Indispensable, sept domestiques? Un chauffeur qui boude toute la journée et n'est jamais content! Un jardinier toujours à ratisser les mêmes graviers! Une secrétaire qui me présente toujours les mêmes factures parce qu'elle sait que je ne vérifie jamais! Et la cuisinière donc, qui nous sert les restes de la veille alors qu'elle achète des fortunes d'épicerie tous les mois! Comme si nous avions besoin d'un maître d'hôtel et de deux femmes de chambre! Une Rolls, une Ferrari, superflu! Même la maison de la via Appia, nous pouvons y renoncer allégrement. Minhoï me demande si j'ai oublié ce à quoi je tiens vraiment. Si j'ai oublié mon bateau. Ma liberté!

J'étais convenu avec le comte Marcello, son propriétaire, d'acheter la maison de la via Appia. Au départ il voulait huit cents millions de lires, mais j'avais réussi à faire baisser le prix. Mes avocats ont préparé le contrat. Plus question de signer. Minhoï a raison, tout ça c'est de la merde. Dans quelques années je serai en mer, loin de cette pourriture.

L'argent que j'exigeais et que je dilapidais ne servait qu'à me dissimuler la vie absurde que je menais et dont j'étais devenu le prisonnier.

Nous déménageons. Je ne récupère pas un sou de tout l'argent investi dans la maison. Je congédie le personnel. Je garde seulement Clara. Et nous nous installons dans un deux-pièces de la Flaminia Vecchia, en n'emportant que quelques meubles.

Je ne suis pas encore définitivement guéri. Je paie cinq mille francs par mois pour un deux-pièces, et j'échange ma Rolls contre une Maserati.

Il est vrai que nous n'avons pas le temps de trouver un autre appartement.

Depuis notre séparation, Gitta a vécu dans l'espoir de me voir revenir. Il n'est pas facile de la détromper, elle ne sait pas encore ce que Minhoï signifie pour moi.

Il faut un nombre incalculable de lettres et de coups de téléphone avant qu'elle comprenne et accepte de divorcer. Minhoï et moi nous marions à Rome un dimanche 2 mai.

Il faut retarder la cérémonie. Les flashes crépitent, les caméras ronronnent. L'officier de l'état-civil devient fou :

« Quand commençons-nous ? Un véritable appel au secours !

— C'est moi qui commande ! C'est mon mariage, nous commencerons quand je vous le dirai ! »

Moi-même, je finis par en avoir assez des photographes. Alors j'appelle l'officier d'état-civil :

« On y va ! »

C'est un ancien colonel. Il porte une écharpe en bandoulière aux couleurs de l'Italie. Le voilà qui commence à débiter son sinistre sermon.

« Pas la peine de radoter, ma femme ne comprend que le français.

— Je parle français, rétorque le colonel, déjà prêt à nous en donner un échantillon.

— Non, je me trompe, elle ne comprend que le chinois. Vous parlez chinois ? »

Toute la salle hurle de rire. Et les photographes de mitrailler, et les caméras de ronronner.

« Non, je ne connais pas le chinois, répond le militaire cramoisi.

— Alors, fermez-la ! »

Là-dessus, j'attrape la bouteille de champagne que j'avais confiée à l'un des photographes.

« Si vous ne vous conduisez pas avec la dignité qu'exige cet endroit, je me verrai dans l'obligation de refuser la célébration du mariage. »

Et voilà le colonel qui commence à retirer son écharpe.

Il commence à me casser les pieds, je hurle :

« Garde tes accessoires et dépêche-toi ! »

Mon explosion a dû l'impressionner, car il s'empresse de rattacher son écharpe. Il remballe son baratin, se contente de l'énoncé des formalités : nom, date de naissance, nationalité et nous demande si nous sommes d'accord pour nous unir.

« Pour quoi croyez-vous que nous sommes là ? »

Et j'éclate de rire.

Nous signons et l'affaire est réglée.

Ensuite, avec les deux filles qui nous ont servi de témoins, nous filons chez Georges, le restaurant le plus cher de Rome. A la fin du repas, je casse toute la vaisselle. Qu'importe. Je viens de briser avec mon passé.

J'ai tourné plus de cent quarante films. La plupart, je ne les ai jamais vus. Si je dois continuer ce métier, que j'ai détesté toute ma vie, ce sera dans un autre esprit.

Minhoï m'a persuadé de ne plus boire d'alcool. Je bois de l'eau. Je refais du sport, retrouve la forme. Je me prépare au grand départ.

Depuis que nous habitons à Flaminia, j'apprends à faire de la voile. De plus, je passe des nuits à étudier les principes de la navigation, à élaborer des plans, tracer des croquis, dresser des listes de provisions et de matériel. Chichester, Chay Blyth, Tabarly, Moitessier deviennent mes héros, et leurs livres ma bible. Je ne lis plus rien d'autre pendant des jours et des nuits.

Nous nous débarrassons de la Maserati. Nous vendons la caravane à l'association des producteurs de Rome qui la loue aux « stars ». Liz Taylor, entre autres, y habitera. Nous achetons une Land-Rover et quittons Rome à trois heures du matin avec nos valises et nos sacs de marin.

Je rencontre H.V.N. Il a habité cinq ans à Rome avant d'être expulsé d'Italie. Là-bas, il a été condamné pour détournement de mineurs et sort à peine de prison.

« Que sont devenus les autres ? » Je pose la question dans l'espoir de l'égayer.

« Sasha K. est mort. On l'a retrouvé dans son île espagnole étouffé par un oreiller.

— Et Lotte ?

— C'est moi qui l'ai épousée, ainsi elle a eu

droit à son titre de noblesse, avant de mourir d'un cancer. »

Je travaille à une version revue et corrigée du *Nouveau Testament*. Je projette une tournée dans le monde entier. J'ai raconté au début de ce livre comment elle s'est terminée.

Je ne veux pas être crucifié !

La mer ! Etre libre, libre !

Nous allons au Pérou pour le tournage d'*Aguirre, la colère de Dieu*. Impossible de décrire la jungle amazonienne, on ne peut pas décrire Dieu. Pendant deux mois, je reste éveillé. Sur notre radeau retenu par des lianes, j'épie les bruits de la nature. Ici Dieu s'adresse à moi :

« Si je t'ai donné la vie et protégé maintes fois de la mort, c'est pour que tu reconnaisses ma volonté. Construis ton arche ! »

Minhoï et moi faisons encore le tour du monde.

C'est en Bretagne, où par temps de tempête les flots recouvrent la pointe du Raz et où le vent souffle à plus de 100 kilomètres à l'heure, que je ferai construire mon bateau. Il s'appellera : *Ship under God.*

« Composition réalisée en ordinateur par IOTA »

IMPRIMÉ EN FRANCE PAR BRODARD ET TAUPIN
7, bd Romain-Rolland — Montrouge — Usine de La Flèche.
LIBRAIRIE GÉNÉRALE FRANÇAISE
ISBN : 2-253-02930-0